Bankruptcy Law
in Letters

破产法
信札

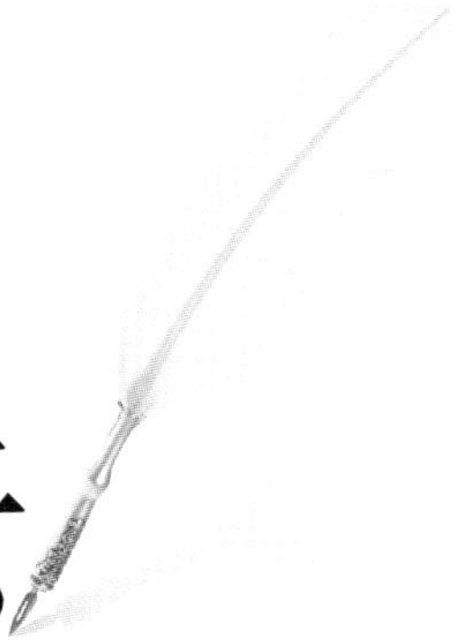

陈夏红　许胜锋 / 主编

法律出版社 | LAW PRESS

序言一

古老的破产法，现代的破产法

各位读者：

这是一本别开生面的书。它不是教材讲义，也不是专著论文集，更不是回忆录、书信集。它以书信为主要载体、以破产法为中心议题，生动活泼地论述了涉及破产的方方面面话题，很值得关心破产的朋友们一读！

破产在法律界其实是一个很古老的命题。早在两千多年前的罗马社会，那时还没有企业破产的概念，但有了自然人破产的概念。那时的自然人，或为自由民或为奴隶。自由民的财产都属于家父所有。当自由民没有偿还债务能力时，理应由家父来偿还；但家父拒绝偿还时，就意味着家父将家子出卖，三次出卖就将家子的身份由自由民变为奴隶。可见当时的罗马社会，自由民的死亡形式有二：一曰死亡，二曰无支付能力（破产）。

破产在新中国却是一个很晚近的概念。早年大家认为，国有企业不可能破产，国有企业破产就意味着国家的破产，所以直至改革开放，才有了企业破产的讨论。至今自然人破产仍属于书面上的争论，立法根本不见动静！

就拿已经通过的《企业破产法》来说，实际的情况也不理想。很多企业该破产的不破产；“僵尸企业”现象严重；企业一旦进入“破产”后，旷日持久，问题不断；破产管理人人才欠缺、经验不足；等等。可见，破产法在中国现今仍是一个亟须研究而尚待开发的处女地！

本书的编者之一陈夏红，在当今法学界可以说是一个小有名气的人物。他在中国政法大学研究生院院长李曙光教授的指导下，攻读博士学位，其间在荷兰马斯特里赫特大学进修。获得博士学位后，陈夏红连续在《法制日报》上发表二十余篇有关破产法的专论，引起了人们的关注。他也是我国对老一辈法学家研究颇深的青年法学家。他将北京政法学院十余位老法学家的生平经过，写了本书，叫《风骨：新旧时代的政法学人》，很受读者欢迎。最近他又完成了另一巨作，把十二卷本的《钱端升全集》付梓出版。

我和陈夏红的认识，始自我的八十自述《沉浮与枯荣》的合作。我口述，他整理成文字，其间他又采访了一些相关的人士，查找了有关的资料，还出版了一本姊妹篇的书籍《出没风波里：江平和他的时代》。所以我们之间有很多缘分，他希望我为他和许胜锋律师编的新著写序，我欣然允之。

是为序。

江　平

2017 年 7 月 7 日

序言二

破产法的“灵”与“魂”

夏红好：

这几天在英伦三岛旅行，现正在伦敦赴威尔士首府卡迪夫的列车上，轻松欣赏窗外美景之余，接到了你发来的与胜锋律师主编的《破产法信札》书稿。你嘱我为此书写序，我想就利用这旅途的几小时，以书信方式做个回复。

在异国他乡的列车上，翻翻这些创意迭出、阅读感很强、令人遐想联翩的破产文字，就像30年前读孟德斯鸠的《波斯人信札》一样，我似乎突然得到一连串问题灵感，“To be or not to be，that is the question.” 信札是一种很轻松的，让人思想信马由缰的文体。“破产法”一词给一般人的感觉是沉重压抑、严肃死板。可一用“信札”方式谈论“破产法”，就立马与鲜活且有生命的人结合起来，与现实中人们每天的生活结合起来，与日新月异、充满活力和无知之幕的市场经济结合起来，为什么破产法的“死”与“活”边界这么鲜明呢？这让我想到一个破产法背后的哲理问题，即破产法的灵魂是什么的问题。

前两天在苏格兰爱丁堡旅行，我特地去拜谒坐落于繁华的王子大街的沃尔特·司各特纪念塔。我非常喜欢英国文豪司各特的文字，他的作品影响了狄更斯、雨果、巴尔扎克与普希金等著名作家，他的“人民文学版”《艾凡赫》，是我大学时代就购买阅读的小说，其中讲述的“狮心王”理查一世十字军东征失踪的故事很吸引我。在爱丁堡期间，我顺便检索了一下相关文献，很有意思的是，有两个史实是跟破产相关的。

一个故事是有关名声显赫的"狮心王"理查一世的。第三次十字军东征因约翰二世的篡位，于1192年结束，理查王匆匆启程回国，遇浪翻船，弃舟取陆路返程。但冤家路窄，经奥地利时，被仇人奥地利公爵利奥波德抓获，并引渡给另一仇敌德皇亨利六世。德皇亨利六世乘机向英国索要15万马克的赎金，当时这笔费用相当于英国王室两年的全部收入。为了尽快赎回他们喜爱的国王，也可以说是为了英格兰王国信誉，英格兰人不惜囊中如洗，于1194年凑齐10万马克，终于将理查一世从德国人手中赎出，这导致英格兰王室长期负债，实际上就是今天的政府破产。这为1215年制定《大宪章》埋下了伏笔。因为1199年理查过世后，弟弟约翰二世即位，王室囊中羞涩，号称"失地王"的约翰又想收复失地诺曼底，于是疯狂地横征暴敛，这激化了王室与英格兰贵族的矛盾，贵族们忍无可忍，终于反叛，于1215年6月15日，逼迫约翰王签订了约束其无限征税行为与限制国王绝对权力的《大宪章》，为此成就了人类社会第一部宪法。

虽然，真实的理查一世并不像《艾凡赫》小说中描述的那样备受民众爱戴，但英格兰人宁愿破产也要讲"信誉"与"尊严"的精神，对后世影响甚深，事实上也影响到了后来许多法律包括破产法案的制定。

另一个故事是有关沃尔特·司各特的。司各特是个典型的法律人，但又是文学天才。他自幼患有小儿麻痹症，1792年爱丁堡大学法律系毕业，考取了律师资格，开始是随父亲做律师。1799年，他被委任为边界地区塞克郡（Selkirkshire）郡长，一直做到1806年。这个岗位，司各特只需每年7月至11月在岗4个月，这给了他游历苏格兰和北英格兰的便利，也让他有充足的时间，创作了大量诗歌和小说，以致后人称其为"历史小说之父"。从1806年开始直至去世，司各特一直担任爱丁堡高等民事法庭庭长。

1805年，司各特与老同学詹姆斯合股，建立詹姆斯·白兰特印刷公司。1811年司各特在爱丁堡买下阿柏茨福德（Abbotsford）庄园，这所房子的改造扩建，耗尽了司各特靠写作赚来的巨额金钱。1826年5月，他的印刷出版公司因经营不善宣告破产，司各特承担债务13万英镑，这在当时是一笔天价负债。按当时英国的破产法，这也是典型的商人破产。司各特不肯根据破产法豁免债务，也拒绝亲友的支援，决心靠写作还债。他在日记中说："不，凭我自己这双手我能还清债务。我可以失去任何东西，但唯一不能失去的就是信誉。"他卖掉了爱丁堡北城堡街39号的住宅还债，他在日记里写道："3月15日。早上我离开了城堡街39号……我从未想过会有如此变故。之前我的住所都是越来越好，如今却是倒退了。我卖掉了房子，我不再是爱丁堡市民，这种有产者的意识，我和父亲至少用了60年才培养起来……"他妻子也于此时病故，为还债，他在书桌上放了一个计时沙漏，夜以继日写作，最快的时候10天完成一本小说，他的《皇家猎宫》《骑士》《拿破仑传》等作品，即是在这种背景下完成的，他身体也因此累垮了。所幸他颇有预见性地在破产前一年（1825年），将阿柏茨福德庄园赠予新婚的儿子。根据苏格兰法律，司各特的债权人不能要求用这座庄园来抵债，这使得司各特晚年一直能居住于此，直到1832年9月21日逝世。

翻开一部英国破产法史，也是一部英国"信誉"与"尊严"保护史。英国于1542年由亨利八世颁布了第一部《破产条例》，后于1571年、1861年、1869年、1883年陆续颁布了《破产法》。早期的英国破产法主要是以保护债权人利益为主，并用来惩罚债务人的。英国社会对信誉极为重视，这一观念使得英国债务人的处境比较悲催，破产法认为不能清偿债务的债务人没有信誉，因而对其实施扣押财产甚至人身等非常严厉的惩罚措施。到1705年之后，法律惩罚措施的严厉性逐渐减轻，甚至规定可豁免破产债务人（在1861年前主要是商人）无法偿还的债务。这一立法也及于苏格兰。司各特之所以不愿适用破产法的规定去豁免债务，某种程度上是因为破产法后面的价值理念，是与"信誉"和"尊严"密切相关的。一部英国破产法史告诉我们，破产法的"灵"是商人的"信誉"，"魂"即个人的"尊严"。

上述两个故事是发生在英国的破产故事，中国破产法的故事也很曲折有趣，1986年制定第一部国有企业破产法，2006年制定第一部市场经济企业破产法，似乎动力机制都来源于国有企业的"信誉"与"尊严"。

1986年的《企业破产法（试行）》可以称为最有争议的破产法。这不仅表现在"破产"一词在当时有强烈的资本主义色彩，也不仅表现在当时对国有企业破产的恐惧上，还不仅表现在中央电视台直播全国人大常委会现场讨论该法时的争议，更表现在当时中国改革开放刚起步时对中国经济体制未来走向的不同判断。

1986年，中国社会经济法律百废待兴，为什么在计划体制向计划与商品双轨制转型的关键时刻要搞一部破产法？许多人认为是西方法律文化第二次冲击中国的当然结果，实际情形是，当时国有企业面临不得不改革的压力，而最能推动这种改革的，就是当时较易让高层领导达成共识的某些特别法律。

谈到1986年的《企业破产法（试行）》，曹思源是一位值得纪念的人物，没有他的最早推动，没有他的上下串联及不遗余力的鼓与呼，这部法律不可能那么早出台。另一位值得记住的人物是张彦宁。1986年破产法的主要推动部门是国务院。有意思的是，在1986年6月16日，全国人大常委会第一次审议《企业破产法（草案）》，向全国人大做立法草案说明的不是人大立法机构负责人，而是当时的国家经委副主任张彦宁，他在起草说明中说，为什么一些企业多年亏损还不能退出市场呢？主要由于企业在事实上只负盈不负亏，所以感受不到因经营管理不善和产品质量低劣造成的后果的严重性，企业吃国家的“大锅饭”，职工吃企业的“大锅饭”。因此，对不具备法定整顿条件或整顿无效的企业，采取宣告破产、清理资产、抵偿债务，这样做将会有利于提高企业和职工的“素质”。这个起草说明中用的“素质”一词，我理解为就是企业的“信誉”与“尊严”的中国解读。

当时的全国人大法工委经济法室主任杨景宇谈及破产法决策内幕时说，最初讨论制定破产法的可能性时，当时的国务院领导同志提出，企业经营管理不善就让它破产，断其后路，破釜沉舟，逼着它往前改革，这叫“倒逼改革”。有的常委委员不赞成这个改革思路，说现在还没有公司法、企业法，没有规定企业出生要符合什么条件，就先说死的问题，这叫“没有出生证先开死亡证”。好在当时的全国人大委员长彭真较为开明，考虑较为深远，允许公开讨论此事。最后经过人大常委之间的激烈争论，于1986年通过了这部观念超前、适用范围很窄的试行《企业破产法》。现在仔细想想，当年通过这部没法即时实施的法律，实际上是为了优质国有企业的“资信”与“信誉”不至于被亏损严重的国企拖垮掉，后来的“政策性破产”之所以能大张旗鼓地推广起来，也根源于此。

2006年《企业破产法》是在中国推进市场经济最好的舆论环境下出台的一部全新的破产法。这部企业破产法，不仅是中国历史上第一部较接近市场经济与商业交易原理的破产法，也是一部在破产实体与程序逻辑上较严密的法律，在许多条文方面，也特别类似于英美法系特别是美国的破产法。但它的立法历程，却颇为艰辛曲折。

新破产法起草最早启动是1994年，全国人大财经委员会于当年4月组建新破产法起草组。当时政策性破产的文件（即后来的国务院59号文件）已经起草完毕，按朱镕基总理的意见，正在征求全国人大、国务院、最高人民法院等22个部门的意见，要10月底出台实施，新破产法的起草正是在这一背景下展开工作的。1994年5月底，我作为新破产法起草组成员，随时任起草组负责人、全国人大财经委副主任张彦宁以及人大常委来金烈一起，去辽宁沈阳、抚顺、大连等地，为起草这部新法，并对执行《企业破产法（试行）》情况进行第一次调研。张彦宁主任当时对我说，有些国有企业长年经营亏损，靠行政担保过日子，不对它们采取断然措施，对不起那些资信好的国有企业。

我们起草组对辽宁的调研，也注意到这个问题。我们的调查报告中写道：多年来，由于我国企业缺少淘汰机制，只生不死，一些长期亏损甚至资不抵债的企业不能及时淘汰，积累下的明亏、潜亏、工艺落后、设备老化、产品滞销等难题使企业完全丧失了生存条件。面对近50%亏损面的国有企业，政府确是绞尽脑汁：大力推进股份制改造，进行嫁接兼并，实行企业重组，或者拍卖、租赁，或者强行“输血”以扭亏增盈，似乎都效果不佳。

当时，一些困境国有企业的生存以及国有企业的信誉，主要靠与政府信誉捆绑在一起，特别是政府部门的行政担保和政府指定担保起了很大作用。

针对这种情况，我们的调查报告指出：贷款的担保怎么算好？从辽宁的情况看，破产企业债权人的债权担保大体有三种情况：第一，行政担保，即政府主管部门或政府有关部门的担保，多属信用担保，其中相当部分担保合同不完备。沈阳市出现外地法院派人查封市纺织局办公室的现象，就是由于不完备的行政担保行为带来的纠纷。第二，行政主管部门为了使企业能得到银行贷款，指定资信好的企业为资信差又急需贷款的企业担保，这可能造成企业破产时导致被强行指定为其担保的企业承担责任，如数额过大，可能引起连带破产。第三，企业间的自愿担保，而这类情况比较少。因此，解决路径是行政担保应一律无效。

调查报告指出：国企改革中涉及广大职工的生存利益，牵涉历史债务的处理、社会保障体系的完备、银行企业化进程、政府行政行为的规范，失业增加可能引致的社会稳定的变数等诸方面问题。但等待不是出路，有关部门将在新的形势下重新起草《破产法》，以表示出对国企改革的最后决心，对这些亏损严重企业适时宣告破产。

2003 年 3 月，适逢全国人大换届，上届政府国企改革的主要领导者吴邦国，当选为第十届全国人大常委会委员长。甫一上任，他即把起草新破产法列入重要议事日程，于 2003 年 8 月 21 日成立了新的《企业破产法》起草组，2004 年 6 月 21 日对新《企业破产法》进行了第一次审议。人大财经委副主任贾志杰在做立法说明时说：这部法律是适应建立社会主义市场经济体制和加入世贸组织的要求；统一适用于各类企业组织；立法要对无挽救希望的企业及时清理债权债务，避免造成更大损失；等等。从立法说明的字里行间，可以读到这部法律背后隐藏的灵与魂。

2006 年通过的这部《企业破产法》，与 1986 年《企业破产法（试行）》有完全不同的实施背景，至 2007 年 6 月 1 日该法实施时，政府与社会已接受了“市场经济”这一概念，《公司法》《合同法》《证券法》《商业银行法》《担保法》等涉市场商业信用信誉的重要法律，已有效实施多年，这些法律所营造的社会商业环境，已对破产法最重视的基本价值理念——“信誉”与“尊严”，形成较好的成长和保护土壤。

与有四百多年发展史的英国破产法相比，短短 30 年的新中国破产法是年轻了些。但是，这一点也不影响破产机制应“在资源配置上起决定性作用”这一共识。虽然，我们中国的破产法还只是“半部破产法”，没有覆盖到所有市场主体；虽然，我们对破产法“市场宪法”的特征认知还远远不够；虽然，就是“破产”这一词汇作为文化观念还没有被社会与市场所完全接受；虽然，破产法的各种技术制度的完善还正在路途中；但是，正如前面的故事所展示的，破产法重“信誉”与“尊严”的内在灵魂是不会变、变不了，也是永恒的。让我们直面破产法的灵与魂！

笔力不逮，匆匆草结。专此呈复，亦请惠正。

李曙光

2017年7月2日初稿于英国卡迪夫市，

7月7日修改于北京蓟门法大

Contents
目 录

03 业务

06 忆往

07 域外

01 初心

牢记使命，不忘初心，
做好破产事务的管理人

许律师、陈老师：

欣闻你们在共同主编一本书，以书信形式讲述破产业务中的人和事，并希望我给年轻的破产管理人从业人员讲一讲我的从业体会。考虑到这是一件很有意义的事情，我便欣然同意写一下对管理人的理解以及如何做一名称职的管理人，同时以此就教于各位同行。

我理解称职的管理人要解决三个层面的问题：一是精神层面，即管理人的精神追求或理念追求，这涉及管理人的境界和格局；二是技能层面，即管理人的素质追求或匠心精神，这涉及管理人解决问题的专业技巧和智慧含量；三是风险层面，即管理人执业风险的规避与防范，这涉及管理人的长治久安。

下面，我就管理人三个层面的问题稍作展开：

一、管理人要有自己的精神追求

在我看来，管理人的精神追求本质上体现在以下几个方面：

首先，管理人要有使命意识。可能有人认为这是小题大做，一个从事破产事务管理的人，怎么能有资格奢谈使命呢？其实不然。国家法律把全部破产事务托付给管理人，并对管理人的地位、职责等作出规定，这本身就已经赋予管理人以神圣使命了。

那么破产管理人的使命究竟是什么呢？我理解就是要实现《企业破产法》（以下简称破产法）的宗旨。破产法的宗旨体现在破产程序和破产事务的方方面面。管理人通过自己的工作，忠于职守，忠于法律，履行职责，处理好各项破产事务，实现破产法规定的公平、正义和效率的宗旨。破产法的宗旨，要化为管理人的履职行动，从精神层面，就是要求管理人要有使命意识。管理人处理的每个事项，作出的每个决定，认定的每个事实，给出的每个结论，是否体现了破产法及其他法律的精髓，是否实现了法律所追求的公平、正义和效率这一宗旨。这就是破产管理人肩负的使命。

管理人的使命追求可以长期鞭策管理人不忘初心，规范作业，尽善尽美地履行好管理人职责。常怀使命感，无形之中能使管理人高尚起来，更加富有激情，更加充满社会正能量；能使管理人乐观起来，不再滋生畏难情绪；能使管理人获得成就感，如同医生治病救人一样，当管理人把一个个破产企业全部破产事务有序地安排好，让每个当事人在这种安顿中各得其所，大家相安无事或皆大欢喜，这才是管理人的最大成就。

其次，管理人要有服务意识。如何看待管理人的地位和职责，关系到管理人精神境界的高低。按照破产法的规定，管理人的权力很大，诸如接管债务人并掌管债务人巨额财产，代表债务人参加诉讼，行使股东权利、追讨对外债权；债权包括有财产担保债权的审核认定，取回权、抵销权须经管理人同意，个别清偿行为及无效行为的撤销权由管理人发动和行使；等等。重整程序中还包括重组方的遴选及程序设定，对债务人自行管理的监督，重整计划的制定和审查把关。所有这些无不体现着管理人的权力分量。如果管理人真的把这些工作看成是自己可以自由行使的权力，那就大错特错了。其实，破产法设立管理人这一制度架构，目的是解决破产事务的承办问题。管理人的本质就是破产事务的承办人，破产事务的大管家。破产法界定的管理人的职责再大、再多，性质上也都是破产事务，都由管理人打理而已。管家的本质是服务，是尽职尽责，是尽善管义务，是为“东家”负责。

管理人不要把自己定义为破产事务的权力主体，而是破产事务的管家，是为破产案件的所有“东家”服务的。有了这个定位，管理人就要淡化权力意识，增强服务意识，做好破产法赋予自己的本质工作。

最后，管理人要有大局意识。每宗破产案件，无论是破产清算案件还是重整案件，都有一个“大局”，管理人不仅要清晰地了解案件的大局所在，而且还要全力为大局服务，要协同各方力量共同追求大局结果。管理人有了大局意识，在处理破产事务时就有了明确的方向。

二、管理人要有自己的从业技能

俗话讲，“没有金刚钻，不揽瓷器活。”管理人如果没有过硬的执业本领，在管理人的位置上是相当辛苦的。管理人执业本领都是在破产事务中有意识地练就而成。站在管理人角度而言，我认为以下技能是不可缺少的：

其一，钻研问题的技能。破产案件所涉事务繁杂，法律关系也异常复杂。这些包含复杂法律关系的破产事务，需要管理人进行研究论证，否则很难准确恰当地处理。养成良好的专业素养和学术钻研精神，进而养成发现问题，探求问题发生的原因，提出和论证问题的解决思路和方案的思维定式，这对管理人非常重要。其实，破产问题涉及的法律关系博大精深，而管理人研究这些问题有着得天独厚的优越条件，即管理人是第一手资料的占有者，所有破产问题的发现者、集中者、思考者和解决者。可惜的是这种优越的学术资源有时被我们管理人浪费掉了。如果珍惜的话，说不定我们管理人队伍中也会产生破产法学大家。

其二，化解问题的技能。破产案件涉及的复杂问题和敏感问题多。管理人要有高度的问题化解意识，第一时间发现问题，并尽快把问题的原委了解清楚，拿出解决方案，尽可能把敏感问题解决在事发阶段。破产案件中堆积着长年得不到解决的各种问题，都要在破产程序中一次性化解。正因为如此，我认为管理人要正视问题，要练就解决问题的技能。管理人是破产问题的解决专家，是破产矛盾的化解者，是破产问题的终结者，而不是破产矛盾的旁观者，更不是破产矛盾的激化者或制造者。

其三，沟通的技能。解决破产问题的法宝之一就是沟通。之所以要沟通，在于破产案件存在严重的信息不对称。由于信息不对称，在当事人之间会产生深深的误解并将误解情绪化，演变成当事人之间的对立。化解对立的手段之一就是想办法让信息对称。搜集、整理、消化破产案件的相关信息，并借助各种场合再把信息传递给相关当事人，这就是我常说的沟通法宝。管理人在全面掌握第一手信息资料的基础上，要敢于沟通，更要善于沟通，要带着化解矛盾，消除疑虑和误解，解决破产问题这一总目标去沟通，而不是简单的信息传递的概念。沟通要有技巧，要精心准备沟通预案，要有智慧，要晓之以理动之以情，方能收到我们所期待的效果。

其四，培养团队的技能。我们知道破产案件中“百事待办”，实在不是一两个人所能胜任。破产事务巨大的工作量，承办破产事务持续的时间长，加之有些破产事务的紧迫性，客观上都要求管理人要有强大而稳定的工作团队。尤其重大复杂的破产案件，破产财产散落在全国各地的破产案件，关联公司及分支机构比较多的破产案件，必须在限定的时间内完成的破产案件，专业性强、技术含量高的破产案件，如上市公司重整等，都要求管理人要有特别能战斗的工作团队。可以断言，哪个管理人团队强大，哪个管理人就能承办大要案，就有市场，就能走得远。所以，要以破产业务为常业的管理人务必在团队建设上下功夫。

其五，创新的技能。创新精神体现在破产案件上，就是创造性地解决破产程序中的疑难、棘手问题。破产案件中许多问题的解决，需要智慧，需要广开门路，需要创新性思维和做法。管理人在履职过程中，要有创新意识，要养成掌握、吸收并运用各种商业模式解决破产问题的基本素养。尤其在重整计划草案的制作中更是如此。

其六，统筹协调的技能。管理人不仅是破产事务的总管，也是破产案件的总协调人。管理人要对破产事务和程序节点进行整体把握，要统筹协调包括债务人、审计机构、评估机构、拍卖机构、重组方等各方力量，共同服务并完成破产事务。这既是管理人的基本职责，也是管理人的基本执业技能。

其七，思维缜密的技能。破产当事人对管理人是另眼看待的，甚至认为所有破产事务管理人说了就算。因此管理人说的话，发的文，都被当作指示和依据。管理人及其工作人员说话、表态和处理破产事务要格外小心，要三思而后说、三思而后行、三思而后定，且要类似事件类似处理，要一视同仁，一碗水端平，避免被质疑，避免被攀比，避免已经处理过的事情大面积反弹。凡事要想全面，要预计各种可能，要有应对措施等。所有这些都要求管理人处理破产事务时要有思维缜密的素养和技能。

其八，财务和企业管理的技能。管理人工作不仅仅涉及法律事务，也涉及企业管理和财务安排方面的事务。比如，在上市公司重整中，财务会计方面的分量相当重，这就要求管理人要知晓基本的财务知识，要能和审计机构对话，讨论重整中的财务安排问题，确保重整计划得到执行后的上市公司符合监管的相关规则。

在管理人管理债务人财产和营运事务情况下，管理人要掌握基本的企业管理知识，发挥关键岗位、关键经营管理人员的作用。在债务人自行管理财产和营运事务情况下，管理人也要掌握基本的企业管理知识，以便于对债务人进行有效的监督。

三、管理人要防控从业风险

破产法在赋予管理人诸多职责的同时，也对管理人提出了明确的工作要求，即善意地管理破产事务，明确了管理人的相关责任，即民事赔偿责任甚至刑事责任。管理人职业风险点很多，有各种权益审核方面的风险，有财产管理方面的风险，有是否及时行使撤销权方面的风险，有追讨破产企业对外债权方面的风险，有代表破产企业行使对外投资权利方面的风险，有代表破产企业诉讼方面的风险，还有各种期限方面的风险，等等。管理人在履职过程中，要始终绷紧风险责任这根弦。

只要是从事管理人职业，就有发生执业风险的可能。要想规避风险，唯一的办法就是管理人自己加强防范与控制。在我看来，防范与控制风险的有效而常规的措施有以下几点：

首先，管理人要兢兢业业。管理人只要兢兢业业，尽善管义务，就能有效回避各种执业风险。

其次，管理人要恪守职业操守。管理人只要恪守职业操守，时刻约束自己利用管理人特殊身份谋取非法利益，也能有效回避各种执业风险。

再次，管理人要有程序意识。我所说的程序意识，除要严格遵守《企业破产法》规定的程序外，还要遵守法院确定的适用于该法院审理破产案件所规定的程序。此外，管理人的程序意识还包括破产法和法院内部规程没有规定，管理人要自己设计用于解决特定问题的程序。如为重整企业公开遴选重组方程序，法律没有规定，法院内部操作规程没有规定，怎么办，靠管理人设计制定一套遴选程序，包括遴选本身的程序以及遴选程序本身生效的程序如经债权人会议表决通过生效等。这都是管理人程序意识的应有之义。另外，法定需经过监督机构监督的事项，如须经债权人会议或债委会表决的事项或须报法院批准的事项，管理人要特别注意遵守。管理人自己认为不好把握或交给债权人自己把握会更稳妥的事项，主动启动债权人会议程序，这也是管理人程序意识的基本内容。管理人强化程序意识，遵循程序履行职责，能有效避免可能存在的执业风险。

最后，管理人要有自觉接受监督的意识。管理人对待监督的态度，关系到管理人的心态是否健康。凡管理人把对自己的监督理解为对立、不信任、有意见、碍事等，都是心里不健康的表现。大家试想，破产案件交给管理人，没有任何人对管理人进行监督，会出现什么样的后果，是不是不堪设想。所以破产法在界定管理人的管家地位的同时，也建立了针对管理人的监督机制。其实，在破产法律制度层面，没有绝对的权利，没有绝对的“老大”。破产案件也有三权，即破产事务审判权、破产事务承办权和破产事务决策权。破产法把这三权分别赋予不同的主体行使。破产事务审判权赋予法院，承办权赋予管理人，决策权赋予债权人会议。此乃破产法意义上的三权分立。这三权中，破产事务承办权分量最重，一是因为管理人具体掌管财物；二是因为许多实体权利的行使须经管理人同意；三是因为大多数破产事务发展不到动用审判权解决的程度。有鉴于此，破产法不得不设立对破产事务承办人的监督机制，并明确监督主体、监督事项、监督程序等。

管理人在履职过程中，普遍的心态可能是不愿意受到监督。我要说的是，管理人接受监督并非坏事，反而是自我保护的好事。有人监督，行事就要小心，就要严谨，就要经得起检验，从而最大限度地回避管理人的执业风险。

这就是我说的自我保护。因此，管理人在执业过程中，应当树立主动接受监督的意识，要主动利用监督机制寻求监督、要求监督，如此则可避免管理人责任风险。

以上是我对管理人从业的一些体会。要做一名称职的管理人，需要长时间的实践和修炼，需要点滴的经验积累，需要不断地总结、思考和借鉴，需要足够的耐心和耐力，不可急于求成，更不能一蹴而就。

顺颂春安！

王福祥*

2017 年 2 月 27 日

* 律师，法学博士，北京市金杜律师事务所合伙人，深圳市企业破产学会会长。曾担任数十宗重大企业破产清算和重整案件管理人负责人，在该领域享有极高的声誉和知名度。

年轻的破产法官，风景这边独好

年轻的同仁：

你们好！

获知你们即将加入破产法官队伍，我由衷地感到兴奋，为破产审判事业注入的新鲜血液而兴奋，为你们带来的一缕清风而兴奋！谨以这封信，来表达我对你们的诚挚欢迎和殷殷期许吧！

2017 年是《企业破产法》正式实施十周年，对于破界破人破事都绝对是该大书特书的大事件。我刚好是 2007 年 6 月来到破产庭工作，亲历了这浓墨重彩的十年，感悟不可谓不深。

十年前，我一脚踏进破产审判这个未知领域，捧着刚颁行的《企业破产法》及为数不多的破产法专业书籍，囫囵吞枣地啃了一个月，还是云里雾里。

不过在新法颁行之计，不仅是我，当时资深破产法官也都面临着极大的挑战，无论是审判理念还是程序要求均发生颠覆性地改变。特别庆幸的是，现任前海法院院长、时任深圳中院破产庭庭长的闻长智同志，高度重视制度建设和规范办案，自 2008 年到任伊始，即开始组织建章立制的工作，先后出台了覆盖破产审判各环节各流程的 7 个规程及规范。这于深圳破产审判事业来说，确实是件功德无量的事情。之后，深圳破产审判据以发展，为各地法院传经送宝的这些规范化制度成果，都是在此基础上修订完善的。十年间，深圳中院审理的破产案件从69宗上升到412宗，审理了大鹏证券、南方证券、汉唐证券三大证券公司破产清算案件，深中华、中科健、新都酒店等六家上市公司重整案件，华圣科技、金田股份、中浩集团等退市公司重整案以及翡翠航空破产清算等一批在全国有着重大影响的案件，这些重大疑难复杂案件的审理成为了我们最为宝贵的财富，我们积极研究总结，先后出版了《证券公司破产清算案件审理实务》《破产重整：困境上市公司复兴新视野》《破产审判前沿问题研究》《企业破产与重整案件法律适用关键词与典型案例指导》以及《破产审判手册》等一批在业内有着重大反响的专业成果。深圳破产审判已走进第25个年头，如果说有所成就的话，应该得益于破产法官的扎实办案和积极思考，得益于一直以来的积淀与传承。

所以，对于现今加入破产审判队伍的你们，确实碰到了好时候：一是整个社会开始重视并关注破产审判；二是你们可以捧着相对成熟的红宝书直接操刀上阵；三是较为完善的制度规范能够更好地保护破产法官。但一名破产法官的成长之路一定不会轻松平顺，需要付出更多心血和努力。

请做好成为破产法官的心理准备

还记得在微信群里欢迎你们的时候，我说过："破产审判很小众，但风景这边独好！"2016年之前，全国法院拥有专业破产审判庭的屈指可数，即便在已有24年破产审判历史的深圳中院，破产审判庭依然是个小庭，2016年我们审理的412宗破产案件，虽然占全国法院破产案件的7%，但同样湮没在深圳中院近5万宗案件及全市法院34万宗案件之中。

破产法官一直以来为人所艳羡的就是破产案件无审限，没有结案指标，于是破产庭便成为法官们心心念念向往的热门庭室。破产法官真的可以满足你对法官职业的一切想象吗？诸如比刑事审判温情、比行政审判有趣、比民事审判高端、比商事审判轻松、比强制执行专业……实话说，还真没那么理想。

这十年，我的真实感觉是如履薄冰、诚惶诚恐。当你被群情激奋的破产企业员工或者小业主包围，听取他们的诉求，口干舌燥地为他们解说破产制度时；当你前往行政机关，为破产企业的历史遗留问题寻求解决路径时；当你时刻关注着股吧，掌握上市公司股民的动向时；当你在债权人大会上，字斟句酌地引导及平复债权人的情绪时；当你在审理各类破产衍生诉讼，在一堆支离破碎的证据材料中抽丝剥茧，要还原一个法律事实时……你会发现，原来破产法官还真必须成为“全能神”啊！

破产法官所应具备的特质

破产审判，是一个跨越诸多法学学科的综合性领域。业内有个很经典的概述，即开庭与开会的结合、办案与办事的结合、裁判与谈判的结合，这也就是破产法官要干的活儿，从而也决定了破产法官要拥有一颗更为强大的心和更多几把刷子。

第一，就知识储备来说，仅法律知识还远远不够，一般的经济学、社会学、管理学等也得有所涉猎。比如，在证券公司破产案件中遇到的取回权审核问题，不仅涉及取回权成立要件的把握，还涉及委托理财、委托资产管理、证券买卖交易、国债回购交易、证券结算规则和结算制度等专业内容。因此，破产审判对跨学科、跨行业的知识要求较高，我们必须要善于学习，勤于学习。

第二，把握大局的能力尤为重要。破产程序的终局性，决定了权利主体的多元性、利益博弈的激烈性和程序推进的复杂性，“破产无小事”。每一个破产案件的顺利平稳处理，需要破产法官具备大局意识。古人云：“不谋全局者，不足谋一域；不谋万世者，不足谋一时。”法律作为一种社会现象，它不是孤立存在的，而是与其他各种社会现象联系着，综合地反映着社会现象的方方面面。法官适用法律的过程，不可能是静态的逻辑推演，而是一项创造性的活动。于破产法官而言，我们常常深处社会矛盾纠纷的旋涡之中，我们不能仅看问题的表面，而是必须统筹考虑隐藏在案件背后的经济、政治乃至人文等社会因素，充分挖掘并综合发挥破产法的功能作用，以最佳的方式和路径，最大限度地保护各方权益人的合法权益。

在审理大世界商城破产案件时，合议庭面临着烂尾十六年的楼盘，破产程序与执行程序的激烈冲突及艰难的执行回转，近 200 家债权人被搁置十几年的债权诉求，一房多卖，小业主及员工的权益保障，建筑工程款优先权、承租权、取回权等各类特殊权利的甄别，等等，该案从破产清算转化到重整程序，历经了重组方的公开遴选，重整计划草案的多轮谈判协商，后出现部分表决组未获通过的情形，至此，强制批准的难题就摆在合议庭面前。虽然我们一直审慎使用强制批准，但合议庭全面客观分析了该案的历史背景及相关实情，严格依照《企业破产法》第 87 条做了合法性分析，重点论证了强制批准后的社会效果以及一旦进入破产清算的后果，认为推进重整更符合广大债权人的意愿更有利保护他们的权益，有利于一揽子解决取回权、租赁冲突、竣工续建、小业主产权登记及后续开发等问题，更能有效化解矛盾，维护社会稳定，最终合议庭决定强制批准大世界商城的重整计划草案。合议庭成员有着一个共识，就是我们必须有所担当，得承担起该担的社会责任。

第三，沟通协调的能力不容忽视。一方面，你得面对企业员工、债权人、股东、投资人等众多主体，各有各的诉求，很多问题不是合议庭三个人拍拍脑袋就能解决的，我们要学会倾听各方意见，还要与各方主体进行充分沟通。另一方面，破产程序的终局性决定破产企业多年沉淀的老大难问题，必须在程序内解决，这些亟待解决的问题不仅是法律问题，还有很多社会问题，比如说破产企业员工社保金的缴纳问题、“烂尾楼”盘活后的小业主的办证问题、破产企业的土地出让及地价补缴问题等。这些问题的解决，不仅需要法官对事实认定的精准把握，对法律政策的正确理解，还有赖于法官与相关部门的沟通协调，从而拿出合法合规又具可操作性的方案。

处理好与破产管理人的关系

在破产程序中有一个特殊主体——破产管理人，他们由法院指定，在一线处理与破产企业有关的一切事务，包括破产企业的业务经营及财产的管理和处分等，可以说破产管理人在破产程序中有着举足轻重的地位。因此，处理好与管理人的关系也是破产法官的必修课。

法官与管理人到底应该是一种什么关系？我理解，应该是一种边界清晰、相辅相成的关系。

第一，边界清晰。破产法对管理人的职责有着明确的规定，法官对管理人负有监督、指导的职责，这个职责要求法官对管理人的职业行为必须做到心中有数。我们制定的《破产案件管理人工作规范》，既是管理人的工作指引，也是法官监督管理人的标准。根据《企业破产法》规定，管理人虽然由法院指定并向法院报告工作，但管理人应当依法独立履行职责，勤勉尽责，恪尽职守。在实践中，有些管理人将自己定位为法院的代理人，只负责执行法院的决定，主观能动性不足，单纯依赖法官的指示，在一定程度上造成法官将管理人的工作也一肩挑，这是不正常的。有的管理人可能是因为知识单一、经验不足，在履职过程中难以独立处理相关事务；这时候，法官可以指导，但一定不能包办代替，属于管理人履职范围的，还是应该由管理人团队去完成，法官可以进行方向性的指导，这也是帮助管理人团队成长的最有效的方式。从长远来看，培育可持续发展的管理人队伍就是从一个个问题的指导和解决开始的。另外，工作方式方法也很重要，管理人的工作简言之就是摸情况、找依据、提意见，对于管理人提交到合议庭研究的事项，一定要求管理人对基本事实调查清楚，提出的处理意见，必须要有事实根据和法律依据。而承办法官也应该在消化好管理人提交的材料基础上提出自己的意见，对管理人提出的处理意见既要重视，但又不能盲从。因为法官的立场、视角和管理人往往不同，即使是业务素质过硬的管理人团队，他们的意见也只能成为法官的参考，法官必须做出自己的独立判断。

第二，相辅相成。在破产程序中，将法官与管理人称之为“共同体”也许更为贴切。很多时候我更愿意将一起合作的管理人看作工作拍档，给予尊重和信任。对于一些案件中的重大问题，我的习惯是听取管理人的情况报告，现场对问题进行研究碰撞，集思广益，更有助于开启我们解决问题的思路。其实，深圳的管理人队伍在全国都是出类拔萃的，有些机构破产业务分布全国，不少是业内精英，所以他们就是一座宝藏，我们得虚怀若谷，懂得发掘。这些年我从管理人身上学到很多东西，受益匪浅。记得我在审理证券公司的相关衍生诉讼案件时，对于国债回购交易的操作实务及相关结算规则基本不懂，查阅了不少资料，还是一知半解，最后求教于管理人团队的证券专家，很快就厘清案件的审理思路。

第三，保持距离。因工作需要，破产法官与管理人会存在紧密的联系。但这种联系应该仅存于工作往来，其他方面还是应该隔绝开来。在与管理人交流时，我常说，管理人不用琢磨怎样和法官搞好关系，将心思放在工作上，活干得好，不出纰漏，法官自然会点赞。深圳中院对管理人实行分级分类的动态管理，配套有严格制度，对管理人实行优胜劣汰，绝对动真格。我们将考核权下放到法官和合议庭，要求法官做好平时工作记录，无论是加分项和减分项都必须有充分的依据，而不是凭印象，讲感情，归根结底还是看管理人团队的责任心和工作绩效。

自我提升永无止境

破产审判这个岗位，对法官个人的学习能力和研究能力有着更高的要求。面对日新月异的社会发展、纷繁复杂的社会矛盾，法律永远是一部有待完善的作品，破产法尤甚，滞后性特别凸显。破产审判是个实操性很强的领域，新问题与新情况层出不穷，破产审判实践给法官带来巨大挑战，同时留给法官的施展空间也是无限的。特别是身处深圳这样一块改革创新的热土，很多问题往往是我们首先遇到，院领导经常说的就是，深圳的法官办好案不算什么，关键是要先行先试，要创造出可复制的经验和做法，这也是我们的破产审判一直做的事情。每一个破产案件都会有着它独特的特点，同时还会遇到不同的疑难杂症，常常是相关法律规定尚属空白，又没有先例可循。所以只有认真思考、潜心研究。我们庭的学习研究的风气浓厚，专业法官会议、审判长会议上激烈的争论，思想的碰撞，攻克一个又一个的难题，成就了深圳法院破产审判今日之地位。发现问题—思考问题—解决问题—总结提炼，这就是一个合格的破产法官的成长轨迹。所以我会对你们说的，在破产庭，单纯案件办得多不能代表什么，只有能办案勤思考会调研才能成就你的江湖地位。

坚持自我很难但很重要

破产审判一直是个高风险的岗位，我们往往面临巨大复杂的利益纠葛，唯有保持一颗淡泊从容的内心和“壁立千仞、无欲则刚”的气度，才能够心底无私、依法公正地处理好每一宗案件。要记住，破产法官群体的尊荣是需要我们每一个人的身体力行去细心呵护的。

……

这两年，优秀法官不断流失，破产法官也出现了断层现象。说实话，内心还是焦虑的。所幸的是你们的加入，你们对新领域的向往和热忱，让我感受到久违的兴奋和期待，于是有了这封信的诞生，没有别的，只希望能为你们打开一扇小窗。我始终相信：“我们终将改变潮水的方向，美好的事情一定会发生！”

祝新的征程一切顺利！

岳姐*

2017 年 2 月 11 日

* 岳燕妮，武汉大学法律硕士，现为深圳市中级法院公司清算和破产审判庭副庭长，四级高级法官，深圳市优秀法官。主持建立全国首个破产信息公开平台，并获评全国“互联网＋诉讼服务先进个人”。

在未来，我们共同改变潮水的方向

亲爱的岳姐：①

站在风光宜人的莲花山上再次打开您的书信，看字里行间沁透出的您不倦教诲，耳边仿佛响起您温柔而坚定的声音。虽然我们天天见面，但我仍有想通过书信与您交流的冲动，或许有一些情绪只有用文字表达才更富有张力吧。

初识破产，正是我在香港大学攻读普通法硕士之际。那是2007年的春天，在准备硕士论文选题时，我凑巧读到了菲力普·斯玛特（Philip Smart）教授关于跨境破产的一些文章。彼时，适逢《企业破产法》刚刚出台，内地与香港的《关于建立更紧密稳定关系的安排》（CEPA）补充协议又开放了两地法律服务市场，使得内地与香港两地的破产法律服务市场的合作有了新的契机。依托这一背景，我选定了自己的硕士论文的主题，即《〈企业破产法〉施行后大陆与香港跨境破产问题若干研究》。这个课题报上去后，引起斯玛特教授的关注，并同意做我的硕士论文指导老师，得到这个消息我欣喜若狂，虽然此前从未见过他，但我知道他是香港大学任职时间最长的教授之一，学术水平一流。

① 本文系作者针对岳燕妮庭长前一篇文章的专门回复。——编者注

与大部分学生一样，当我开始对某个科目感兴趣的时候，往往是从热爱这门课的老师开始。我仍记得第一次推开他的办公室门被“惊艳”到的情形：那是一张典型的英国男人的面庞，身高大约不到一米九，身材匀称，气质温润，说起话来声音不大，温文尔雅，令人如沐春风。我立刻决定要在论文的资料搜集和撰写过程中下大力气，多找机会和教授面对面交流。接下来的研究过程中，尽管大量的英文阅读、写作和案例分析不断挑战我的极限，尽管斯玛特教授作为一个英美法系领域顶尖教授，对学术研究有近乎变态的严苛，我仍然感到一种知识充盈于心的满足感，对教授所引导的跨境破产领域逐渐产生越来越浓厚的兴趣。

不过，我在内地接受法学本科教育，第一次用英文撰写论文，还选了英国人作为论文指导老师，其过程无异于“自虐”。记得我第一次提交论文提纲，半夜 2 点发到教授邮箱，想不到，第二天一早 7 点多即收到教授的回信，要求面谈。我心里对于再次见到帅哥教授非常期待，美滋滋地前往，路上想着聊点什么话题。想不到当我见到教授时，迎接我的却是异常严厉的批评。斯玛特教授一改往日的温和，拿着我的论文提纲逐字逐句地挑错，说到严厉处，两条眉毛锁得紧紧的，语速快到我几乎听不懂了。他不但批评了学术研究方式方法的问题，还指出了很多语法错误，最后他认定我这是“应付”，并严厉要求我要按照英美法的论文写作方式，来做“真正的学术研究”。很快我们结束了谈话，我十分郁闷地低头走出办公室，心中一片茫然，不知该如何继续论文的写作。此时，要感谢命运让我碰到了我的同门，正在攻读斯玛特教授的某博士生，他也是有内地法学教育背景的。见到我的样子，他问我是不是刚刚与教授谈过论文，之后慨然同意与我分享“对付”教授的办法。在花了一顿学生套餐的代价后，同门师兄告诉我，斯玛特教授对学生是出名的严格，要我一定摒弃内地法学教育的论文写作方式，按照英美法的写作规范重头来过，还详细帮我分析了论文的写法。听完同门的话，我陡觉压力山大！教授对论文的要求如此之高，对于无论是英文还是法学都是“半瓶水”的我来说，还真是欲哭无泪。而此时打退堂鼓已经是不可能的了，一方面论文导师一旦选定不可更换，另一方面斯玛特教授自 1983 年起即开始做公司法和破产法律冲突领域的研究，并很快成为世界顶尖的跨境破产领域的专家，能有机会得到他的指导，恐怕是我一辈子都难求的。

既然不能放弃，便只好硬着头皮从头学起。现在回想起来，那段做论文的日子里，废寝忘食、挑灯夜战都成了家常便饭。但正是这炼狱般的半年时间，让我这个“破产小白”开始对内地与香港破产法律问题有了较为深刻的理解，大量的英文阅读和写作训练，也让我当时的英文水平达到了个人史上最高水平，而斯玛特教授对我的态度也从最初的疏离甚至嫌弃，逐渐转变，临到论文交稿的时候，他已经乐于与我讨论一些专业问题了。或许也正是在与这位学识渊博的教授探讨问题的过程中，我渐渐开始热爱研究破产领域的问题，也在心底埋下了成为真正“破人”的渴望。

非常遗憾的是， 2008 年 6 月 17 日斯玛特教授突然离世，香港大学在网站首页上发了讣告。当时我已结束香港大学的学习，正在深圳法院工作。同门师兄从香港打来电话，声音哽咽着告诉我这一噩耗。我不敢相信这是事实，那个高大健壮、温和严谨的教授就这么突然离开了他的学校、他的学生……

港大毕业后，因为工作关系，我一直未能再次与破产审判有所交集。但是，为着斯玛特教授的缘故，也为着自身兴趣的所向，我一直在关注着中国破产审判的发展，在媒体上搜集过南方证券、大鹏证券等知名企业破产审判的一些资料。但是由于未能深入该领域，我对破产审判一直停留在“远观”的状态，对该领域的认知仍是皮毛。

时隔十年，2017 年的这个春天，在经历了民商事审判、执行、综合调研等多个岗位之后，我终于有机会叩开破产审判的大门，此时的心情既有激动、紧张和期待，更有对斯玛特教授的深深缅怀。

如您所说，最近这十年是破产审判迅速发展的十年，青年法官此时进入破产领域“正是好时候”，我深深地认同这一点，借此信浅谈一下我对破产审判的看法，不当之处请您指正。

第一，从破产审判的外部环境来说，毋庸置疑，我国已经进入了信用和风险快速扩张和发展的时代，市场经济的快速发展和企业市场准入门槛的降低，在提升市场活跃度的同时，也增加了债务风险和破产危机。可以说，自

2016年始破产审判已逐步走出“小众审判领域”，开始为大众所广泛熟知，“破产”经过近三十年的沉淀，终于开始走入司法界主流审判领域，这是令人欣喜的转变。企业的生态圈包括准入、投资、融资、管理和退出，这个“退出”制度是市场健康发展的重要一环，也是影响市场资源良性循环的关键环节，因此，破产审判必然会走向主流领域，这是司法规律所决定的。

第二，从近十年破产审判的发展来看。与您当初涉足破产审判不同的是，比较十年前百废待兴的状态，如今进入破产审判领域的青年法官，有着相对较为成熟的“红宝书”作为参考和指导，直接“操刀上阵”；而破产领域的架构和制度体系已经相对规范，更有利于对青年法官的保护。

第三，中国的破产审判虽然有了长足进步，但仍有大量的“处女地”尚待开发。由于最近在“执转破”团队工作，我关注较多的是执行程序与破产程序冲突与衔接的问题。例如，执行程序中案外人异议与破产程序中取回权是否有实质性的区别，如果在执行异议审查过程中被执行人进入破产程序，那么执行异议审查是否应当继续审查？还是应当转入破产程序审查？如果继续审查，应以何种标准来裁判？再如，“执转破”工作为最高法院提上日程，受到全国各地法院的关注，并作为一项可以推动“基本解决执行难”的重要措施大力推动。但是目前执行程序中最具有退出市场需求的是终本案件中大量完全没有偿付能力的企业，即“执行不能”的企业。而这部分案件的被执行人通常下落不明，一旦进入破产程序，债务人应如何有效通知？由于“无产可破”，破产管理费用从何而来，全部由政府财政垫付吗？这将是执转破工作面临的最大问题之一。

基于上述原因，也是出于私人对已故导师的告慰之情，我非常期待加入破产审判团队，特别幸运的是，能够进入深圳中院这个在全国业内具有如此重要地位的审判团队，踏入我期待已久的工作领域。这些日子里，您以自己亲历和深入研究的经验，向我们列举了很多条可以迅速提升综合素质以应对破产审判工作的建议。在您的信中，您还向我们展示了一幅画风朴实、细节生动、内容丰富的破产审判画卷。我仿佛看到破产审判的前辈们为讨论专业法律问题而激烈讨论，为补足经济学、社会学、管理学等相关学科知识而挑灯夜战，为化解小业主、企业员工、债权人等众多主体的各种信访诉求而斡旋谈判……一方面，我为前辈们“八臂罗汉”般的超强办案能力所叹服；另一方面，又不得不审视自己，是否已经做好应对破产审判各类问题的准备，是否已经准备好了您所说的“一颗更为强大的心和更多几把刷子”，是否已经有了相对扎实的专业及跨专业领域知识和沟通协调能力的储备。

记得您在带领我们团队推动“执转破”工作的过程中，您最强调的是“理念”的转变。当时，作为执行法官，我对破产的理解最初就是解决执行不能、让无财产可供执行的企业退出市场的“执行出路”。在“执转破”工作进程中，我学习了一些破产理论书籍和文章，我发现虽然不少法官认为执行与破产的关系，其实就是“个别执行”与“概括执行”的关系，但是破产制度在设立之初的理念，以及在国外的专业认知上，更像是一个强调社会整体福利的制度安排。从实际效果上讲，破产程序限制了个别债权人的强制执行，而由集体债权人公平受偿，同时保护包括债务人在内的全体权益。具体而言，破产企业股东、员工、消费者、供应商、社区、社会、政府、环境等都是在破产过程中应当被考虑和保护的利益主体，这一理念与执行所追求的快速实现债权人利益的理念殊为不同。对于这一观点，我在最初开始执行转破产工作时是不能够接受的，但是涉猎的破产领域知识和理念越多，看到的案件越多，就更加认同这个观点。及至现在，我对于执行部门一直所提及的“推动执转破工作的动力在于消解执行难”的意图甚至是有所保留的，这一意图是否与破产真意有所偏离？而破产真正可以为执行做些什么？这些问题有待继续探寻。

岳姐，您知道吗？我现在仍记得儿时第一次登台参加舞蹈比赛的时候，老师曾说：应对比赛的最佳心理状态不是“不紧张”，而是要有一点点的紧张，这个紧张的程度要刚刚好让你觉得兴奋，而不能紧张到忘记动作。时隔20余年，我仍清晰记得老师的话。每每遇到人生中的重要时刻，譬如高考，譬如司法考试，我总是尽量调节情绪，尽快达到这种微微兴奋的状态，最好的姿态迎接考验。如今，期待多年的破产审判梦即将成为现实，我再次觉得自己的大脑正在高速运转，全身的血液微微沸腾，同时，我也感受到了的团队伙伴们也都在兴奋中调整自己的工作状态，我相信，我们一定会以最好的状态迎接挑战。

最后，作为初涉“破事”的新人，我由衷感谢您的倾囊相授，您的信，满满都是破产审判专家法官的情怀和期许。站在破产审判的门前，我无比期待迈开脚步踏入其中——那一刻，是激情澎湃的时刻，也是静待花开的时刻；是继受破产传统的时刻，也是勇于开拓的时刻；是倾力而为努力拼搏的时刻，更是内心收获无数满足的时刻。最是一年春正好，风劲扬帆恰当时！

希望未来我们能够真的改变潮水的方向，共同拥抱美好！

王　芳*

2017 年 2 月 22 日

* 现任深圳市中级人民法院审判员。上海外国语大学法学院国际经济法专业学士学位。香港大学法学院普通法硕士学位。

那些与破产法相遇的过往

龙旭师弟：

你好！

感谢你的信任，将专业方向选择的重大问题和我进行讨论，你的提问引起了我的很多思考，为什么我会选择破产法作为自己的主要研究方向，这是一个我此前并未深思的问题。

研习破产法的因缘，可能来自于我人生中那些与破产法相遇的过往。

我记忆中的第一个场景是在中国政法大学昌平礼堂，一次关于破产法的大型讲座。应该是在我大二或者大三的时光。是在这个会场上，我第一次听到王卫国老师讲到关于企业重整的“马”理论，清算就是杀马分肉，而重整是个“死马当活马医”的过程，一旦把马救活，债权人就可能得到更多。我还记得在这个会议上，一位外国专家在回答提问时讲到的一个故事：一个寒冷的冬天，两个人去滑冰，遇到了一头熊，熊追赶这两个人，一个人摔倒了。另一个原本可能逃掉的人回过头来，勇敢地和熊搏斗，救了摔倒的那个人。当人们问他为什么这么勇敢时，他说，这没有什么，我只是不想让熊咬坏那人脚上的冰鞋，那是我的冰鞋。专家用这个故事说明，破产重整程序并不是一个慈善程序，它只是希望追求自己利益最大化的债权人为了保全自己的利益来拯救困境中的债务人。我甚至已经记不清台上有多少位专家，八位还是十位，但记忆中，礼堂的讲台有一点像星光大道的舞台，星光闪闪。时隔多年后，我向李曙光老师求证过这一记忆。李老师说那是 1996 年佩珀代因大学（Pepperdine University）教授访问团来法大访问，随团的专家中有几位美国破产法学界赫赫有名的人物，包括马克·斯卡伯里（Mark S. Scarberry）教授、格兰特·牛顿（Grant W. Newton）教授和戈登·约翰逊（Gordon W.Johnson）律师，熊的故事是约翰逊律师讲的。那天的会议，李老师也是台上主要发言人之一，但可惜我不记得了。

另一个因缘就是中国政法大学破产法与企业重组研究中心。成立于 2001 年的中国政法大学破产法与企业重组研究中心是全国第一家破产与企业重组方面的专业研究机构，李曙光老师担任中心主任，当时参与新破产法立法的学者都是中心的研究员。2001 年秋，我在李老师的专业外语和比较破产法课上担任了课代表，2002 年春，又成为研究生院配备给李曙光老师的学生助理，从那时起开始接触破产法中心的工作。那一年的 10 月 10 日至 11 日，国际破产协会（INSOL）亚太地区年会在中国北京举行，会议主题为“经济转型时期的企业拯救”。这次会议是国际破产协会首次在中国举办年会，中国政法大学破产法与企业重组研究中心是中方协办方。来自三十余个国家和地区的律师、法官、会计师、银行家、政府官员、学者三百余人参加了这次会议。

这是我第一次参与国际会议的筹备，不过不管我做得怎样，李老师都会说“挺好，挺好。”中心印刷了中文的会议手册。我记得我深夜坐在法大印刷厂的车间里（法大那时是有一个印刷厂的，但我现在不知道它去哪儿了），看着印刷师傅们用四种颜色一层层套印出红色封皮的会议手册，与英文版会议手册的中国意象封面不同，我们的会议手册封皮是几个咬合的齿轮，象征转型的艰难。

在那次会议的筹备过程中，我见到了澳大利亚著名破产法专家罗恩·哈默（Ron Harmer）律师。其主持了澳大利亚破产法改革委员会，该委员会于

1988 年作出被称为“哈默报告”（Harmer Report）的破产法改革报告，在这一报告中建议设立了澳大利亚的自愿管理程序，以及可撤销交易等条款。澳大利亚之后根据这一报告重构了其破产法律制度，这一法律变革也被称为“哈默法案”。哈默先生已经于 2013 年 11 月在伦敦去世。比起国际破产协会网站上他的照片，2002 年的哈默先生有更长和更多的头发，带着温煦的笑容，弯曲着大长腿坐在李老师办公室的沙发上，热爱旅行的他还随身带着一本英文版的中国旅行手册。

国际破产协会的这次年会，俄罗斯联邦财务整顿与破产管理局局长特费洛娃（Trfilova） 也特地前来参加，并在会议召开前访问了破产法与企业重组研究中心。陪同她访问的还有该局的国际司司长、俄罗斯大使馆官员等。为了把这个代表团成员顺利地从法大老校东门接到位于当时老校联合楼的会议室，我当时还从学俄语的同学那里紧急学习了几句俄语，其中包括“请这边走”。特费洛娃局长是位有着黄色短发微胖的五十多岁女士，联想到当时国家经贸委的蒋黔贵女士、央行的吴晓灵女士，和美国的伊丽莎白·沃伦（Elizabeth Warren）教授，不由让人感到破产法学界和实务界是个杰出女性云集的地方。

2003 年秋，我成为李曙光老师的博士生。2004 年，破产法立法骤然进入快车道。2004 年 6 月 21 日，企业破产法草案首次提请第十届全国人大常委会第十次会议审议，我协助李老师准备了一份立法参考资料，就是后来发表在《政法论坛》上的《破产法立法重大问题的国际比较》。2004 年 10 月 16 日，在草案即将提请全国人大进行第二次审议之前，破产法中心召开了首届“中国破产法高峰论坛”，这是第一次全国性的大型破产法学术会议。

然后，不能不提到的就是世界银行项目了。2004 年 11 月，李曙光老师作为首席专家主持“中国破产法立法改革”项目，该项目由欧盟亚欧信托基金资助并在世界银行监督和全国人大财经委负责下完成。项目历时两年，兰姆普罗斯·瓦斯里奥（Lampros Vassiliou）先生、阿诺多·奎特纳（Arnold Quittner）先生和 1996 年会议中的戈登·约翰逊（Gordon Johnson）先生等多位世界银行专家参与，期间召开过多次国际研讨会，我和李园园以及后来的王佐发很幸运地作为研究助手参与了项目研究。

项目的第一期工作是在2004年11月底至12月初进行。这是我第一次住五星级酒店，但是我很快发现，住进酒店的唯一原因就是你可以除了必要的睡觉时间外一直在工作。在2004年11月28日至12月6日的非常紧张的工作日程里，李老师和世行专家顾问瓦斯里奥先生以及时任人大财经委法案室朱少平主任、人大财经委调研室王闻跃处长等就破产法草案所涉及的重大问题全部进行了深入的讨论，并由两位专家撰写了中英文的报告。这一报告随后于2004年12月7日至8日在北京召开的破产法立法国际研讨会上提交会议讨论。而且在此期间，李老师还为2004年12月1日至3日由全国人大常委会法工委及亚洲发展银行合办的破产法国际研讨会准备了一份报告，因为白天没有时间，报告的修改是在晚上11点以后进行的。这份报告就是后来李老师《破产法的转型》书中的《关于〈企业破产法（草案）〉二审稿的几点意见》一文。记录、校对、翻译、准备会议材料……那两个星期的工作强度是我之前和之后的工作中从未有过的，结束了当期项目工作后，我回到家里，就坐在床上大哭了一场，唯一的原因是太累了。

参与这一项目使我近距离地接触了几位世界银行专家顾问，他们都是些非常有趣的人。有着深邃眼睛的胖胖的瓦斯里奥先生是我见过的唯一一位能够像中国人一样叫我名字的外国人，他曾经很认真地肯定我说“There is only one He Dan in the world”（世界上只有一个贺丹），但当他发现所有参加研讨会的人员的名字都是三个中国字，而我的名字只有两个字时，他竟然同样认真地建议我：“等你以后有了钱可以再买一个字。”当时七十多岁的奎特纳先生总是犀利地怀疑一切，在调研返京的路上由于天气原因飞机临时降落石家庄，曾经在美国海军服役的阿诺德坚持认为是飞行员水平不够所致，这一判断使我和李园园都很生气。李园园还特意找阿诺德谈了一下，说他这样偏执很不好，但阿诺德并不生气。温和睿智的戈登·约翰逊在工作间隙高兴地向我和李园园、王佐发展示他妻子送给他的生日礼物——一个0.5厘米厚的数码相机，还很高兴地和我们合影，说我们将来会是些著名（famous）的人。

项目进行过程中，我一如既往地为李老师“制造”了各种障碍，当年我曾有博客文章对此记述一二，姑且附上，供你一笑：

蓟门有师，修转型学，设精典派，故称精典掌门。

一日精典掌门设坛讲法，提出要设书童一人。婉儿同室诸人私议道，此职位可登记出勤，颇有权势不可落了他人之手，遂荐婉儿出任，从此婉儿入精典门下。

其时精典掌门有两个书童，峰儿书童还兼任掌门的棋童，凡精典掌门下棋时，便叫其来观看。一日，掌门与峰儿书童写作转型学，嘱婉儿一旁起草研院报告，婉儿嫌此事繁冗，画漫画拖到晚上九点。掌门忍无可忍道：“你本来应该看看材料，起草提纲，但竟然一直在这里无所事事。”

又一日，掌门自创霜寒剑，嘱婉儿写个剑法说明给他。婉儿翌日醒来，已近正午。惶惶然中接掌门电话，原来掌门又有新招，要加入剑法说明中。婉儿嗫嚅道：“弟子刚刚睡醒，剑法说明并无一字。”掌门无语良久，说：“那，怎么能睡得那么好呢。”

婉儿一日见掌门鼠标涩滞，遂拆卸鼠标，尽除标内污垢而去。晚上十点接掌门电话，问：“婉儿可动我鼠标？”婉儿甚喜，想来掌门见小鼠灵活，特来电谢之。便欣然答道：“正是。”掌门便问：“那我鼠标中的球现在何处？”

西域兰博大师访华，掌门派婉儿去机场迎候。婉儿便在掌门书桌上铺纸挥毫，书兰博名字以为迎候牌。不想高科技油性墨水力透纸背，渗入书桌。婉儿只得取掌门桌上键盘纸张遮盖。不想掌门当日破天荒地移动键盘纸张，见桌上鬼斧神工之妙，叹道：婉儿废我书桌矣。

两年的项目进行过程也是《企业破产法》立法的关键时期，我见到了立法研讨中的对于每个具体的制度设计的激烈争论，体会到了利益冲突与制度抉择的艰难。这段时间是李曙光老师最为繁忙的一段时间，他办公室的灯总是亮到深夜 12 点。但一般不会超过 12 点半，因为到了 12 点，办公楼的保安就会爬上三楼，说：“李院长，我们要锁门了。”记得有一次，与李老师在办公室准备一个文件，前一秒钟他还在讨论问题，下一秒我从电脑上抬起头来，却见老师已经坐在椅子上睡着了。

在这个背景下，将破产法立法问题作为我博士论文的选题，似乎成为一种当然的选择。在我博士毕业后到北师大法学院报到后的第二个星期，2006年8月27日，第十届全国人大常委会第二十三次会议审议并通过了新的《企业破产法》。《企业破产法》通过后的第二天，我随李老师去金融街参加一个课题会议。在回来的路上，电视台的记者打来电话，要对李老师进行采访。下午五点半的金融街打不到一辆车，我们只好坐地铁赶回学校。从大钟寺到老校的路上，李老师的步子很快，我则尽力跟上他的脚步。

在李老师介绍完《企业破产法》立法过程和法律特点后，扛着摄像机的记者问："李老师您讲得很好，但是能不能情绪更饱满一点？"李老师无奈地笑笑："这已经是我最饱满的情绪了，从昨晚开始这段话我说了33遍了。"那段话的核心是"新《企业破产法》是中国历史上第一部市场经济的破产法。"

回顾了这段经历后，我发现，破产法方向并不是我主动的选择，它是我研究生期间学术经历的必然。但我一直感激那段忙碌的闪亮的日子，那段时光向我展现了学术研究与思考的魅力，使我看到更为广阔的学术视野空间，并给了我继续坚持的责任和动力。

或许每个人生命中都会有不为自己所知的因缘，它们悄悄进入你的生命，在未来的某个瞬间，支撑你成长。2001年"9·11事件"发生后，在李曙光老师的比较破产法课上，他给我们传阅了自己和世贸中心的合影，还在黑板上画过一幅纽约市地图，给大家标示过金融中心华尔街的位置。十年之后，当我站在华尔街头，一瞬间仿佛时空移转，我的脚下就是他当年粉笔画出的那个白点。

我想，你的生命中会有属于你的学术因缘，当然，可以是破产法。因为这是一个迷人的学科。我曾经用如下文字对它做过描述：

"破产法是一个极富魅力的法学学科，破产法尊重创设于先的法律权利，并在公平效率的理念指引下，对这些权利进行重新评价和排序。在破产的情况下，不同权利与利益之间的冲突将变得极为尖锐和激烈。作为债务清理法律程序的破产法，时时敏锐地触及社会经济的最敏感区域。破产法也由此成为一个极富挑战的法学学科。在破产法的研究领域里，研究者将遭遇一切可能产生债权债务关系的法律关系，涉及包括公司、合同、知识产权、侵权、劳动法直至证券、票据、金融衍生品、政府和非营利组织等在内的法律分支；在存在欺诈破产的情况下，还会与董事、股东的刑事责任相涉。与此同时，破产还会涉及经济和会计等专业领域，这也都对研究者的知识结构提出新的挑战。”（《破产重整控制权的法律配置》一书后记）

祝你研究生学习愉快，并希望继续来信讨论相关问题。

谨致

新春快乐！

贺 丹*

2017 年 2 月 8 日

* 法学博士，北京师范大学法学院副教授、硕士生导师。曾在美国密歇根大学法学院（2010~2011 年）、澳大利亚麦考瑞大学（2015 年）、悉尼大学法学院（2017 年）访学。中国政法大学破产法与企业重组研究中心研究员。

让心灵翱翔在破产法的天空

小 C:

谢谢你的邮件，很高兴能被法学院指定担任你的导师，陪你一起度过三年的硕士学习。

你在邮件中说，因为你本科阶段学的是经济法专业，不知道研究生阶段应该选择哪一个领域做比较深入的学习和研究，想让我推荐一个领域并介绍几本入门书籍。从我的学习和工作出发，我建议你选择企业破产法作为你的学习方向。

企业破产是一项独特的法律制度。它既可以实现对债务人企业债权、债务和资产的概括性解决、让经营主体彻底退出市场；又可以“妙手回春”，通过重整、和解等手段，让企业获得喘息甚至得以重生：它既能把病入膏肓、无药可治的企业宣告死亡并尽快清理后事；也能妙手回春，把身患疾病但仍有存活希望的企业尽力予以诊治，让其尽快恢复健康。法律上，它通过自动中止（Automatic Stay）制度，阻却个别债权人对债务人的求偿；通过破产财产制度，[①] 实现对债务人所有财产和权利的统一归集和处置；通过将债权人对债务人享有的、得要求其履行给付或其他行为的债权转化为对破产财产进行分配的主张，实现对所有债权人

---

① 国外称破产财团 (Bankruptcy Estate)，但这一概念并未为我国破产立法所接受。

权利的公平对待；通过建立清偿顺序规则和多数决制度，避免了因为债权人单方、自利的行为损害所有债权人的利益而造成“竞相踩底”（Rush to the Bottom）的不利困局，实现对所有债权人公平、理性的保护，甚至给予债务人重生的机会。

在经济功能上，破产法归根结底是对社会资源进行再分配和再利用的一项特殊制度，这也是破产法有别于其他民商事法律的特殊之处。其他民商事法律解决的是社会资源的规则化再分配问题，而破产法最终还能解决经营主体对社会资源的利用效率问题：通过破产清算，淘汰对社会资源利用能力过低、利用成本过高的经营主体对社会资源的占有和控制，将其原来拥有的社会资源重新配置至具有较高利用能力的所有者手中，降低对资源的利用成本，提高社会资源的利用效率，实现社会资源的优化分配和利用；通过破产和解、重整，减轻所有人对其手中社会资源的利用成本。没有不好的资源，只有不好的企业。破产法是重新调整社会主体对资源的占有、降低资源利用成本的市场调节器。事实上，民商事法律中，也只有破产法能够全面、概括地实现这一功效。这也是为什么这几年破产法在供给侧机构性改革、清理僵尸企业工作大形势下，得以“勃兴”、大显其道的深层次理由和原因。对经营主体的优胜劣汰是市场基本法则，在汰劣中实现对社会资源合理再配置、充分再利用，降低社会资源利用成本，也是市场经济中资源利用成本整体最低化效率性原则的体现和需求。更何况，在破产企业中，有很多其实具备相当好的资质、能力和市场资源，只是由于资金流和市场、经济形势的影响出现了爆发性临时债务清偿危机。从这一意义上说，破产制度对社会对资源的优化再分配和再利用功能，是市场调节功能充分完善和实现的必然条件之一，市场性必然是破产制度的根本属性和基本原则。

这一点对我国尤为重要。由于我国国家行政机关在社会资源分配上享有的特殊地位，行政主导与市场导向的协调与一致性问题，在这一再配置和再利用的过程中尤其值得引起注意——由于行政和市场两者在追求的目的、效益等方面可能存在一定差异，这种差异往往导致社会资源配置的结果难以符合市场的规律和要求，出现产业、产能、布局等方面的问题，当前的供给侧结构性改革和僵尸企业清理政策在很大程度上是对这一问题的一次纠偏。如果在通过破产进行的再配置过程中轻视甚至忽略、背离市场导向，则有可能造成新一轮的无效再配置，不仅可能侵害了债权人的利益，在更深层次上将无法实现破产对社会资源和资本的市场化有效再配置和再利用这一基本的制度功能和价值，加大再配置的经济和社会成本，甚至可能被迫进行新的再配置。

现阶段下，由于破产法的相关配套制度尚不完善，法院在审理破产案件中不得已必须协调行政等相关部门解决这一问题带来的诸多困难、承担诸多本不属于法院职责范围内的社会事务。为了推动破产审判工作的顺利开展，建立必要、可行的府院协调机制、分流解决本应由政府承担的社会问题，是推进破产工作开展的条件之一。但是，实践中，在一些破产案件中，行政意志过度介入甚至成为“隐形之手”，指挥破产案件的受理、审理的工作和方向，则实际上背离了《企业破产法》当初推动、实现企业破产市场化的意图，违背了破产制度的经济功能和市场本性。开个玩笑，许多毒品本为疗疾而生，可以让人获得短暂的提振和快感，但一旦对它们产生依赖性，却将致命。

在学习破产法中，我觉得你还要注意的一点是：法律意义上，究其根本，企业破产制度是在企业出现经营困境后解决其债权债务关系的一种特殊法律制度，而非企业正常经营、市场正常交易状态下的普遍规则。除非为实现破产制度的基本价值、法律原则所需要，并为破产法律所明确规定，否则破产法不应影响甚至破坏其他法律制度所创设的权利和交易制度。否则，不仅将破坏已有法律作所建立的权利和制度体系，客观上还将冲击已有的交易秩序和权利规则，加大交易双方的交易成本和风险，加大社会信用成本。这一问题，我们姑且称为破产法谦抑性。美国破产法典不允许破产法官在破产法典的规定之外行使衡平判断的权力，就是为了避免破产法院、破产法官过度扩大权力，对破产法外其他法律制度和权利造成过度的、不必要的冲击和影响。

当然，出于实现破产制度本身的基本价值和功能，破产法也建立了一些特殊制度，如特殊的合同撤销制度、破产抵销原则等。其中，合同撤销制度涉及破产企业此前签订的所有合同，将可能是每一个市场交易主体——不论是破产债务人或者其交易对象和破产从业人员所必需面临和解决的问题，也对市场交易秩序存在十分重大的影响。但是，迄今为止，理论界和实务界对这一问题的研究却十分有限。如果你看完康垂曼教授的论文 Executory Contracts in Bankruptcy 和美国法院有关这一问题的判例，你就会发现，在这一领域中甚至连“履行中的合同”这一基本概念都在一定程度上都还存在分歧，国内有价值的研究成果更是匮乏可见。我建议你可以在这个领域做些学习和研究。

说多了，回到正题。对破产法的学习，我提几点不算建议的意见：

一是一定要加强理论学习，多读基础理论书籍。除了各种名目的破产法教科书之外，在国内方面，我推荐几本书：北大许德风教授的《破产法论》可以作为你对破产法领域的基本理论和争议、问题的引导性书籍；李曙光教授和郑志斌律师主编的《企业重整法律评论》系列的资料性、前沿性都很强，可以作为你了解、研究重整制度的参考书籍；王新欣教授主编的《破产法论坛》系列中收集了大量法官、律师在破产实践中的思考和经验，从中也可以窥见我国当前破产实践中存在的各种问题和困难。此外，还有许多法官、律师、学者出版了一定数量的破产法实践书籍，都可以作为你了解破产法现状的一个来源。

同时，我还建议你多看外文原著。从你提供的信息来看，你英文基础不错，这是一个学习破产法得天独厚的条件。破产制度毕竟是一项“舶来品”，国内当今在破产法理论方面的研究水平也还较为有限，多看看外文书籍对加厚你的理论底蕴、扩大你的视野有十分重要的帮助——视野必然决定空间。推荐几本书，可以作为你学习、研究破产法的外文入门书籍：英国古德（R. Goode）教授的《公司破产法原理）（Principles of Corporate Insolvency Law）、芬奇（V. Finch）的《公司破产法：视角与原理》（Corporate Insolvency Law: Perspectives and Principles）可以作为你了解英国破产法的主要参考资料；美国破产法方面，可以看看阿德勒（B.E. Adler）、贝尔德 (D.G. Baird) 和杰克逊 (T.H. Jackson) 合著的《破产》（Bankruptcy）、沃伦（E. Warren）和韦斯特布鲁克（J.L Westbrook）的《债权人、债务人法》（The

Law of Debtors and Creditors）、爱泼斯坦（D.G. Epstein）和尼克勒斯（ S.H. Nickles）的《破产法原理》（Principles of Bankruptcy Law）等几本书。需要注意的是，这些教科书在破产法的制度功能、政策效用等方面都存在不同的理解和认识。如果你对这方面有兴趣，可以看看杰克逊 (T.H. Jackson) 的《破产法的逻辑与局限》（The Logic and Limits of Bankruptcy Law）和贝尔德 (D.G. Baird) 的《破产法的构成》（The Elements of Bankruptcy），他们从法经济学角度对破产法的分析和论述十分精彩。沃伦（E. Warren）教授（现在是美国参议员了）的《第 11 章：美国商事重整》（Chapter 11:Reorganizing American Business）对你了解美国重整的法律和实践将十分有益，其中也可窥见她对破产制度的制度和政策功能的观点。这些都是破产法非常好的入门教科书。如果你有兴趣，可以来我办公室挑选，但说好一条，阅后必还，同时必须提交一份读书报告，确认你已经读完这些书，并有所思考、有所收获。还要说的是，这些作者中，有的已经有译著出版，但如果你已经具备阅读原著的外文能力，建议尽量不要去看译著——译者可能受到自身知识条件、学术观点的原因，加之移译局限，在一些方面难免存在“词不达意”的情形，甚至不乏“不知所云”、“人云亦云”者。

二是一定要有前沿意识，建立国际化视野。破产法在国内远未受到应有的重视，破产法研究的“圈子”很小，破产法的实践也还主要停留在发现问题—找到方法—解决问题的层面。我希望你不要被这些条件所局限，多从国际化视野找到前沿性问题。全球化虽然目前在某些领域和层面上遭受质疑，但是，国际上其他国家在破产领域遇到的问题，终将也会出现在我们的面前，注重对这些问题的研究，将使你在知识储备、审视眼光上比别人领先一步。

如果还有进一步的建议，我想你可以在如下三方面选择一个领域展开进一步深入的研究和学习：公司重整制度、破产法中的合同处理问题和跨境破产。公司重整制度是美国从业者对破产法发展的一项重要创举和贡献，它使破产法在制度上为债务人重振提供了机会，虽然在此之外还有庭外债务和解、债务重组等制度，如伦敦模式（London Approach）、香港模式（Hong Kong Approach）等，但是，重整制度在自动中止、保护期间（Moratorium）和多数决等方面为债务人重振提供了制度保障，有效地避免了各种钳制成本，提高了成功率。国外，特别是美国，自 20 世纪 90 年代以来有许多大型公司通过重整成功的案例，国内在破产法立法继受这一制度后也不乏上市公司、大中型企业通过重整获得重生的例子，我希望你带着比较的态度和方法研究、学习这些案例，并从这些差异中找出我国破产重整制度在制度上和制度外的不足和问题，查找原因、思考出路、提出建议——当然不是照抄照搬的建议，而是在我国国情实际情况下的解决方法。

2003 年我在英国学习破产法时，在了解破产制度的发展情况后，从当时经济形势（1997 年的亚太金融危机是很大一个动因）和立法趋势（二十一世纪初欧洲各主要经济体对美国重整制度的反思与引入）出发，选择了国内尚未引入的重整制度作为学习领域。当时有朋友开玩笑说我学这个专业将是“三年不开张”，十几年后回头看，也许应该是“开张吃三年”。破产法中的合同处理问题前面已经聊过，就不再重复了。跨境破产，特别是跨国集团公司破产的问题，是经济全球化环境下的一个新的课题，它涉及国际私法、破产法等方面的内容。目前联合国贸易法委员会（UNCITRAL）的示范法已经被许多发达国家在立法中吸收，如美国破产法典第 15 章等。示范法建立的有限普遍性原则（Unified Universality）在一定程度上代表了这一领域的发展方向（受各方面因素的影响，近期内可能将有反复），这方面的立法、司法文件在这个组织的网站上都可以找到。学者方面，国内石静霞老师的一些论著和国外如弗莱切教授（I. Fletcher）、魏塞尔教授（B.Wessel) 的许多论著都可以作为你研究的资料。

三是一定要注重对实务界经验的学习和研究。我很喜欢阿根廷诗人胡安的一句诗：“立足于故土大地，心灵翱翔在世界的天空。”我国《企业破产法》虽已颁行十年，但由于其立法比较原则，操作性也比较有限，加上文化差异、客观条件等方面的制约，实际中破产企业的情况千变万化，破产法领域很多问题只能依靠实践中不断破解。在这种情况下，就需要更多地去关注破产实践中的问题、学习实务界的经验、研究实务做法的理论基础。各种客观因素的影响，我国理论界长期以来对破产法的关注和投入十分有限。这几年，由于经济形势和国家政策变化，从 2014 年开始，忽然发生了“破产法勃兴”。许多学者、法官和律师纷纷投身这一领域，撰文著书，演讲传道……这些热情值得鼓励。但是，提醒一点：潮涌之时，未免泥沙俱下。特别是在实践领域，由于国内破产法在基础理论研究和传播学习等方面长期存在的不足，以及各方面现实条件的制约、司法界和破产从业者受 20 世纪 90 年代政策性破产习惯性思维的影响等因素，一些所谓“创新”、“模式”和观点可能存在一定问题。回想 20 世纪 90 年代末期国企改革带来的那一波破产法热潮，这一波破产法兴起会否再次陷入“其兴也勃、其亡也忽”的怪圈，值得深思。等到潮退之时，你就会发现究竟是谁在裸泳。如果你不注重学习、掌握基础知识并在今后的从业或研究中遵循、深入和践行之，盲目学习、模仿甚至追随一些似是而非的经验、做法和观点，陷入急功近利的“野狐禅”，不管你以后在这个领域取得多大成就、获得多大名气，拜托千万不要说认识我——虽然你叶老师只是这个领域里籍籍无名的一名小卒。

拉拉杂杂说了一堆，不再耽误你的时间。欢迎有空来我办公室聊聊；或者，如果你更有空的话，来当当实习生，做做我的法官助理，切身体会一下破产法的魅力和“破人”、“破事”的不易。

此致

叶炳坤*

丙申岁末，于六分园灯下

* 中国政法大学法学学士，厦门大学国际法学硕士，英国莱斯特大学国际商法学杰出硕士，同济大学博士研究生。现任福建省厦门市中级人民法院民六庭副庭长。

我与破产法的缘分

师兄好：

见信如晤。

首先向兄长道声抱歉，最近每天被零碎琐事缠身，难得静心回忆和思考，加上“懒癌”和“拖延症”并发，迟迟未能完稿。这篇短小的信函也是于南北往返的高铁之上草草书就。其实之前写了一稿，细细思索之后觉得无病呻吟者多、矫情成分过高，读毕实在忍无可忍，无奈直接删掉了。这两天一直在思索，应该以什么样的形式将自己与破产法的一些缘分，夹杂着一些短小故事和生活感悟娓娓道来。无奈自感才思不够敏捷、积淀也不足深厚，索性提笔写给师兄，谈及三两事，说说和破产法的几个小事儿，是为此函。

回溯先前几年经历，脑海总浮现乔布斯在斯坦福大学演讲时说的一个观点，人生是由很多点连接而成的。更进一步，点与点之间的很多连接实则有很强的偶然性，常常难以预测。最近被媒体热炒的《未来简史》中也提过一个观点，历史其实是非常多的偶然事件作为重大节点推动的，不应过分强调所谓的规律性、必然性或人民性。且不论这种史观端正与否，但师弟确实常有此感。

2008 年负笈北上，师弟来到军都山下求学，在经历了奥运、汶川地震、国庆60周年等诸多事件后，身边很多同学包括我在内，大都沉浸在马克斯·韦伯所述的是“以政治为业”还是“以学术为业”的畅想中。年轻人总是有一腔热血的，希冀着改造世界、幻想着在各种行业里建立丰功伟业。头顶之上是璀璨星空、令人神往，但人生总要脚踩着泥土和石子儿走路。那段求索、迷茫的岁月，也充塞着美好、荒谬、徒然、反思、沉淀的种种元素。2010年年末，有个在中国政法大学校党委宣传部实习的机会，我协助《法制日报》等媒体汇总年度全国十大法治新闻，但整理一年法治新闻报道时，几乎看不到破产法的影子。那时候，整个社会乃至国内大多数法学院的学生仍把破产法视为冷僻名词。但也正是那段期间，得有机会向李老师毛遂自荐并拜入师门，成为您的小师弟。彼时，李老师早已是证券法、破产法等领域的学术巨擘，师弟仰慕已久。

2011年中，怀揣着拳拳之心，师弟毅然在众多选择中决定去广西基层支教。支教小队六人也是踌躇满志、意气风发。誓师大会在北航进行，时任团中央第一书记陆昊告诫我们，要到一线贫苦山区或乡镇，要深入一线向群众学习，重要的是深刻地理解社会、了解国情，明白问题的复杂性也直面社会的现实。那一年除了支教，也有机会在第一线观察乡土中国。那时，还没有意识到破产法究竟和我们的经济有哪些千丝万缕的联系。

与破产法真正的缘分是从回到母校攻读研究生开始的，李老师列举的书单让我们开始系统地阅读一些法学经典、破产法及公司法专著。李老师要求必须提交手写的读书报告，颇具仪式感，也很好地督促我们能够沉下心来去读读书。对破产法小有了解后，我才初步理解其背后的复杂机理。破产法与民商法、公司法、证券法等多个领域的交叉，异常复杂但格外重要，以后在工作中我也确实深深体会到这点。回想现在所从事工作，也跟那个时候的经历有着难以言说的微妙联系。李老师曾邀请杜克大学施瓦茨教授来访，在蓟门桥拥挤的教室里讲解美国资产证券化、次贷危机等有关问题，专业、精深、复杂，全程英文、语速很快、术语太多，让人不明觉厉。那段学习，对破产法有了粗浅理解。待参加工作后，却又有几条“节点”和破产法开始关联共振。

说到这里，不得不提债券市场刚兑神话的破灭。有两个经典例子，一个是 11 超日债，引发公众对交易所债券市场违约事件的关注；另一个是天威集团中期票据违约，直接撼动了国企信仰。然而超日债牵涉众多散户，且自带上市公司光环，在监管协调以及各方辛苦努力后，最终得以不完美解决。超日债事件的典型性强，也以破产重整程序收尾，但可能意义并不够深远；而银行间债券市场天威集团中期票据违约，虽然投资者损失重大，但违约事件的出现和后续处理，却真正推动着债券市场不断走向成熟。作为列席者，在亲睹违约时刻前后，也看到了不少令人怅然的细节：

其一，金融市场的投资者对破产法很不熟悉。在最危急紧迫的时刻，被推定为理性投资者的各大机构，并没有循着破产法的思路去解决问题，第一反应仍然是找地方政府、找国资委协调，并没有为将来可能进入的破产程序做好充分准备。

其二，投资者不久之后，恍然大悟、付诸诉讼、如梦初醒。当多次报告、协调未果后，债券投资者终于开始真正担心天威破产了，但在这拖延的漫长期间里，企业可变现资产再度折损，债务负担越拖越重。

其三，金融市场与破产法的脱轨。法学是实践科学，但感觉金融市场实践中碰到的各类难题，却经常被象牙塔所遗忘或忽视。银行间债券市场是我国金融体系中非常重要的一环，破产程序中信息披露、债券受托管理人制度、主承销商负责制以及相关的投资者保护机制等都缺少一些时效性、针对性都很强的研究。在此，实务部门做了很多探索和研究，未来希望能够得到学界的深度整理、升华和分析。供给侧改革作为经济工作的重点，淘汰和出清僵尸企业必定离不开破产法，债券违约只是冰山一角。这一冷僻多年的议题得以重新变得时髦起来。

夏红兄，去年李老师接受您的建议，我们开始筹备“破产法快讯”微信公众号，师弟听闻十分兴奋。虽然当时公众号已经繁如牛毛，经过了所谓的红利增长期，但一年以来，“破产法快讯”正在业界产生越来越大的影响。公众号是破产法文化的传播者，正在向更多业界人士及社会大众推送破产法资讯和知识。

中国历来缺少对失败者的宽容。人们对于债务的理解仍然过于传统，对破产法原理背后的理性博弈缺乏了解。而破产程序恰恰深嵌在公司制的根基里，解决了如何淘汰、如何再生的关键命题。如今，破产重整、预重整等诸多“舶来品”开始被更多人接受，这令人欣喜、振奋。当人们不再谈“破”色变，不再将破产粗暴理解为“逃废债”时，说明我们的市场经济制度正在深入革新并不断完善。而后因缘际会加之工作原因，我研究了大量资产证券化的相关问题，而其核心正是“破产隔离”、“真实出售”。这一复杂融资技术的魅力之一即是资产信用超越了主体信用，但若交易结构未能在破产法层面上得以厘清，恐难以实现初衷。次贷危机之后，人们在反思金融监管、资产证券化的同时，也开始重新思考金融机构破产所引发的各种连锁效应。而这又跟破产法紧密相连。

兄长为破产学界新秀，却已是破产法传播推广的急先锋。您近年来著作颇丰，师弟尤为敬佩。在这次宏观经济调档换速的间隙，破产法的热门实乃幸事。我相信，破产法及相关理念的传播非但不会给经济带来什么晦气，反而使其更富活力、更加健康。这是一个不怎么好的时代，也不是一个不怎么坏的时代，但不论时代的洪流裹挟着我们向何处去，内心永存对学术、新知的纯粹喜爱，使得我们总能“偏安一隅”，得片刻宁静和栖息。破产法这门法律艺术，希望能够被更多人关注和了解！

言语啰唆、词不达意之处，请海涵。

恭祝安康！

师弟：杨 阳*

2017 年 2 月 13 日

* 中国政法大学经济法硕士，研究方向为证券法、公司法、破产法。原供职于中国银行间市场交易商协会，现从事债券融资、结构化融资相关工作。

跨界破产法是一个朝阳学科

尊敬的陈夏红老师：

您好！见信悦！

很荣幸能够在破产法学习的道路上与您结识。大约两年前，在我计划申请海外博士学位项目期间，一个偶然的机会，我在荷兰马斯特里赫特大学法学院的博士生名单里，看到了您的名字和联系方式，本着取经的心态，我通过邮件第一次与您取得了联系，十分感谢您当时充满干货的经验传授！虽然后期由于各种原因，这段海外申请以夭折告终，但惊喜的是您对中国破产法制建设的贡献以及您主创的“破产法快讯”微信公众号，对我日后在破产法领域的学习产生了重大影响。在我国破产制度建设 30 周年以及 2006 年《企业破产法》颁布 10 周年之际，喜闻您与许胜锋律师正在编辑《破产法信札》，作为跨界破产法方向的博士研究生，我非常希望借此机会，以书信的方式对自己过去三年的跨界破产法学习做一回顾和总结。

2014 年 9 月，我有幸成为对外经济贸易大学国际法学专业的硕士研究生，师从石静霞教授。在第一学期石静霞教授开设的“国际经济法前沿”课堂上，我第一次接触到跨界破产法，通过石教授的精彩讲解，我发现跨界破产法与传统破产法差别甚大，是破产法与国际法的交叉学科。与传统破产法的研究重点不同，跨界破产法更侧重于强调国际合作在跨界破产案件审理中的重要作用。如何在维护一国司法主权和司法独立的前提下，最大程度促进各国在跨界破产案件中的司法合作与协调，以保障针对同一债务人的破产程序高效进行，是跨界破产法所要解决的核心问题。考虑到跨界破产案件中可能涉及的众多跨界因素，长期以来跨界破产法逐渐发展出其特有的法律概念和法律规则，如主要利益中心（Center of Main Interests, COMI）规则，无不体现着法学的智慧与魅力。其实，以美国和欧盟为代表的西方国家在跨界破产问题上，已经积累了十分丰富的立法以及司法实践经验。相比之下，中国在跨界破产法制建设方面尚处于初级阶段，这一问题集中体现于2006年颁布的《企业破产法》第5条中。10年前，石教授曾亲自参与了该条款的草拟工作，但令人遗憾的是，由于历史原因，第5条仅对跨界破产法律问题做了原则性的规定，缺乏具体规则予以支撑。

随着中国“一带一路”战略的实施以及中国在世界经济舞台中角色的渐变，原则性的跨界破产法律规定，已经无法满足中国作为国际双向投资大国对于跨界破产法制的客观需求。近年来，涉及中国的跨界破产案件日益增多，受2008年金融危机等因素的影响，以光伏产业为代表的中国行业性破产潮引发了数起跨界破产案件，包括“无锡尚德破产重整案”“浙江尖山光电破产重整案”“江西赛维破产重整案”等。其中，“浙江尖山光电破产重整案”更是获得了美国新泽西州联邦破产法院的承认与协助，这是美国破产法院首次承认中国大陆破产程序的域外效力，对于未来中美跨界破产合作具有里程碑式的意义。面对越来越多的涉华跨界破产案件，中国应当如何在西方国家已有经验的基础上，构建具有中国特色且符合普遍主义要求的跨界破产法律制度，已经成为现阶段一个亟待解决的法律难题。

我很庆幸能够在硕士研究生阶段就师从石静霞教授。经与石教授数次沟通，我逐渐了解到跨界破产法在中国所面临的发展和改革困境，其中，专业人才的缺乏在很大程度上阻碍了中国跨界破产法制的进步。有鉴于此，我选择继续攻读石教授的博士研究生，研究方向即为跨界破产法。

然而，接下来我对跨界破产法的学习和研究并不顺利。由于国内关于跨界破产法的资料有限且更新程度不足，学习和研究跨界破产法需要阅读大量的外文文献，加之各国破产法立法文化的差异，导致我在阅读这些外文文献时感到十分困难。例如，在英国立法中，仅“管理人”一词，在不同类型的破产程序或破产程序的不同阶段，就有各异的词汇表达。诸如此类的困难，严重影响我个人的研究进度。在石教授的推荐下，我于 2016 年初申请并参加了由国际破产协会（INSOL International）与英国诺丁汉特伦特大学联合主办的为期一年的跨界破产课程学习。在此后的一年中，我全面学习了跨界破产法的基础知识，并以美国和英国为重点，了解了世界主要国家的跨界破产法律制度、司法实践及相关改革趋势，也帮助我克服了语言障碍。

2016 年 9 月，韩进海运破产案对全球航运及贸易活动产生了轰动式的影响。韩进海运有限公司曾是韩国国内最大、集装箱运力世界排名第七的航运巨头，随着韩进海运在韩国进入破产重整程序，即引发了迄今为止全球最大一起航运业破产案。基于船舶的流动性，为了避免韩进海运船舶被世界各地债权人扣押，韩进海运韩国程序中的破产管理人在短时间内向世界多个国家提出破产保护申请。而中国作为韩进海运全球四大地区总部所属国之一，境内拥有韩进海运大量资产，如果韩进海运寻求中国法院破产保护和救济，中国法院应当如何在短时间内予以应对，便成为当时中国法院最为关注且迫切需要应对的问题。在此背景下，受最高人民法院的委托，对外经济贸易大学法学院国际商事与投资仲裁研究基地承担了针对本案的专题研究，我有幸在石教授的指导下，作为主要成员参与该课题研究。可以说，这一课题的研究任务是对我近两年跨界破产法学习的实践检验。由于跨界破产案件的案情在外国代表人申请破产保护阶段发展极为迅速，这一课题时间短任务重。在课题中间，我有幸与您和其他优秀的破产法学者交流，进一步将所学加以应用，并逐步意识到海商法与跨界破产法的冲突问题，这为我日后的研究开拓了新的思路。

在学习跨界破产法的过程中，我强烈地意识到国外对于跨界破产法研究的前沿性。包括联合国贸易法委员会在内的国际机构和相关组织在不断探讨跨界破产领域的新议题，包括公司集团跨界破产问题、中小企业的跨界破产问题以及跨界破产国际合作中的信息保护问题等。在中国尚未构建完善的跨界破产法律制度之时，个人认为掌握必要的跨界破产司法案例，对于法官审理跨界破产案件具有十分重要的参考意义。此前，我了解到目前正在美国加州大学洛杉矶分校任教的林恩·洛普基（Lynn LoPucki）教授在美国设立了一个破产案件数据库，其中囊括了所有涉及美国的大型破产案件，并通过对有关数据进行实证分析，为全球学者提供有价值的破产信息。我认为在现阶段的中国，这样的数据库同样具有设立价值，通过与洛普基教授的邮件交流，我决定利用博士三年级的时间，到美国加州大学洛杉矶分校访学，并于2016年底顺利拿到访学资格且通过了中美富布赖特博士生子项目的选拔，将于2017~2018学年赴美国学习。我希望通过对该数据库的研究，掌握其对破产案件进行分析的基本方法，并从实证研究的角度总结跨界破产案件中的核心问题，有可能的话推动我国跨界破产数据库的建设，并为我国跨界破产法律制度的构建提供美国经验。

跨界破产法是一个朝阳的学科领域，大量尚未解决的跨界破产法律问题与法律难题为跨界破产法的研究提供了很大的学术空间。当今的中国需要与之大国形象相匹配的跨界破产法律制度，更需要莘莘学子的关注与奉献。在此，借您与许胜锋律师提供的宝贵平台，我呼吁可能看到这篇文字的学弟学妹们，如果你对跨界破产法感兴趣，并且你的英文功底不差，对外经济贸易大学法学院欢迎你！

最后，祝您“破产法快讯”越办越火，祝我国的破产事业愈加进步！

黄圆圆*
2017年2月6日

* 对外经济贸易大学法学院博士研究生，研究方向为跨界破产法，师从石静霞教授。曾参与韩进海运破产案件的专项课题研究。

我在香港大学攻读破产法学博士之路

师妹好：

你上次来函问及我在香港大学攻读破产法博士学位详情，这次写信主要想跟你谈谈，我是怎样花了六年时间拿到博士学位的。[①]

2010 年 9 月，我正式注册为香港大学破产法学方向的博士生，2015 年 12 月通过博士论文答辩，2016 年 12 月正式获得哲学博士学位证书。[②]

你可能会好奇我开启这六年奇幻之旅的机缘，或者说 2010 年的我，是如何选择了彼时冷门、现时声名鹊起成为显学的破产法学的。首先，我一直想做一名老师，从事自己喜欢的研究工作，而在大学执教，博士学位是必备的敲门砖。因此，我便申请了香港大学的博士项目。

说起来，选择破产法有一个让人哭笑不得的小故事。申请博士那年面临硕士毕业，我所在的中国政法大学中欧法学院，要

① 延期在香港大学法律学院并非个案，学生们普遍会延期几个月到一两年不等，法律学院也不乏七年才能拿到博士学位的个案。我于 2015 年 8 月提交博士论文，延期 12 个月。

② 香港大学与内地高校不同，每年是在 12 月初颁发学位，学士、硕士和博士一起颁发。另外，香港大学授予的博士学位都是哲学博士（Doctor of Philosophy），不分具体专业，比如学位证书上并不体现法学博士或工程学博士。

求我们就感兴趣的法律领域写一篇一万多字的英文论文。学院贴心地为大家提供了备选课题。截止日期快到的时候，已没剩几个题目，只好听从室友的建议随手选了相对熟悉的论破产法的目标（The Goal of Bankruptcy Law）。不经意间的选择，就此确定了我未来六年的研究方向，也确定了可能是我一辈子与破产法的缘分。

申请博士最重要的就是研究计划。研究计划要写明读博期间所做的研究项目、做该项目的原因、开展研究的方法及时间安排等。因为也面临毕业提交学位论文，短时间内不可能同时写好两个截然不同的题目，遂决定以硕士毕业论文的题目，作为研究计划的课题，于是就选定了《论破产法的目标》这个题目。在研究计划中，我梳理了破产法发展的历史、破产法的目标（从《十二铜表法》时期的债权人本位到后来的债权人、债务人均衡保护本位，再到后来的社会利益与债权人、债务人利益并重），最后从比较法和历史分析的角度，分析中国破产法目标的定位。相当幸运，导师对这个课题很感兴趣，面试讨论也相当顺利，自此开启了六年的读博苦旅。

原以为读博是比较轻松的事情。没承想，一进博门深似海，各种压力扑面砸来。博士生活比工作要辛苦很多，工作尚有假期，读博占据的却是你的每时每刻。很多时候，晚上的梦都是围绕论文展开的。从前上课对我这个学霸毫无压力，哪怕是中欧法学院的魔鬼英文课程都没难倒我，到了港大才发现上课并不简单！比如一门比较破产法课，一堂课要读的材料有几十、几百页，而且全是英文。英文也罢了，好多知识点还从未接触过，比如劣后股东债权这样的问题，理解都会有困难。澳洲老师口音很重，加之对普通法体系的破产法不熟悉，破产法里掺杂普通法系其他法律的知识，一节课能听懂1/3就算不错了。普通法系老师大多很随性，常常随时提问学生。每堂课我都叫苦不迭，听都没听懂，答就更不知从何答起。还有法学高级研究技巧的课程，老师常常只讲一小部分，剩下的时间全部用来讨论。如果课下不预习，课上就无法参与讨论，一节课下来就会云里雾里。为了能跟上课堂节奏，课下只好拼命去读各种材料，学习各种研究方法。

上课总体还好。写论文才真是苦不堪言。第一年上完课，第二年就正式进入写论文阶段。港大要求 18 个月内必须通过论文开题（oral confirmation）。博士论文选题不能太大，容易陷入空泛，四年也做不完；也不能太小，容易陷入技术性讨论，达不到博士论文要求的理论高度。我找了 15 个月，题目还没能确定下来。导师明确表示不会给题目，要我通过阅读和对材料的理解去寻找适合自己的课题。摸索过程本身也是在训练问题敏感度，是博士培养很重要的环节。若直接给题目，这项训练就是空白的，对我的培养就不合格。所以即使过了 15 个月还没找到合适题目，面临延期，导师也未提供题目，只能自己花更多时间去阅读和探索。

通过一年半的阅读和摸索，慢慢形成三个题目：一是企业破产中的政府干预，二是侵权债权在破产债权中的地位，三是职工债权在破产法中的特殊性。导师最终根据我理解和掌握的材料，让我选了第一个题目。之后花了八个月的时间写研究计划，修改了五稿，两位导师终于同意让我参加开题报告。开题之所以可怕，是因为它确实会淘汰人。开题第一次失败率大约为 20%，若再次失败就淘汰出局，比例大概是 10%。[①] 平均每年都会有一两个学生开题失败或被淘汰。有些因为害怕失败，读了三年甚至四年，都没有勇气开题就悄悄退学了。

你写信问我开题为什么难。我认为有两个原因：一是不清楚自己在做什么，二是不知道论文怎么写。

关于不清楚自己在做什么，你可能会很疑惑，研究计划写完了还不清楚自己在做什么？这并不奇怪。即使到开题阶段，有些博士生仍不清楚自己论文的主题，分不清主题、论文主旨与题目之间的关系，也不清楚自己的论文大致会得出一个什么结论。比如我的博士论文题目是《中国社会主义市场经济中上市公司重整中的政府干预》（Government Intervention in the Reorganisation of Listed Companies in the Context of Socialist Market Economy of China），我所研究的主题，就是上市公司破产重整中的政府干预问题。

① 这两个数字是笔者根据自己所知的情况计算得出，并非官方统计，不代表香港大学法学院的真实情况和立场。

论文主旨是通过实证研究，发现政府广泛而深入地干预上市公司破产重整过程，政府干预给上市公司、破产机构以及破产法实施带来消极影响，主张政府应与破产法实施划清界限，让破产机构更好地发挥作用。

写完论文，我当然可以很清楚说出我在做什么，但开题阶段并没有收集到足够数据，对课题涉及范围也缺乏准确把握。开题时我的题目是《转型时期中国上市公司与国有企业破产中政府的角色》。这个题目显示出当时我对主题并不清楚。比如我研究的是企业破产中政府的角色。《企业破产法》规定了三种破产程序：重整、和解和清算，每一种都各有特点。博士论文八万英文的容量，不可能清楚讨论每一种程序中的政府角色，而且对三种程序都进行实证研究可能耗时太久，四年无法完成。此外， 若研究对象是国有企业和上市公司，两者关系为何？ 选择这两种企业原因为何？ “转型时期”的说法也是个陷阱。这个概念很容易被评审人质疑，怎么定义？中国现在在不在转型？转型的结果是什么？跟破产、政府角色有何关系？因为当时掌握资料有限，我对这些都不是很清楚。

关于不知道论文该怎么写，我告诉你一个细节，你就明白了。导师看完我的研究计划后指出：写得像教科书。比如，谈到政府与市场的关系，我就开始讲政府角色的嬗变，政府与市场关系的发展，政府干预的理论缘起，等等。为何会这么写？症结在于没有弄清命题是什么，不知道自己在探索一个什么基本问题。[①] 博士论文不能把读者当成学生，给读者“介绍”历史，介绍他国破产经验或介绍破产法各种知识。我的论文研究的是中国社会主义市场经济中上市公司重整中的政府干预，那么社会主义市场经济中的政府角色为何特殊？《企业破产法》中规定的破产法目的与社会主义市场经济的关联何在？这才是我要重点研究的内容。所有理论、材料和其他教授的观点只能佐证“我的”观点和命题，而不能喧宾夺主。“我的”论文、“我的”命题和“我的”观点至关重要。这就是论文写作的“纲”，纲不举则目不张。开题这一关相当重要。据我所知，法学院极少答辩通不过的，很大程度上就是

① 刘南平：《法学博士论文的“骨髓”和“皮囊”——兼论我国法学研究之流弊》，载《中外法学》2000 年第 1 期。

开题环节真正起到了筛选作用，一些不适合的题目在开题阶段就被判了“死刑”。所以通过开题，也相当于拿到一半博士学位了。

在港大我由两位导师联合培养。两位导师都以严格著称，“混”学位基本不可能。写完一章，两位导师分别修改。改完的稿子密密麻麻，满是修改意见。根据这些意见，与两位导师分别讨论：为何采用实证方法研究这个问题，如何收集到上市公司所有的重整相关的数据，如何保证数据的可信性，为何采用 A 理论而非 B 理论等。两位导师都是专家，看问题稳准狠，每轮讨论我都如临大敌，紧张到手心冒汗。若言之有理，则可少改或不改；若为自己的观点辩护失败，或论证、逻辑不严密，或支撑材料单薄，或理论深度不够，都需要修改。每次修改都可能要继续阅读尺把厚的材料，推敲观点和论证，有时甚至需要推翻重来。视修改内容多少，每次修改需时一到三个月不等。要修改到两位导师都满意了才能继续下一章。最夸张时，有一章与每位导师讨论了四轮，修改了四次，耗时八个月，才获准开始下一章。这个过程旷日持久，需要不断打磨自己的观点、丰富论据、完善论证、强化逻辑、精确语言。其实两位导师都很忙，但大导师指导两个学生，小导师只指导我一个，所以花在我论文上的时间相对可以多一些。[①]

博士论文写完，质量获得导师认可，就可进行校对工作了。港大要求论文必须用英文撰写。毕竟是第二语言，使用起来没那么得心应手。曾有师弟论文答辩前没做校对，答辩时因为语言和写作问题被批得很厉害，导致答辩成绩偏低。基于这样的考虑，有导师会要求学生提交毕业论文前聘请编辑进行校对，以防语言质量不高给评审人留下不专业、不精确的印象。一旦形成不良印象，答辩人可能要花费几倍于别人的努力，却不一定能顺利消除这种印象。校对完之后通过重复率测试，就可以提交论文。港大并没有对博士获得学位需要发表的文章数量做硬性要求，授不授予博士学位，最重要的评价标准就是博士论文是否具有原创性，是

① 香港大学法律学院多数老师同时指导三四个学生，也有老师五六年只指导一个，等其毕业之后再继续招收并指导第二个学生。

否为学术界做出了可堪发表的知识上的贡献。[①] 学院会根据导师推荐的人选组成答辩委员会，[②] 一般由一位校外评审和两位校内评审组成。三位评审人须在六周内提交论文评审报告，出具同意答辩与否的书面意见。一般四个月内安排答辩。答辩是封闭的，只允许三位评审人、委员会主席、答辩人导师和答辩人参加。答辩时，评审和委员会主席坐同侧，答辩人和导师坐对面。我的理解是，导师和学生就共同的成果——博士论文，接受评审人的提问（学生）或者质疑（导师的指导水平，当然此为间接目的）。虽然导师在答辩会上不可发言帮助学生解释、澄清或回答问题，但导师对学生的论文质量还是做了某种程度的担保，否则不会同意学生提交论文参加答辩。所以答辩时偶尔会出现初次指导学生的老师比学生还紧张的现象。

答辩前总免不了想自己几年的辛苦终于可以结束，马上可以翻开新一页开启新生活。能否顺利翻开，就看答辩结果了。越想越觉答辩成功与否，事关自己未来是否美好。巨大的精神压力，会让答辩人或亢奋，或紧张，或面临崩溃。虽极少有人通不过答辩，首战告败的案例却不鲜见。平生第一次经历博士论文答辩，我紧张到茶饭不思，辗转难眠。幸好导师给了一些很好的建议，比如答辩前的心理建设、问题类型、角度以及相应回答方式。当然评审人研究方向不同，关注角度也不同，所以没办法也没必要去预测问题。问题千变万化，但万变不离其宗，最重要的是把自己论文吃透。提问都会限定在论文范围之内。要找对重点，分清主次。导师的建议有效缓解了我备考阶段的紧张，可以按部就班、心境平和地准备答辩。不紧张了，答辩气氛也好，对评审的问题就能对答如流。我的表现获得三位评审人一致好评，顺利通过论文答辩。答辩能否通过取决于三位评审人能否达成一致意见。若未能达成一致，首次答辩就告失败，需再次答辩。若评审人对答辩人再次答辩表现仍

① 标准见于答辩委员会评审人对于答辩人博士论文的评审报告。

② 同内地高校集中安排答辩的制度不同，香港大学不是集中安排答辩，而是根据学生提交论文的时间安排答辩。答辩时间的安排取决于评审人阅读完评审报告后确定的时间，而非固定在某个月份。

不满意，答辩人将无法获得博士学位。答辩委员会一般会给予答辩人 3 到 12 个月根据评审意见修改论文，并指定答辩人导师作为修改稿负责人。修改内容如能很好回应评审意见，导师就会签字同意答辩人提交最终稿。

我觉得读博这个经历很难得，导师与学生在这个过程中认真“互虐”。导师希望学生勤奋努力、达到博士标准而顺利毕业，本着学者的良知和为人师者的责任感为社会培养合格的独立研究者。学生希望导师不要过于严苛，日子不要太难过，可以顺利毕业。曾跟导师谈过自己只想以及格成绩按时毕业，不想延期以求良好或优秀——读博的日子油煎火烹太难熬。导师坦陈，港大有自己培养博士的标准，一定要达到这个标准才能毕业。我们不可能看你辛苦，就为你降低标准，那是对港大不尊重，对教师这个职业不尊重，也是对你不尊重。若觉辛苦，可以放弃。不要觉得现在只是学生，不久你就会为人师。我们对你不负责任，你就会对自己学生不负责任。一语惊醒梦中人，只有将目光放得更长远、学习更专注努力。读博过程中的艰难和苦涩让我痛恨，但又非常感谢这种经历，感谢用心良苦的导师。成长总与汗水相伴，蜕变常与苦痛相随。

历经六年磨砺，博士一朝功成。如今自己做了老师，更能体会育人之不易。以上只是我自己的经历，希望不会让你对博士学位望而却步，而应更努力勇攀高峰。再叙！

祝好！

惠妙 *

2017 年 1 月 6 日

* 赵惠妙，北京化工大学文法学院副教授，香港大学哲学博士（破产法学）。好友天津市高级人民法院张昕法官、香港大学朱含博士、王晓辉博士、厦门大学助理教授阳妙艳博士对本文提出宝贵修改意见，在此一并致谢。

女儿，请到破产团队先做个乖乖兔

小亚菲：

你虽然大三了，我还是乐意这样叫着你。好欣慰你从会计系转读法律系的手续办成，听说还迷上了华语新生代歌手邓紫棋，好美！不用掖着憋着，爸都支持。

你也知道破产法律工作和必要的会计知识，好比孪生姐妹，打断骨头连着筋，偏偏爸一见阿拉伯数字加小数点就犯晕，受累许多。破产是个很大很大的圈圈，别以为就是“家产尽绝”、“妻儿冻饿”的不堪，那是千年以前再以前老祖宗的玩法，到了清末民初，一部《大清破产律》改写了握有债据人和负债人的命运，当然有完蛋了的，也有被拯救的，国人逐渐认识破产，当时很稀罕的文学刊物《月月小说》还登录了题名为“破产”的短篇小说，到如今年代，说不准因为破产而发达呢。

还有一年光景你就毕业，该去向何处？邓紫棋用形体音乐符号摇摆的律动，立杆话筒拖曳舞台的律动，演绎摇滚唱将汪峰的《存在》和《北京北京》，先是给出了人生走向的问号，煽情粉丝小亚菲自由清新的热浪，一飙高音全场号召力：谁明白生命，已变为何物？

我要跟你讲个故事，与你正在生长的精神意念、定力有关，稍稍哲理味哦，你要认真阅读，肯定会喜欢上里面的叔叔阿姨，保不齐毕业后成为工作伙伴的首选。故事里有一支刚刚建立的破产团队。那是七八年前的事了……

闷罐子长途汽车载着漫天冬雪，载着一天一夜只沾上半小壶水的计会计。山道弯弯，后车轮腾空飞转，下面是千米悬崖，早有货车残骸，不觉毛骨悚然，她尖叫声似霹雳，划破死寂的空谷。

这个来自水乡吴江的破产法律人，为人做事信奉的座右铭是：站如松，坐如钟，走如风，也是她整体形象的清晰勾勒线。破产团队只有五六个同事，规模小，比之她原先待的律师事务所，不说是一个天上一个地下，最起码层次低档不少，蜗居在弄堂里，九平方米四方墙，说不出的憋屈。她既是会计也是律师，因为先做上会计，后取得律师资格，人们叫顺嘴了就一直这么亲切地昵称计会计。平常工作不苟言笑的她，聊起她去东北闯码头，就变得挺能侃，还把太仓破产法律人成钢广律师侃了进来。嘿嘿，果然被我猜到个八九不离十，计会计打哈尔滨回转之后，成律师在夏季就去了毗邻哈尔滨的黑河市，计会计冷得够呛，成律师热得要命。

她跨出长途汽车站，如释重负，长长舒了一口气，有惊无险，总算到了哈尔滨，恰好正赶上一年一度驰名中外的冰雕展览，谁不想一睹冰雕神韵，很遗憾，她去不成。为什么？要查账。

“不是很舒服么，查账，待在热烘烘的厚墙房里，比家乡的房间还暖和。天知道，比如对银行流水查账，除了向法院申请按照已知账号开具调查令的方式，也有银行不提供或者提供不出电子档资料，必须亲自上门对账，全面排查债务人资产登记情况，要跑银行，跑工商，跑国资局，跑车管所，跑房产交易……好多好多行政部门咧，它们又分布在哈市的东南西北，地址翔实的是瞎子摸路，地址不清的须投石问路，跑断了腿都拿不下几个单位来，有时交叉绕道误了行程，整整误了一两天时间的也屡见不鲜。

“要说暖和，哈市零下十几度，我又顶着鹅毛大雪呼啸北风在路野奔波，能暖和吗？脚底板就冷得特厉害，彻骨的针扎一般，我呢江南水乡人，低帮鞋走走哈尔滨之夏倒是蛮适宜的，可我没这个机会。碰上被查账对象是大机关的人，置身俄国造梧桐小洋房里，看是来头不大的外地人，索性把我撵到一间大而空破又漏的打杂屋里去查账。唉，哪来的舒服可言，你说憋气不憋气，真是屋里听风风更紧。僵直的手翻阅着页页密密麻麻的簿册，一边颤颤抖抖地记录，好多次碳素笔掉落。麻木了？难以承受了？没有，再叫苦不迭也无济于事，可以叫在心底的只能是绝不半途而废，散乱和散失的资料，对于债权人个案的证据链认定很难客观组合，可能失却公正性，得靠过硬的证据。"

小亚菲，听爸讲到这儿，不是要你毕业以后干工作没事找事无效劳动多转圈，而是首先要培养吃苦耐劳的品质，然后"或是展翅高飞，或是勇敢前行。"听到没有，这就是帅气、霸气，充满信心元素的邓紫棋这就是生命的真谛，更有坚持和付出的内涵。

"要想把账查好分明不是件容易的事，单说核对债务人凯旋饰品贸易公司账户资金转出情况表，就有 67 笔，多达三百本，加上散放到长沙发上……嘻，吓死人！里一排外一排，上一排下一排，排好队伍足足十五公尺长，一本本翻阅、一件件整理、一张张过目就十分困难，莫说无法分门别类查找，而我要的证明资料呢，不足四五页，想想来火，真要把人憋坏在这乱账堆里。不禁耸耸肩，自勉自慰一番：再长再乱，毕竟有限，成功有望。功夫不负有心人，我到底查出了债务人的十家缔约单位无供货能力，却白白占了 107 万元，就此大功告成！待到我一分钟不想耽搁，急急忙忙搭火车，总算第二天中午光景赶回家里，看到趴在桌上睡着的儿子和吃剩下的方便面，不由阵阵酸楚，丝丝迷惘，扪心自问是不是出差在外时间太多。我突然感觉丈夫在怨恨我。"

酒香不怕巷子深。

"债权人闻知我们查出 107 万元，而且马不停蹄起诉法院要求追回债款，死里逃生般欣喜若狂，来到咱街头巷尾的破产团队，不曾送上丝带簇拥的锦旗，不曾摆下海鲜主肴的宴席，而是捧来一片信任——介绍一个公司请我担任法律顾问，这浸渍的不仅是口碑。我的心被感染，莫可名状，一时间欲笑不能、欲泪不出。"

此刻，仿佛小亚菲倾身湖南卫视演播大厅摇动小锦旗，你紫棋姐姐款款深情在演唱：我似乎听到了他烛骨般的心跳，我在这里迷惘，在这里失去，我在这里哭泣，在这里欢笑。

是啊，哭出来就是一汪水，笑出来就是一枝花。

在计会计身上，母爱的伟大，铸造的不光是天性的神奇，呕心沥血为之奉献的不光是自己的亲亲宝贝，而是另开天地，开辟出非凡的母爱——溶于咱们破产管理事业的辛勤耕耘中。

这是美，美过邓紫棋。法国诗人波德莱尔说过：“美是这样一种东西，带有欣喜，带有愁思，有点儿模糊不清。”模糊不清的东西往往值得寻究，比起计会计，成钢广的黑河之行遭际又如何，是否享受到路经哈尔滨之夏的太阳岛风情?

“往哪奔呢？买车票是在北面，成律师。”

这个故事的第二段，爸刚刚开始讲，还想听下去？小亚菲，萌萌哒下。有时候片断最丰满，信不信。

太仓芳草地服装厂龚出纳这小子大汗涔涔，提醒只顾闷头往前跑的成钢广。他俩是刚刚到达哈市的。

“快去买通往黑河站的汽车票，转程的也行。”

虎背熊腰的成钢广停下脚步，抬头仰望，骄阳高照，漫天的热气腾腾。七月的哈市活像座大火炉，不烧了你的肉，也让你脱层皮，他只觉得口干舌燥，熬煎不住，可还在暗暗思量一旦找到山沟沟里黑河电子厂，就采取查阅债务人会计凭证、询问债务人会计的方式，最大范围搜寻可能存在的应收款，而且在调查债务人财产去向的同时，必须第一时间进行催收，立刻！立马！

“西瓜哟，大西瓜……”

瓜主的吆喝声未断，两个大西瓜早成十几瓣。龚出纳渴不择食，吃了点，成钢广狼吞虎咽滚进肚子足有大半，充分显示四十开外汉子的健康力度，临上汽车还对未及消灭的几瓣西瓜“贼”眼咕噜，恋恋不舍。他哪里知道，大祸将至矣。

离开了外面的大火炉，眨眼车厢就成了蒸汽笼。汽车顶幔离站着的成钢广仅距一尺有余，顶幔从天空日头吸收了的火炉热量，热气自上而下，逼向他的头，他的肩，他的肾脏，只一袋烟功夫，肚子里化为水的西瓜开始骚扰膀胱，他闭紧眼睛，憋着，再憋着……120分钟过去了，实在憋得慌，憋得昏头昏脑，六神无主，真憋不住了，他呼唤司机停车，无奈何司机患了“聋耳症”，千呼万唤不应声。这一憋，就是五个时辰，待到车停人下，始得解手，给他方便反而方便不出，够他呛的，几乎折腾了分分钟以上的时辰，总算尿畅其流。呜呼，快哉！

事后，有人问及成律师黑河之行最精彩的是哪一段？

他一下子闷晕了，大脑袋瓜子一动不动：休闲绒线洁白外套，齐腰而下，踏脚黑裤踩就船型辫结黑皮鞋，船头翘首展翅，如浪花又似跳鲤鱼，黑白两分明，利落，精练。原来是计会计也来问，但成律师目不转睛任性掳掠查账丽人一饱眼福。哪料计会计快人快语，先声夺人：“看什么看！冷死我，要看就看我这只手，当初冻伤膏药遍布，到现在还不见褪疤痕。”计会计要么不开口，一开口，皓齿红唇挂明眸，又见一枝花。

成律师偏不搭理她的手，言辞之中佯装嫉妒其实为她骄傲：“看你神气活现的样！真开心，兜兜，转转，再兜兜，把你的美丽全都辉煌到哈尔滨去了，团队伙伴沾不上半点光。”

“我吧，小幸运招招手，小激动跳起来，有精彩就足够。”

“我不就狼狈了些，谁说会被尿憋死？没准比你开心多。”然后乐陶陶地回答她：“就这一段，憋了五个时辰，追回应收款60万元，算一算，平均一小时换来12万元。合算，划得来。”多纯朴，保持了儿时的顽劣，放歌青春的缤纷，把它带进壮年的才力中去。

看似不起眼的片断，甚至读着有点尴尬。小亚菲，你说你喜欢邓紫棋青春生命态度灿烂。说得太好，如果没有“或是展翅高飞，或是勇敢前行”生命态度灿烂背后精神意念的支撑，怎么可以驱动你去寻找人生坐标？有了坐标的定力，才成就了爆棚顶级音乐人的邓紫棋；同样的道理，成律师开始于尿尿会憋坏人而决断不尿则罢，就没去撞车门下车尿，就没耽误目的地的债务催收，计会计也不能因为寒风嗖嗖会憋坏，就抽身三百本乱账堆里，离开破又漏的打杂屋不再查账。坐标定力是如此强大，倘若少了这些个精神意念的底气，很难想象这支破产团队叔叔阿姨们生命态度的灿烂和出类拔萃。

不用画蛇添足为他们化妆，不少当事人被他们化妆改变了面貌，同时也化妆了他们自己——从不招风张扬。

爸的信写到这儿，小亚菲，毕业以后去向何处？好像该有眉目了，你会不会在计会计经过的山道空谷大声呼喊：老爸，女儿要向计阿姨学习，拿个律师会计双拼盘，到破产团队先做个乖乖兔。

爸的心思女儿最能猜，女儿的心事爸跟着走；不用眼睛为爸下着雨，只有心坎为女儿打着伞。

祈快乐读书！

老 鹰*

2015 年 12 月 19 日

* 黄海鹰，1985 年任苏州郊区法院法官；1992 年至 2015 年担任苏州市司法局文秘、法制处副主任，苏州经济律师事务所执业律师，苏州仲裁委仲裁员。2016 年至今就职于江苏新天伦律所破产团队。

一起憧憬我们的破产法课堂

经济法总论课堂的同学们：

好久不见！

一些同学曾致信我，希冀我开设破产法的选修课程，一则源于我在课堂上多次普及破产法基本原理，远眺破产法学的旖旎风光，无奈囿于课时原因无法展开，但这耳濡目染下滋长的萌芽岂能无果而终？再则诸多同学离毕业不足一个学期，甚为怀念周五那颇为曼妙的半天时光，想与我再续前缘。

我当然也舍不得即将振翅高飞的你们啊！我们曾一起徜徉于经济法这一通往光辉璀璨未来的任意门。你们的勤勉、聪慧和认真砥砺了我，初为人师的旅途中我矢志不渝；你们的热忱、创新和拼搏感染了我，教学相长的征程上我乐此不疲。在经济法总论这一终于结束的起点上，我期盼与你们在另一个课堂重逢！此外，作为一个研究破产法将满十载的"破人"，我的所思、所想、所得，亦想与你们分享，帮助你们打通企业生老病死的最后关卡，搭建市场经济法律的完整知识体系。

谋定而后动，知止而有得。对破产法我始终存有以下挣扎，倘若无法厘清脉络而贸然开设课程，不仅讲授体系难以自洽，亦会耽误你们的宝贵时间。

第一，学科范畴方面，破产法归属于民商法抑或经济法？

中国政法大学本科培养方案中，破产法作为与公司法、证券法、票据法、保险法并列的基本专业选修课，全称为“商法五：破产法”，授课单位是商法研究所，建议在第五学期或第六学期选修。在攻读硕士学位研究生初试中，民商法学专业明确注明考察破产法，经济法学专业则并未明示，历年来只是偶尔考察。在博士研究生招生专业目录中，破产法律制度为经济法学专业单列为研究方向之一，民商法学专业并未涉及。

民商法和经济法在品格、理念、本位等方面存在分野，它们恰又交错于破产法规范。任意性规则在破产法中占据相当比例，比如破产法律关系的客体是债务人的私有财产，破产法律关系的内容是债权人和债务人的实体权利与义务，破产法的目标是保护民事主体的私有权利。契约自治原则在走入新世纪后被各国反思。具体在破产法领域，国家对破产程序的“管制”，压缩了当事人自由意志适用的空间，比如破产法对缔约自由的限制表现在破产程序中债务人的行为能力受到限制，只能由破产管理人代其与相对方缔结合约；破产法对合同内容的限制，表现在清算程序中新缔结的合同只能是为了债务人继续营业而应支付的劳动报酬和社会保险费用以及由此产生的其他债务；破产法对合同履行的限制，表现在破产程序伊始，“债权人向债务人提出的任何形式的请求清偿债务的行为都必须自动归于停止。”债务人不能再对个别债权人偏颇清偿，当事人变更合同内容的行为也被法律禁止；破产法还剥夺了债权人的履行抗辩权和解除权。学科观念的分歧，导致对破产法的立法背景、特色制度的理论依据、实践中具体操作的分析必然遵循不同的路径展开。

在课堂上交代破产法的学科标签本属当然，但民商法与经济法围绕破产法而生的形式重叠和实质差异，必然对受众造成巨大影响。在学科地盘争夺和思维固化下，你们会面临破产法学科属性的困惑，对破产法征文该投以何学科不知所措，甚至在毕业论文答辩的关键时刻，亦常受到刁难，屁股决定脑袋的片面回答令“友邦惊诧”，也令人扼腕叹息。面对学科方向尚未明确的你们，是否涉及又该如何解释破产法所属之法域？不当的启迪可能适得其反，必须风物长宜放眼量。

第二，规定内容方面，破产法归属于程序法抑或实体法？

1991年旧《民事诉讼法》在第19章规定了企业法人破产还债程序，这是对《企业破产法（试行）》仅适用于国有企业的补充。问题接踵而至：既然破产规则规定于诉讼法中，那么破产法是否与程序法的禀性更为契合？破产法是程序法的观点与破产经济目标论息息相关。破产经济目标论将公司视为一个资产池，即由股东和债权人所拥有的财产集合。公司遇到经营困难的信号一旦扩散，债权人便会遵循“早起的鸟儿有虫吃”的行为准则，竞相展开收割公司资产的速度竞赛，以免其他受偿在先的债权人将公司财产瓜分干净。若理性的债权人和债务人能够在公司遇到经营困境前就能协商，同意限缩单个债权人的求偿权利，确保所有债权人都能如一人般地与债务人统一解决债权债务关系，便能有效解决囚徒困境和公地悲剧。破产法正是这种并未实际发生的事前处置机制的体现，它以集体清偿框架，取代了混沌的单个债权人权利行使。鉴于破产法无非是为集体债务清收提供了最具效率的处置机制，其在破产经济目标论学者眼中，仅是一个程序性制度。破产法必须尊重债权人在破产程序之外就已经享有的实体权利，而不能对债权人的实体权利重新分配。比如，破产法中的自动中止制度即要求破产程序一旦启动，债务人的资产被冻结而能够暂时不向债权人偿付，但自动中止制度并未减损债权人的权利，只是延缓其兑现。与此相对，破产政策目标论以实现雇工、供货商、消费者以及社区繁荣等社会公共利益为己任，认为破产法主要是实体性规则，当然可以利用破产规则改变各方权利。

破产经济目标论与破产政策目标论均有一定瑕疵，各自推演出的破产法属于程序法或实体法的结论，难以做到无懈可击。破产经济目标论认为，债权人之间经过协商，最终同意具有经济效益的破产法作为解决集体清偿困境的框架。那么为什么债权人之间的协商是虚拟的而不能是确实发生的？对债权人于破产程序外的权利不做丝毫减损，又是否显著减少受困企业东山再起的成功概率？破产政策目标论则对当事人造成了错误的激励机制。既然实体权利能够在企业破产后得以重置，潜在获益方便会主动将企业拉向破产深渊。

破产政策目标论还以牺牲并无过错的普通债权人的利益为代价，将早已不够分配的蛋糕向其他阶层倾斜。最为典型的是破产优先权的制度设计。破产优先权制度顾此失彼，一味地强调优先权人的利益至上而漠视其他市场参与主体的合法利益，进而忽略了整个企业界长期获取资本的难易程度。破产优先权如没有节制地加以适用，企业的生存条件就有可能持续恶化，最终结果必然是大量劳动者失业、上缴税款的显著缩水。毕竟，国家经济发展的目的是促使包括劳动者、融资人、企业在内的全社会根本利益和长远利益的共同提升。

将破产法看作是实体法与程序法的交融似为可取之道，答案是否果真如此？应当如何理解这种精致的平衡？交融的方式、尺度和范围又该如何把握？交融又有那些具体制度和实践素材加以佐证？对这些问题的回答必须字斟句酌，马虎不得。

第三，内容安排方面，是以学理熏陶抑或案例分析为主？

课时的有限性、本科生的所处阶段和初涉破产法知识的现实，使得夯实基础应为课程目标的优选选择，以分析实在法结构、概念和逻辑见长的法律实证主义宜多采用。何况你们中的很多人都要报考研究生，以主观题为主的现行考察模式，确立了课堂学习和课后复习以理论体系建构为基本导向。与此同时，案例分析的地位越发重要。2015 年 9 月 30 日中共中央、国务院《关于完善国家统一法律职业资格制度的意见》指出，考试内容“以案例分析、法律方法检验考生在法律适用和事实认定等方面的法治实践水平……考试以案例题为主，每年更新相对比例的案例。大幅度提高案例题的分值比重”。这一改革趋势对极为重视司法考试且即将应试的大三同学而言，案例思维训练的重要性不言而喻，这也对课堂教学安排提出新的要求。此外，你们毕业后成为法官、律师和企业法务人员的不乏少数，很多同学秉持法律实用主义，对实务层面颇为重视，实践能力的累积箭在弦上，需要在课堂上不断培养。

美国破产法课堂的经验或许能提供些许启发。在美国纽约大学攻读 LL.M. 时，我曾选修破产法、美国重整法导论和跨境破产及相关法研习三门课程，这些课程无一例外地在课前留有大量预习作业，每次须提前阅读以案例为主的至少 50 页材料，而课上教授则以学生完全熟悉为前提，径行深入剖析其中的法理和精髓，做到理论和实践的有机结合。美国是判例法国家，但其破产法有成文法典且甚为完备，因此这种案例教学法就尤为值得借鉴。

内容安排也会影响课堂氛围和结课考试形式。案例剖析较为有趣，启发、讲解和诘问起来有的放矢，课堂生动活泼，但易致思维信马由缰，课前作业较多；系统讲解则一板一眼，但易致课堂死气沉沉，同学注意力涣散。以案例分析为考试题型，便于考察同学们对讲授精髓的活学活用，但我国破产法典型案例较少则是硬伤；以简答论述为考试题型便于考察同学们基本功的扎实牢靠，但难免晦涩呆板。权衡理论与案例，尚需精雕细琢。

归根结底，以上犹豫彷徨还是根植于学艺不精、功夫不到、能力不足，力有未逮。唯有潜下心来，厚积薄发，方能打通任督二脉，娓娓道来破产法的博大精深与逸态横生，不负你们的殷殷希望。待到未来精心烹制的课程出炉时，欢迎你们回到课堂，酣畅淋漓地享用饕餮盛宴，补齐那遗失的美好，接收破产法的洗礼。我们不见不散！

后会有期！

张钦昱*

2017 年 2 月

* 中国政法大学民商经济法学院副教授，法学博士，硕士生导师。国际破产协会会员、北京市经济法研究会理事。

破产法的残忍与善良

致破产法的初学者们：

初学某一部门法者，需首要领会其精神和气质，唯此才能准确和深刻地理解其中具体制度，进而借助法学方法精确地将具体制度应用于实践之中。破产法作为一门独立的部门法，其也有自己独特的精神和气质。在此，仅向各位初学者揭开破产法精神之冰山一角，其余有待诸君在学习破产法中继续探寻。

古谚云，“欠债还钱，天经地义。”然而，欠债还不上钱的现象，古今中外并不鲜见。按照现代破产法观念，不能偿债还钱之债务人此时已达破产状态。在中国古代，囿于有破产现象，但无破产观念，针对债务人的强制执行以单独执行为主，民间偶见“摊账”之做法，但并未形成西方破产法上的共同强制执行制度。在古代中国，达到破产状态—欠债无法还钱—之人常常遭受严厉的人身惩罚。《秦简》之《司空律》中，已有劳役偿债之规定，后世各朝亦多有类似规定，如唐律中的“家资尽者，役身折酬”。劳役偿债的方式尚属温和，虽然债务人的人身自由受到一定限制，但是毕竟劳动有偿，并且有些实属债权人和债务人达成的偿债协议，是双方的“意思自治”，而非官方的强制执行。更严厉者，当属官方之以刑逼偿，负债不偿者被处以笞杖刑，甚至徒刑。债务人因此既受皮肉之苦，又须继续偿本还利。不仅如此，以家庭为基本单位的古代中国社会，素有亲属连带、父债子还的传统。这种子孙债习惯的存在，从根本上阻碍了中国破产法的产生。

然而，相比于古代中国，古代西方世界的强制执行更加残忍。据学者考证，破产法律制度的渊源可追溯至 3800 年前古巴比伦的《汉谟拉比法典》，其亦规定有类似于中国古代的劳役偿债，但是更加严厉——债务人的妻子儿女须委身为债奴长达 3 年。及至现代西方法律制度的发源地，古代罗马对破产债务人的惩罚非常原始野蛮。在罗马共和时期，《十二铜表法》规定，债务人欠债不还的，债权人可以将其卖至台伯河外的外国——台伯河是古罗马的护城河，其一侧是罗马古城，另一侧便是今天的梵蒂冈，当时罗马犹如弹丸之地，现今台伯河是罗马城市的内河，梵蒂冈亦在罗马市内。另外，债权人还可以将债务人杀死，债权人为数人的，得分割债务人的肢体进行分配，其残忍程度可见一斑。盖债务人失去财产之后，其可被出卖为奴，换言之，其人格大减等，丧失了人格身份和权利主体地位，而成为类似于物的客体，其法律上的主人则是他的债权人。古罗马法上的这一血淋淋的制度被视为破产法的萌芽，原因在于无论债权人分得出卖债务人为奴所得，抑或是身体肢块，皆体现了破产法的共同强制执行和平等保护之思想，即全体债权人按债权比例共同执行和分配债务人的财产。直到公元前 326 年，《博埃里亚法》(Lex Poetelia) 才禁止将平民处死或贩卖为奴隶，由此，对破产债务人的人身执行转为财产执行，然而债务囚禁与贬低债务人的做法被保留至近代，如英国在 16 世纪有债务人割耳的刑罚，而债务人监禁则维持到 19 世纪才被最终废除。

综上观之，无论在古代中国抑或古代西方，作为强制执行的古代破产法甚为野蛮和残忍。究其原因，与古代的社会道德和伦理观念不无关联。在古代中国，尊奉仁义礼智信，欠债不还是严重的不守信行为，违背了社会的基本道德，如果不惩戒则可能危及社会稳定。在古代西方，欠债不还被归咎于债务人，债务人理应为自己在经济上的失败负责。对债务人进行刑事处罚，一可以惩戒并强迫债务人还款，且具有社会警示功能；二可以平息债权人的怨气。除此之外，古代西方破产法也有维持社会稳定之功效，即通过债权人的共同受偿和平等受偿制度，使全体债权人一道按债权比例分得债务人财产，避免债权人之间因“执行竞赛”而另生冲突。

西方社会对债务人人身的强制执行，直到 19 世纪才逐渐消弭。在之前，人们已经注意到，对债务人进行监禁或侮辱并不一定有利于债权的清偿，反而徒增国家监禁成本，有必要废除监禁债务人制度。另外，债务人受到监禁和侮辱后，还要继续偿债，因此常有债务人携款潜逃之举。为了说服债务人在破产程序中合作，1705 年英国首次引入了剩余债务免责制度，但只适用于商人，原因在于商人是“唯一容易在自身毫无过错的情况下，遭受意外损失和不能偿还债务的人群”。债务人监禁的放弃和余债免责制度的引入，使破产法观念发生了翻天覆地的变化。破产法从原先的惩戒债务人转变为救济债务人，债务人利益从而成为破产法需要考虑的一个重要因素，对债务人而言“面目可憎”的破产法变得温和善良。

初期的破产免责制度限于“诚实而不幸”之商人。然而，随着社会的不断发展，全民皆商时代的到来，商人身份在破产法上的特殊性逐渐消弭。现代社会信贷制度的发达和个人消费观念的转变，促使了消费者破产的常态化。破产免责制度逐渐脱离了商人身份的限制，并且从保护“诚实而不幸之人”转变为保护“诚实而不慎之人”。破产法观念这一次转变，使破产法具有了人道主义的光辉，其不仅注重债务清偿，而且能救人于危难之中，被誉为“白衣天使”。

破产法对债务人利益的重视，还体现在企业破产的和解和重整制度中。虽然破产法起源于自然人破产，但是我国仅规定了企业的破产，故人称中国仅有“半部破产法”。关涉企业的破产法相较自然人破产法，起步更晚，而且最初亦仅限于清算破产，即企业通过破产程序进行债务清理，债权人依此共同平等受偿，清理完毕后的企业退出市场。然而，不加区分地将陷入困境的企业一律适用破产清算，强迫继续营运价值大于清算价值的企业清算退市，严重损害了债务人利益和社会经济秩序，也实质上剥夺了债权人获得更大受偿的可能。因而，立法者在破产法中建构了以维持企业继续运营为目的的和解制度和重整制度。然而，初学者需要注意的是，破产法是一部市场经济法律，尽管其规定了救助破产企业的和解制度和重整制度，但是其基础理念依然是债权人的共同受偿和平等受偿。和解制度和重整制度不优先于清算制度获得适用。破产企业走上清算、和解或重整之路，皆因市场的选择，那些为挽救债务人而损害债权人利益的企业重整或和解都违背了破产法的基本精神。

从惩戒债务人到救济债务人，残忍的破产法变得越来越善良。破产法或“治病救人”，是陷入困境的企业和个人的“白衣天使”；或使落后企业平稳退市，是维持社会稳定和经济平稳运行的合理市场化手段。破产法在经济社会中扮演的角色越来越重要，以至于被誉为“市场经济的宪法”。具体到我国现状，我们仅有“半部破产法”，但破产法在实践中日益受到重视。无论如何，可以肯定的是，破产法将在我国经济生活中发挥更加重要的作用。然而，要完整发挥现代破产法的功效，还有赖于自然人破产制度的引入。

葛平亮*

2017 年 2 月 18 日

* 德国法学博士，中国政法大学民商经济法学院讲师，研究兴趣包括破产法、公司法和德国民商法等。

破产法的温度

慧平吾友：

见信如面。当我敲下键盘的最后一个字，终于忙完了一天的工作。窗外传来爆竹声声，恍然发觉新年已悄悄临近。一年的工作已经接近尾声，拖着疲倦的身躯，迈不开回家的步伐，看着桌边的堆积如山的案卷，我思绪万千。回想当年你我六载同窗，共同学习法理先哲，探讨唯物辩证，是少年最悠然自得之时光。毕业之后，你我各自回乡，却不约而同走上了破产之路。多年以来，我们一直像年少求学时光一般，分享心得，探究疑难，在破产之路上砥砺同行。

一别三年不见，这几年我将全部身心投入于破产工作之中。经历过许多大大小小的破产案件，品尝过破产工作的苦辣酸甜，感受到中小企业经营的举步维艰，遭受过债权人横眉冷对，目睹过借贷双方的剑拔弩张，更体会债权人痛失毕生积蓄的歇斯底里。

破产制度经过多年的发展，已经完成了从“理论版”到“实践版”的转换，危机企业通过破产程序重振旗鼓、焕发生机的例子比比皆是，我辈“破人”亦与有荣焉。但即便破产制度普遍适用至此，社会大众对它的理解，似乎依然停留在一知半解甚至是误解的状态。不少人担心破产制度的普遍适用，会成为企业逃废债的工具，恶化信用环境。在过去的破产工作中，也确实碰到不少想借破产的“外衣”瞒天过海、金蝉脱壳的案例，无形之中破产法就成为逃债“宝典”，这一度成为我审理破产案件“心结”。

毋庸置疑，破产法实施以来，确实不少企业股东都想钻法律的空子，债权人的担忧并非杞人忧天。从我多年的审判经验来看，无论是真破产还是“假破产”，一旦启动破产程序，从外部表象来说，债务人可以名正言顺停止支付贷款利息，银行也是“哑巴吃黄连，有苦说不出”。对于其他债权人，则必须经历申报债权等冗长的程序，破产期间少则数月，多则几载，想要得到实实在在的清偿更是遥遥无期。漫长的等待之后也未必苦尽甘来，最终的分配结果往往与他们的预期大相径庭。管理人的履职不到位更增加了债权人的担忧，管理人入驻后的履职情况没有及时向债权人公开，债权人信息闭塞对企业的现状和破产方向一无所知，难免产生焦躁和埋怨的情绪。

现实案例中，管理人在审查中即使发现企业存在逃废债的行为，也可能从节省工作成本、搞好与债务人的关系等角度出发，怠于启动追回程序，错过追回财产的最佳时机，从而导致破产财产未能有效增加，降低了清偿率。

破产法还有一道“免死金牌”，亦即债务豁免制度，多少年一直为人诟病，让很多企业蠢蠢欲动，债务豁免减少了公司的责任，却将经营风险转移给了债权人，债权人觉得自己无端背了黑锅，心中自然愤愤不平。破产法的条款面对复杂多变的现实案例还略显单薄，对管理人失职的责任、债务人抽逃资金、转移财产等企图逃债的责任语焉不详，实践中难以尽如人意，难以充分发挥制裁逃废债的功能。社会大众有担忧、质疑、误解，也是在情理之中。

然而，我翻阅多年来经手破产案件卷宗，不难发现，破产法并非冰冷法律条文，他的温度跃然纸上，透露着对债权人满满关怀。破产制度是以公平清偿为价值追求，一视同仁并非先到先得，也无亲疏远近之分，破产分配是保障债权人利益的最佳选择。债务豁免也并非放任企业逃废债，债务豁免是让那些诚信经营却因市场因素、商业风险而无法清偿债务的债务人不至于一生都笼罩在债务阴影之中。那些想通过欺诈、隐匿财产来逃债的企业，天然地就被排除在债务豁免的适用范围之外了。破产法赋予债权人的破产撤销权也是有力武器，进入破产程序后，对可能影响到公平清偿的个别清偿行为、偏颇性清偿行为以及欺诈清偿行为，可以予以撤销或确认无效，并要求返还相应财产。如果运用适时，可以制止、撤销许多逃废债行为，有效保护债权人利益。管理人入驻企业后，全面接管企业，接收印鉴账册，如果拒绝移交或遗失，债权人有权要求债务人的股东、实际控制人对债务承担连带清偿责任。管理人还会全面清点企业财产，对企业出资缴纳情况、生产经营状况、收支情况进行审计，一旦发现有抽逃资金、隐匿和转移财产的行为，会启动追回程序，追究主要责任人的法律责任。如果管理人怠于追回，债权人可以申请撤换管理人，法院也可以追究其法律责任。这一条条一款款对逃废债的制裁和苛责无不透露着破产法对债权人的关怀与温暖。

破产法自诞生起就自带打击逃废债、保护债权人利益的功能，这个功能尚未完全被大众所理解、掌握，这正是我辈“破人”今后努力之目标，前进之动力。制度设计中存在的些许缺失，必能通过司法解释、指导性案例等方式，提供具体、明晰的指引。管理人应定位好自己的角色，苦练内功增强素质。债务人也应当明白，假借破产逃逃债是捡了芝麻丢了西瓜，只有秉承诚信经营的宗旨，从破产的前车之鉴中汲取教训，激发内在的动力，才能在市场竞争中站稳脚跟，茁壮成长。

一阵清风拂过，不知不觉中已近凌晨，寥寥数语，是几年工作的困惑与感悟，与君倾诉共勉。收拾思绪踏上回家的路，回家的路有终点，破产之路却没有终点。时常感叹路漫漫其修远兮，余亦上下不懈求索。明日太阳升起，债权人的担忧依然存在，破产法也不会一夜之间完美。但正如你我一直坚信的那样，大雾终将散去，前途仍是光明。

许久未见，何日来此，愿得晤谈为幸。

顺祝安康！

好友关耳字 *

2016 年 12 月 30 日

* 郑燕，现就职于浙江省江山市人民法院，任职法官助理，江山法院破产审判团队成员，协助破产法官办理破产案件，从事破产工作一年有余。

破产律师为什么忙

志鹏、新新：

两位兄长安好！两位特意在元旦前一天来苏州，与我一同迎接新一年，对我情意深重，我未能好好陪同，实在抱歉。

两位问我：破产案件真的这么忙吗？破产案件收入很高吧？我们若想办理破产案件，将如何组建团队？破产案件对你有哪些帮助？你会一直将破产案件进行下去吗？因为工作原因，未有充足的时间与两位畅谈，实在遗憾。故写信一封，继续我们的话题。

经过数年的摸索，我仍未能娴熟地驾驭破产案件，每个案件都让我忙碌。破产案件的表象之一是“忙”。我参加过债务催收，参与过债权审查，经历过重整谈判，担任过小组长，现在担任部分项目的现场负责人，破产中的大部分岗位都做过，我感觉每个小组都很忙。去年这个时候，我们在三天时间内召开了五场债权人会议。今年元旦前后，我们在两周的时间内，召开了三场债权人会议。在债权人会议前的两周，特别忙。也许是我能力有限，无论是涉及几十个债权人的案件，还是上百人或上千人的案件；无论是数百万元的资产标的，还是数亿元的标的，我一直都觉得很忙。两位兄长特意在元旦假期过来看望，本以为可以轻松一下，但是 1 月 3 日的债权人会议，打乱了计划。这个案件我作为现场负责人，跟踪了一年半的时间，尝试过和解、“债转股”，为了保住企业的许可资质，两次招募，将在 1 月 3 日表决重整计划草案，然后通过竞价方式确定最终执行方。在未确定重整方之前表决重整计划草案，表决通过后再组织竞价，这是团队的创新，这个案件是我作为项目负责人的首例重整案，各项工作没有先例可参考，智力与能力的不足，使得我很忙碌。元旦假期，仅仅陪同两位兄长一天，剩下的两天时间我与团队都在改会议资料，望理解。

若是问我为什么这么忙，我也找不到具体原因，可能是因为我们能力有限的原因，可能是由于我国在学习、摸索破产审判，各方面有待完善的原因，可能是由于破产宽容文化与我国“借钱还钱”的传统朴实文化冲突的原因，可能是我国经济发展的步伐与行政服务、司法改革未在同一轨道的原因。我说不清，只有在其位谋其职，做好本职工作，以免忙中出错。

谈及收入，我有自己的看法。相比收入，我更加在意自己是否成长。曾经有资产管理公司聘请我专门处理不良资产，也有企业家邀请我加盟。我自知自己除了年轻外，别无长处，未敢奢求更高的收入。说起破产案件的收入，我很认真地对两位说：实在不赚钱。这我们“白 + 黑”、“5+2”的工作，并未有客观的收入。请两位相信，我是一个诚实的人。举例来说，今早看到“破产法快讯”（一个热爱足球的风一样的人主编的微信公众号）盘点 2016 年的“破产法札记”，阅读量最高的是“再穷不能穷破产管理人”，可见行业内对管理人的“穷”最为关注。谈及钱，管理人毫不忌讳，真希望最高院可以调整管理人报酬的规定，毕竟物价相对 10 年前有了很大的提高。我们团队虽然承接的案件是本地区最多的，但固定处理破产案件的人均收入，可能是本地区最低的（由于我们人数最多，这点不夸张）。

也许是由于年轻律师对自己收入的希望值不高的原因有关，团队文化较好，大家都不是很在意收入，这点让我很感动。破产案件是一个系统的非诉案件，需要各方面专业的人才，同时需要配合默契的固定团队。培养一个专业的破产团队需要的不仅仅是时间投入，还有充裕的资金。若是管理人继续穷下去，我对最高院建立高水平破产审判机制表示担忧，毕竟管理人是破产审判中主要的一环。我对自己收入希望值并不高，我在为事务所与破产团队总负责人担忧，辛苦组建了 7 年的团队，仍然在为“养住”人奔波，看着让我心疼。

两位问我，我们若想办理破产案件，将如何组建团队？说了忙碌与收入，两位还有这个想法吗？若是有其他选择，最好不要选择办理破产。如今，全球经济不景气，韩进破产，G20 峰会期谈及跨境破产，美国的川普任命“破产大王”作为商务部长，中国不良资产管理公司“二胎”，最高院上线重整平台，秃鹫投资机构兴起，全国上下破产热，各种培训论坛不断，似乎苏醒了一样，破产的春天来了响彻耳边。在我看来，是破产案件的春天，并非破产的春天。中国将产生大量的破产案件，这是前些年经济发展遗留下的难题，破产案件的春天，将是破产审判的冬天。中国缺少专业的破产审判法官，缺少与破产法衔接的行政与司法机制，缺少与破产对应的资本投资机制，缺少专业的破产管理人团队，缺少破产文化。案件如雨后春笋，办案的人的心情如腊月寒梅，总是感觉到冰冷，也总是满怀希望。

在这个大环境下，若是两位仍然选择破产案件，把我们团队的现状告知两位，作为参照。我们团队用了数年的探索，聚集了一批专业的破产律师与非律师，团队中有一半以上的是非律师，有会计师、税务师、工程师。为了体现专一性，团队的分工越来越细，人员也不断在增加。为了培养团队，有些案件由于收入较小，其他管理人不愿去竞标，我们去竞标。如今是管理人摇号机制，去年的优质案件，我们中标的不多。固定团队的好处是可以承接疑难大型案件，坏处是并非年年有疑难大型案件，有些年是入不敷出，“养住”人很难。我的意见是，在五年内，两位可寻找一个经验丰富的团队，不要擅自创建团队，执业风险较大。若是中国破产审判完善后，可在五年后组建团队专门从事破产案件。

毕业后进入破产团队锻炼，实属有幸，对我个人成长帮助很大。破产案件的繁忙带来的最大好处是，可以让我躲避毕业五年胖一圈的怪咒，一直有一个好身材，我还是蛮高兴的。严肃点讲，破产案件涉及的法律关系众多，对于一个毕业生的提高，比个案诉讼更全面；破产案件中非法律事务较多，可以接触到实体产业，参与商业谈判，进行会务组织，制作发言稿等，对一个人的全面提高有帮助；参与破产案件，可以了解到监管部门的政策是否合理，可以发现行业是否形成商业规范，可以感知中国企业家的力量；看破产案件的会议资料，你会发现一个企业家的奋斗历程，让人唏嘘；深入破产原因中，你会发现，成败有因，只是当局者迷而已；“破”中孕育着“立”，困境中滋生着坚强，破产案件可以看到人性的光明与黑暗，在黑暗中看到的那一丁点光亮，让我感动与震撼，这是我处理破产案件体会，是对我以后人生有帮助的。期间有很多故事，每个破产案件都可以写一本书，我在想，当我老了，就把这些人串联在一起，写一个长篇小说……

我国《企业破产法》实施当天恰是六一儿童节，大家戏称“儿童法”。在破产领域，我是一个新兵，并且也是一个“娃娃兵”。我有时自嘲，我在一个可以犯错的年龄，长了一张不能犯错的脸，并在极容易犯错领域工作。破产案件的繁忙，是我不喜欢的，毕业后处理最多的是破产案件，现在看来，除了办理破产案件之外，短时间内我也没有更好的选择。我未形成系统的破产理论，实务经验也不充足，其他案件参与的也不多，没有资格作出放弃的选择，在三至五年内，我仍会处理破产案件。今年，我参加过 ABS 的培训，参与过不良资产处置的培训，组织过与证券公司的重组项目交流会，将我们手上的破产重整项目介绍给投行，听一听不同角色的人对破产重整的认识，我希望认识更多相关联的人，可以涉猎更多的知识，若是未来破产案件审判未能常态化，法院受理案件回到 2011 年前后的数量，也好给自己开辟一条生路做好准备工作。

志鹏、新新，在两位与我商讨元旦苏州聚会时，1 月 3 日的债权人会议尚未确定，我本打算向两位引荐一位老先生。先介绍一下老先生，他的一生一直在奋斗，值得我们年轻人学习。他曾是国家优秀教师，全国劳模，担任过保税区的副主任，退休后“临危受命”，接受组织的安排，将一个亏欠上千万元的集体企业，通过 20 年的努力，塑造为行业的领头羊，占据全球 30% 以上的市场份额。为了扩大发展规模，引进私募基金，与 PE 对赌上市，对赌失败后，PE 查封目标公司账户，导致资金冻结，为了自救，他主动申请破产重整。老先生为了救助企业，寻找投资者，四处奔波。有次谈话打动了我，我下定决心与他一同努力救助企业。“仇律师，你好，刚才我在游泳，没有接听到你电话，不好意思。”“您76岁了，还有游泳的习惯，很难得。”“我以前都是爬山锻炼的，最近几年老了，不敢去爬山了，改为游泳了，我要把身体锻炼好，还有很多事情等着我去做呢，再干几年没有问题的，若是我的身体在这个时间垮了，企业也就垮了，呵呵，我不能生病。”多么坚强的生命！

我在2016年“三九”的第一天动笔写这一封信，在“三九”的第八天发出，止笔时，恰逢事务所2017年年会，邵主任在回顾事务所20周年发展历程。真心希望可以参与事务所未来20年的发展，20年后再写一封信与两位沟通，继续我们的话题，想想都让人感动，感觉很美好。

2016一路有你，2017一起同行。

祝安！

家林*

2017年1月15日

* 仇家林，西南政法大学法学硕士，江苏新天伦律师事务所律师，破产事务部部长。直接参与办理过房地产、客运、酒店、物流等6家破产案件。

写于破产法春天的辞职信

尊敬的律师事务所主任：

怀着十分忐忑的心情，在这即将到来的春天，在破产法及破产律师业务即将到来的春天，给您呈报这封辞职信。

记得是 2009 年的春天，我自校园生活即将结束的时候，来到咱们律师所，入行不久便听您指派，到一家大型破产企业担任值班律师，那时该破产案件已经宣告破产，不久便变价拍卖了。作为一名实习律师，能够接触到这样的高端非诉业务，一时非常憧憬，也因没有知识准备而担心工作不力，便努力学习上学、司考期间都未曾重视的破产法和相关的司法解释。

我记得当时破产法领域，无论理论研究还是实务探索书籍都不丰富，先是在旧书摊上找到韩长印老师的一本破产法教材，后来又找到王新欣、王卫国老师的两本本科教材，然后找到一家律师所出版的管理人实务书籍，其他就没有太大印象了。即便如此，当我发现我们律师所居然也能出版自己的实务论文集、实务操作指引及文书样式，让人非常惊讶，据您介绍这是所里办理三十多家破产案件的经验总结。

初次接触破产业务的这段时间，让我对破产法有了比较深入的了解，也因刚刚结束研究生生活，对理论学习和写作还余热未泯，便又草草研习美国破产法和其他法域相关破产规则，不久还参加了中国破产法论坛，在您的要求下，对破产案件衍生的仲裁案件以及债务人高管人员的刑事责任写了两篇论文，本在学校里写论文还算得心应手的文笔因心有旁骛，草草了事，论文也就泥牛入海了。但在这次论坛上，我目睹了现在一致认可的破产法学者、实务专家的风采，对破产法真正产生了浓厚的兴趣，虽然那时破产案件全国一年也就三千起左右，而且每年愈少。我还梦想着有朝一日，我也可以像某某教授、某某律师一样，参与起草破产法及司法解释，办理数百万元管理人报酬的破产业务，在数百人的论坛上谈笑风生。虽然至今仅仅还是个梦想。

基于这份热爱和无畏的青春，我便参与到您的破产业务中，您在省内是公认的破产实务专家，因为省内法学教育资源的欠缺，破产法理论研究和学习更是贫瘠，所以在省内跟您参与破产业务与学习的机会有很多，有的是去某地参与疑难案件的讨论，有的是去法院参与相关破产问题的研讨，有的是接受债务人委托出具解决问题的破产工作思路和方案。记得 2010 年前后，我们便和若干中介机构及省内学者筹划成立省法学会下设的破产法研究会，但至今未果。

当然，更多还是直接参与到您的破产案件办理。有的企业濒临破产，由我们主导出具破产申请书等各项材料，有的已经立案，我们报送竞聘管理人推介材料，有的案件在原清算组的主导下破产程序 13 年未能终结，有的案件职工坚决申请法院辞退管理人并由我们律师所接手办理，有的案件拍卖数次无果，等等。不久在您的指导下我便主办了一起小型企业的重整案件，执行主编了我们律师的破产实务书籍。

以上种种经历，不久便让我在律师所内，在省内律师圈内，在少数主审破产案件法官眼里，成为年轻的“资深”破产专业律师，期间忙忙碌碌，生活充实，还能学得一技之长，聊以温饱，感激之情无以言表。

即使如此，有些事，有些人却让人无奈了。

您一定记得铝厂破产申请的案件，我们接受铝厂的委托，筹划了这家极具挽救价值的困难企业的破产重整申请，以我们的工作能力，在论述及组织证据证明这家企业破产原因、破产必要性及可行性各方面都做足了工作，且事实也是如此。但我们的申请材料却没有接收机构。按照正常民商事立案程序，立案庭不接收材料，便通过各方协调交到主审破产案件业务庭，业务庭审判员无权决定是否立案，便又设法交到主管副院长办公桌上，这一交便杳无音讯了。后来听说在案件提交材料两年后基于各方面原因，重整案件还是立上了，但后果不得而知了。

你一定也记得电厂关联企业申请案，基于我们的努力工作，电厂重整案件基于职工、债权人及社会各方面需要被及时立案让人非常欣慰，但因股权、债权、人事管理、财产、人格各方面因素，存在的大量关联企业的合并重整工作，让我们陷入了工作的困境，单独重整电厂难以完成地方政府的社会工作任务，且对关联企业的债权人不公平，所以我们调查了关联企业与电厂高度关联、丧失财产独立性与人格独立性的报告，申请法院合并重整八家关联企业。但法院认为多家企业分别注册在不同级别不同县区的工商机关，不宜合并审理，需要我们在各自注册地法院分别受理破产案件后由共同上级法院指定合并审理，这让我们不具有实务操作性，而且电厂的重整期间非常短暂，如果关联企业的重整申请拖沓冗长，势必连累电厂的重整。案件至今也没有找到合适出路，合并重整的机会也丧失殆尽。

您一定也记得砂轮厂破产案件，也就是前面说到的长达 13 年审结不了的案件，我一直认为，如果中介机构办理这家企业破产，三年都用不了就可以干净利索地完结，但就这样一家几十人的集体企业破产案件 13 年未能实施破产分配，我个人认为主要症结是行政清算组的存在，即便后来新破产法实施后被指定为管理人，可它依旧是行政作风，几位公务员似乎并不关心程序正义的价值，后来区长多次找您商谈、法院多次找您研讨、债权人对律师事务所产生抵触情绪，但无论怎么样都难以抹平清算组未经债权人会议审议表决就拍卖破产财产的瑕疵，我的工作更是沮丧，甚至在债权人会议上与债权人争吵起来。

您一定也记得石化公司破产受理案件，这是一家外地企业，原国有性质，后来改制为股份制企业，绝大多数原国有职工以身份置换金入资持股，大部分职工工作半辈子，除了解决了基本生存问题外，大部分青春与时间都贡献给了这家企业。改制后控股的港资更是一肚子委屈，大量资金进来后在落后产能与历史包袱双重煎熬里骑虎难下，后来高管人员被职工赶跑，甚至连我们中介结构进场后都被职工围堵在荒凉的厂区内，高喊着要卖掉我们的车给他们发工资，不管你是谁。说实话，我第一次见到这种阵势，有点害怕了，至今还是如此。后来管理人竟然指定了外地一家律师所，让我莫名其妙，工作进展如何也不得而知了。

还有百货公司的破产案件，破产管理人换了三次，有些中介结构虽然在管理人名册内但从未办理过破产案件，我们最终接手才算有了实质工作进展；还有塑料集团公司破产案件，分配完毕四年后还因一起纠纷因涉及仲裁条款，无法认定该是仲裁优先还是破产专属管辖；还有化工公司主审破产法官从不学习破产立法精神和新破产法，凭借多年清算破产经验，恣意妄为的审理破产案件，还有供销公司破产案件划拨土地拍卖若干年后依旧无法为竞拍人办理土地使用权转让手续……

以上诸多事情，我都无能为力，我深切感受到自己虽然学法多年，但对盲从的职工、对抱有侥幸心理的企业主、对个别不思进取的法官和不学业务的同行、对抱有钓鱼心态的债权人都无可奈何。但我接受，我深知这不是某个人、某群人的主观过错，各种奇特的业态都是这个跨越发展并充满希望的社会产生的必然结果，他们必然会有存在周期，而且必然会随着破产法及相关制度规则的完善慢慢消散。而且像许多“破人”认为的那样，破产法及破产业务的春天来了，社会和经济的发展需要这个良性的市场主体退出机制，在经济改革推动和众多实务经验总结、试验的基础上，破产机制必将逐步完善，趋于合理，对此我也深信不疑。所以以上种种我欣然接受。

虽然我接受，我还是定下了辞职的念头。

首先是对于年轻律师来说，现在执业做破产在各方面都有阻碍，比如说其他律师业务的办理与学习，我曾记得大约有一年的光景，我未曾参加过其他案件哪怕是一次庭审，即便是有些自己的小案件，同样因业务不熟也交由其他同事办理，在我们从业地域范围内破产业务未能满足工作需求的情况下，对于我们这样的中介从业人员，生存和发展的压力巨大，我想如果是在北上广深地区，破产业务可能维系这个职业体系，青年律师从事破产业务或将是一种不错的选择。

其次是律师所内破产团队的培养维系制度与律师薪酬制度还不算完善，破产业务团队里面大多都是协助办理了个别案件后，因各方面因素转到其他业务领域，每个破产案件都要组织一个新的团队，对工作质量与效率都是严峻的考验。同样因为破产管理人报酬大多需要在办理案件很长一段时间后才能支付，参与律师在接触破产案件的新鲜感过后，很难维系高度工作热情，况且大多都是年轻律师。但在律师业务的“人合”性质及破产业务业态下，想要在破产业务部门单独制定稳定团队制度及薪酬制度，这需要相当巧妙的构思。

最后是虽然破产业务的春天来了，但对于我本人来说，要想不在您的帮助下竞聘破产管理人和其他破产业务，是非常困难的，就像您说的，管理人工作需要的是一个“社会活动家”，要坚持原则、灵活处理来自债权人、股东、职工、政府协调机构、法院及其他中介机构等各方面的关系。显然，我没有信心能够做得这么好，更不擅长沟通协调这些关系，固执和冲动已经给我们的工作带来了不少的麻烦。

还有再是，或许我已经算不得年轻律师。

虽说是辞职，实则想去闯荡一番，体味一下从未经历的其他精彩生活，但我坚信我不会离开，我会一直关注学习破产法和破产业务，我会在的合适时候谋求学习深造，我更会在具有更多可持续工作能力和解决疑难问题能力的时候回到破产业务中。我深信，我离开是为了更好地回来。

祝您身体健康，工作顺利。

王　涛*

2016 年 10 月于破产部

* 河南澜清律师事务所律师，合伙人。撰写破产论文数篇及破产实务书籍一部。

02 交流

新《企业破产法》给律师事务所带来的业务机遇

尊敬的朱律师：

您好！

来函提及，“大家尽管对学术活动都抱有极大的兴趣，但对破产法的实施状况以及律师事务所在未来破产案件中的业务份额并无什么把握”，请我略陈己见。非常感谢您的来信，还有贵所全体对破产法学术活动的兴趣。

的确，《企业破产法（试行）》颁布至今已经有近20年了，[1]新的《企业破产法》的颁布也已有些时日，但对新破产法内容的宣传和认识还远远没有到位，律师未来在破产案件中的角色担当，比如，破产案件的处理究竟是政府主导、法院主导还是律师为主要角色的市场化的管理人主导，还需要通过交流形成共识。

我这里乘机就“新《企业破产法》给律师事务所带来的业务机遇”提几点想法，请您指正。

1. 新《企业破产法》规定了将来的破产管理人可由律师事务所或者事务所中的个人担任，这就给律师事务所以及律师个人提供了破产业务市场的准入路径。按照旧破产法的规定，律师事

① 本文写于2006年《企业破产法》颁布之际，故为20年。——编者注

务所即便参与破产案件的处理，也是作为官方（政府官员）组成的破产清算组的工作人员或者辅助人员，工作职责、内容、报酬、业务决策等方面没有任何主动角色，而新《企业破产法》则可以将破产案件的全部法律业务与非法律业务全部交由律师事务所或者某位律师个人担当。

2. 凡企业均没有长生不老的现象，恰似自然人一样会生老病死，而企业出现病理（财务困境）之后，也需要像自然人一样需要进入医院诊断治疗，破产预防程序和清算程序，对出现财务困境和破产界限的企业而言，不啻为一家企业医院，进入其中的，或者康复出院，或者不得不进入太平间，总之，许多企业少不了这样一个程序。

3. 旧破产法规定，债务人自身如果自愿提出破产申请，只能提出破产清算申请，不能主动提出破产预防申请。这样就使得债务人主动引用破产程序进行债务处理的概率大大降低，除非破产法能够在其他方面提供逃避债务的漏洞。新《企业破产法》不仅规定债务人可以提出自愿的破产和解、破产重整两者择一的破产预防程序，而且债权人也可直接向法院提出对债务人进行破产重整的申请，从而开始对债务人的破产预防程序，这样就会使大量的经营困难、不能自拔的企业主动援用破产预防程序，进行破产保护，并且会向国外尤其是美国那样成为一种常态现象，破产案件数量将随着企业正常新陈代谢机制的建立而大量涌现出来。

4. 新《企业破产法》对新老企业采取了“新旧划段”的处理方式，新《企业破产法》施行前国务院规定的期限和范围内的国有企业实施破产的特殊事宜，按照国务院有关规定办理。这里所谓的有关规定，即对职工债权与担保债权采取不同于新《企业破产法》规定的处理方式。因而，在 2008 年之前，将有 2000 家以上的国有企业通过特殊的破产政策实施破产清算，如果律师事务所能够赶上这一拨儿案件，将会对新《企业破产法》实施后的业务扩展产生大的影响，或许将来法院列出的可充任管理人的资格名单中，会考虑这些律师事务所在这类破产案件处理中的实际表现。

5. 常言道，机遇只留给那些有准备的人。新《企业破产法》的实施虽然留下了将近一年的周知期间，但相对于应对新《企业破产法》的实施所应做好的准备工作而言，时间并不宽裕。对新《企业破产法》的研习是否已经开始？按照新《企业破产法》规范地处理破产案件的文书准备是否已经开始？处理破产和解、重整、清算这三种内容各异的破产案件所必需的专业人员团队是否已经着手配备？对拓展自身的破产业务而进行的必要宣传工作是否已经启动？对国内破产业务市场以及破产业务的律师服务市场的必要调查及分析工作是否开始筹划，等等。这些工作其实都需要我们未雨绸缪。

希望能有进一步交流的机会！

匆此，顺颂业祺！

韩长印*

2006 年 10 月 22 日

* 上海交通大学法学院凯原特聘教授，破产保护法研究中心主任，兼任上海市破产法研究会会长。先后在《中国社会科学》《法学研究》《中国法学》等刊物发表学术论文 70 余篇。著译有《公司法通论》《美国破产法》《破产法学》等。曾获上海市领军人才称号。

破产券商是否应当为虚假增资行为埋单

陈博士：

新年好！

最近接触到一个破产券商是否应当为自己的虚假增资行为埋单的故事，特来信与您交流。事情经过大致如下：

2002 年 3 月，某证券公司 Y 市营业部老总与该市某集团公司联系协商，请该集团公司帮助证券公司增资扩股，双方签订了《某证券公司增资扩股认购资本协议书》，约定：集团公司以货币资金认购证券公司新增注册资本 1.2 亿元，出资人资格须经证监会批准；获批后，认购款足额支付给证券公司；履行出资义务后，有权以股东名义行使权利。双方还并口头约定以集团公司董事长出任证券公司副董事长为出资条件。同年 8 月，证券公司增资扩股方案获得批准，但因证券公司不同意出资方出任副董事长，集团公司只愿意出资 2000 万元。证券公司为了能够顺利通过验资，完成增资计划，提出由证券公司先垫资 1 亿元给集团公司。为此，证券公司与集团公司下属矿业公司签订借款协议及补充协议，约定“借款期间集团公司不享有投资收益和出资人的股权权利，该公司仅仅是名义上的股东”，“集团公司用投入 1 亿元的转让资金作为还款资金，什么时候转让，什么时候归还”。2002年9月3日，证券公司从Y市城市信用社借得1亿元资金转入Y市营业部，同日转入集团公司下属矿业公司，再转入集团公司。随后由集团公司向证券公司账户转入1.2亿元。9月5日，证券公司将其中1亿元以“还款”名义汇给其Y市营业部，该营业部将该款转入Y市城市信用社，并支付相应借款利息。

2007年，证券公司经行政清理后，在H市中级人民法院进入破产程序。破产管理人认为上述所谓1亿元增资系虚假出资，发函要求集团公司补足出资。集团公司未予反馈。不久，Y市公安机关以证券公司涉嫌抽逃出资立案侦查。2009年，证券公司向H市中级人民法院提起诉讼，要求集团公司补足出资款1亿元。法院以股东出资纠纷为立案受理。审理中，Y市公安机关致函法院，要求按“先刑后民”原则将案件移送刑事处理。

2012年，H市中级人民法院对证券公司诉集团公司股东出资纠纷案作出一审判决。判决书认为，集团公司对证券公司实际增资2000万元，依照公司法规定，应当承担补足出资的责任。但本案与公司法上股东虚假出资、抽逃出资的情况不同，从整个过程看，证券公司在明知集团公司只愿出资2000万元情况下主导策划、实施了虚假出资的一系列行为，形式上完成了增资扩股计划，欺骗公司债权人和主管部门，对虚假出资后果应负主要责任；集团公司也有过错，应负相应责任。故判决集团公司对证券公司承担3500万元的出资责任。

该案判决后，两方均提起上诉。二审法院审理后，裁定发回重审。

2014年，H市中级人民法院重审该案后，再次作出一审判决。判决仍认为，证券公司负有主要过错，集团公司负有次要过错，但不论各自过错大小，不影响集团公司承担补足出资责任。因为公司以外的第三人对于公司增资登记和集团公司的股东身份具有合理信赖，且证券公司已进入破产清算，管理人有权代表公司债权人利益依法要求未履行出资义务的股东补足出资。过错大小的认定，系原来增资过程中的内部关系，不能对抗债权人。因此，证券公司要求集团公司补足全部出资应当予以支持。

重审判决后，集团公司提起上诉。此时，Y市公安机关又致函法院，重申将案件移送刑事处理的要求。二审法院对该案进行调解，最终双方达成调解协议。

这个故事的情节可算波折，但案件的最终处理可谓精彩圆满。我在读完判决书后，有以下几点体会：

第一，金融创新潜藏风险，盲目做大引爆危机，“大而不倒”不能全信。2002 年至 2004 年间，以南方证券为代表的一批看似“大而不倒”的金融机构，都由于大量违法违规问题而轰然倒下。2008 年，国务院在总结前段时期券商集中风险处置经验做法的基础上，出台《证券公司风险处置条例》，将行政处置和破产清算重整纳入券商重大风险制度安排。当下，金融市场竞争更加激烈，优胜劣汰在所难免。防控系统性金融风险应未雨绸缪，金融机构的风险处置办法亟待纳入立法规划。

第二，管理人代表破产企业向股东追缴出资，是法律职责。我国公司法、破产法对此规定得很清楚，而且除了追收出资不受出资期限和诉讼时效限制的明规则必须恪守，公司内部或者量身定做的潜规则也应当打破。

第三，人民法院依法审判，不受任何行政机关、社会团体和个人的干扰影响。现实中，明目张胆地非法干扰正常办案的情况不多，地方保护主义、部门保护主义乃至个人私利，以貌似正当合法的形式堂而皇之地影响办案的现象不少。具体如何应对，还真不是一门简单的学问。

此外，还思考了以下几个问题：

第一，刑民交叉案件是否应按“先刑后民”原则处理？对所谓“先刑后民”原则，学界和实务界多有批判，更非绝对。根据 1998 年最高人民法院《关于在审理经济纠纷案件中涉及经济犯罪嫌疑若干问题的规定》，将两者是否为同一法律关系，作为民事是否移送刑事处理的判断标准。不是同一关系，民事案件继续审理，涉案线索移送刑事，反之则全案移送。Y 市公安机关侦查的是证券公司涉嫌抽逃出资，与股东无关；证券公司诉讼的是追收出资，与股东有关。两者事实上有关联，但不是同一法律关系。故案件不移送刑事处理。

第二，增资扩股协议效力对股东承担补足出资责任有无影响？集团公司答辩认为，证券公司虚构盈利事实、隐瞒挪用真相，其同意向券商增资系受到欺诈，增资扩股协议应确认为无效合同，其不应承担出资责任。这一观点的是非，判决书从商事外观主义和维护破产债权人利益的角度作了分析。我要说的是，暂且不论协议是否有效，按照《合同法》规定，合同无效或被撤销后，双方均有过错的，应当各自承担相应责任。集团公司在增资过程中并非无辜，过错明显。在某些场合，无效作有效处理是特殊规定，如证券期货交易、衍生品交易，即使合同无效，交易结果也不允许改变。

第三，用好实体法规则实现债权人利益最大化。我国《公司法》及其司法解释对虚假增资、抽逃出资过程中，公司董事高管违反忠实勤勉义务承担补充责任，董事高管、实际控制人共同侵权承担连带责任都有明确规定，破产法司法解释对接《公司法》规定，将追收财产归入债务人财产。在破产程序中充分运用实体法规则维护债权人利益，管理人大有作为。

第四，破产衍生诉讼的调解，应当尊重债权人意志。破产管理人具有依法管理破产企业财产和代表企业参加法律程序的权力，但凡涉及合同履行、财产处分、权利转让放弃等重大事宜，管理人应当报债委会或债权人会议同意。法院对破产程序和相关案件的裁处有决定权，但主导诉讼调解仍需充分尊重债权人意愿。本案调解前，债委会多次听取管理人汇报，并按议事规则表决通过了调解方案。这种做法符合破产法规定和程序正义，很值得肯定。

最后一点，本案案由为股东出资纠纷，这是“与公司有关的纠纷”下属案由。考虑到原告起诉时已进入破产程序，更精准的案由当是“与破产有关的纠纷”下属的“追收未缴出资纠纷”。

上述案例和思考谨供参考。

祝安康！

破友*

2017年2月12日

* 俞巍，上海市高级人民法院民二庭副庭长、审判员，三级高级法官，兼任上海市法学会经济法研究会、商法研究会和破产法研究会常务理事，上海交通大学凯原法学院破产保护法研究中心副主任。

致破产程序中银行业金融机构的建议函

尊敬的银行业金融机构：

很感谢能够有此机会，通过本文与国内相关银行业金融机构对破产程序中的金融债权保护、限制和处置等相关问题进行沟通交流。

实证分析表明，金融贷款一直以来都是企业融资，特别是中小型企业融资的主要渠道。改革开放以来，我国的银行业金融机构，通过信贷支持、财务顾问以及其他综合性金融服务方案等方式，为广大企业的发展壮大做出了诸多贡献，这点大家都有目共睹。但在近年来经济新常态的环境下，国内许多企业，特别是制造业，因为产能过剩、过度融资、过度竞争、成本税赋增加、互保联保、管理失控等问题陷入困境和财务危机，许多企业难以为继，面临停产裁员、倒闭破产，全国各地“倒闭潮”“破产潮”正在形成并仍有扩大之势。

在此态势下，银行往往成为困境企业最大债权人或主要债权人，很多情况下还拥有对困境企业具有较大价值资产的优先权，在企业整体债权或者担保债权组中占有较大比重，在债权结构中具有举足轻重的作用，乃至拥有对重整计划草案一票否决的权利。

许多困境企业最终能否得以涅槃重生，与困境企业金融债权方的参与和配合、理解与支持息息相关。

目前，无论是地方政府、人民法院还是破产管理人，基本上都会通过金融债权协调会、债权人会议、座谈会等方式，多形式多渠道与金融债权方进行积极的沟通，寻求依法稳妥保障其正当的债权利益。在破产程序中，对于困境企业是否涉嫌恶意逃废银行债务以及申报债权涉及的资金去向等问题，实际上已经纳入破产管理人的核查要点当中。对困境企业或其股东、实际控制人有恶意逃废银行债务的行为，依法移交公安机关，严厉打击和防范。本人任职的福建联合信实律师事务所，在担任破产管理人或提供清算及破产法律服务时，也都一直寻求与各地金融债权方保持良性的沟通和交流，尽力争取相关方案建议能够获得金融债权方的支持和理解，希冀能够与金融债权方共同商定困境企业的处置策略、重整重组计划以及重整后的融资支持方案等。

通过破产程序中不同角色之间的沟通和交流，金融债权方进一步获悉破产程序和实务的具体情况，理解地方政府、人民法院、破产管理人、债权人等在破产程序中的各自角色、职责和作用，更加了解困境企业的财务状况和债权债务状况，为其判断困境企业是否具备再生价值以及重整计划草案等是否符合保障金融债权之要求提供了考察和审议依据，最终引导金融债权方理解和支持困境企业相应的重整重组方案。

虽然我们确实看到，银行近年来已经积极参与困境企业的破产程序，如参与核查债权、主动要求担任债权人委员会委员或债权人会议主席，对清产核资专项审计与评估报告进行审查、对破产财产变价分配方案或重整计划草案提出表决意见等，但实际上许多银行限于对于破产法和破产程序理解和认识程度等问题，并未主动推进和深入研究。比如，在主动提起清算重整申请，协同完善破产财产管理和追索，进一步发挥债权人委员会的议事和监督功能以及持续参与破产管理、重整计划的监督等，仍有诸多可以提升改进之处。

同时，在工作开展和研讨交流过程中，本人仍然感觉到，许多基层银行维权部门较为分散，信贷部门、法务部门、资产管理或处置部门均有不同程度参与，缺乏协同机制；部分银行人员乃至主管对破产法的认识和运用还存在一定的误区和不足，仍未能妥善行使相应的权利。部分银行受个人意志、绩效考核、决策体制、授权不足、自利主义等因素制约，无法或者不愿迅速、有效解决和推进破产程序中相关事项的审议和表决问题。在涉及金融债权的清偿调整方案以及重整经营方案的设计等部分，许多银行仍然与管理人、原出资人或战略投资人缺乏良好的沟通协调机制，表决权无法得到有效行使，导致破产管理人提出的相关重整重组方案和建议在沟通、汇报以及意见征集等方面不通不畅，无形中延缓乃至扼杀了困境企业重生的时机与机会。

为了维护经济金融秩序，推进破产实务工作开展，支持实体经济发展，结合本人在清算及破产领域的工作经验和粗浅理解，本人在此大胆向破产程序中相关银行业金融机构发出建议如下：

1. 建议银行业金融机构及时组织决策层及相关部门，积极学习和理解破产法律法规和实务操作，重点研究金融债权在破产潮中如何寻求有效保障和积极应对。加强学习的针对性，是解决问题能力提升的基础方法。破产程序中依法保障金融债权，对破产法理论与实践的学习和研讨必不可少。建议银行业金融机构邀请优秀和富有处理经验的学者、律师、会计师或法官开展培训和交流，或者积极参与相关论坛与研讨会。值得赞许的是，本人在此前参加的国内破产法培训以及新近举办厦门第一届破产法研讨会上，都能见到许多银行、资产管理公司人员的身影，他们除了关注基础破产法律知识和实操问题以外，还积极与专家学者、从事破产管理的律师、会计师以及相关审判人员交流，甚至参与到破产法理论与实践的发展趋势研讨当中。

随着本轮破产潮在未来几年的持续扩大以及后续大量“执转破”案件的推进，银行势必面临数量更多、更为频繁的清算与破产案件的处理。如果无法正确理解和运用破产法律知识和应对策略，银行更多的还只是被动参与，而非主动推进。中国银行业协会首席法律顾问卜祥瑞先生在《破产程序中的银行债权保护问题》一文中，强调了银行如何维权和规则如何改进等实质问题，提出善于运用破产申请权、充分运用异议权、正确行使优先受偿权、主动学会撤销权等各项权利，也提出“银行需要有效行使表决权”的意见，可资借鉴和学习。

2. 建议银行业金融机构正确面对金融债权的保护与限制的平衡问题，综合各种金融工具支持具有再生价值的困难企业走出困境。我们注意到，许多破产学者以及破产管理人都十分关注破产程序中的金融债权或者担保债权保护与限制的问题。在本人看来，对于困境企业金融债权的保护，应当结合企业的实际财务状况和重生价值来看，不能仅从自利主义出发一味要求完整保护金融债权而损害整体债权利益。对金融债权或担保债权进行必要限制和调整，实际上也是对金融债权秩序的保护，更是银行业金融机构响应支持实体经济发展、践行社会责任的体现。对普通债权中的金融债权，应结合困境企业财务状况以及清算状态下的清偿率预测分析等因素综合判断重整方案是否公平合理。本人建议，金融债权方在重整重组方案的设计中，应当积极沟通，对重整重组方案中的清偿办法、补偿条件和救济措施等提出合理可行的要求，在面临金融债权协调乃至强制批准时积极参与，及时提出意见或推动异议听证，综合平衡金融债权的保护与限制等现实问题。

同时，金融债权方还可以因企施策、善用时间换空间战略，积极参与困境企业的重整重组，如协商债权分期延期偿还、引入替代性担保或保证、与资产管理公司或地方政府投资机构协商债权转让或配合处置不良资产、为战略投资人提供并购贷款、债转股、资产证券化、组建银团贷款、建立联合授信机制或封闭式融资等方式和金融工具，依法有序保障金融债权、化解金融风险和困境企业债务压力。

3. 建议银行业金融机构积极参与两个“债委会”，寻求金融债权各方的保障和协调。破产程序中的金融债权之间，既有担保债权与普通债权之分，也有新旧融资形成的金融债权之分。如何寻求金融债权各方的权益平衡与协调，应当也是值得银行业金融机构重视的问题。除了此前我们建议银行业金融机构积极参与的《企业破产法》项下债权人会议制度中的“债权人委员会”发挥议事监督功能以外，还可以大胆运用中国银监会于 2016 年 9 月创新设立的“银行业金融机构债权人委员会”来指导困境企业的金融债务重组，积极争取企业发展的有利条件，实现银企共赢。

具体而言，困境企业的全体银行业金融机构，可以结合《关于做好银行业金融机构债权人委员会有关工作的通知》（银监办便函〔2016〕1196号）的意见，在企业所在地银监部门以及银行业协会的组织、参与和指导下，通过“市场化、法治化、公平公正”的原则，按照“一企一策”的方针各方和协商确定的议事规则和决策办法，集体研究增贷、稳贷、减贷、重组等措施，通过协议重组或协议并司法重组等方式有序开展债务重组、资产保全等相关工作，确保银行业金融机构形成合力。这点希望未来可以在银监部门的组织下尽快开展起来，有效解决金融债权之间、金融债权方与困境企业之间的利益协调与保护。

4. 本人希望能与国内银行业金融机构就如何有效保障金融债权进行深入交流，更希望银行业金融机构能够结合“多重整重组、少破产清算”的政策导向，更为主动和积极参与和应对破产浪潮，共同推进拯救具有再生价值的困境企业，力促金融支持实体经济发展。

顺颂业祺！

叶佳昌*

2017年2月15日

* 福建联合信实律师事务所高级合伙人，执业律师，主要关注破产与金融以及破产并购基金等业务领域。曾撰写过《论破产重整制度之精神》，执业后参与律所承办的数个清算及破产项目以及《厦门市破产管理人业务操作指引》的编撰。

以刑民协同理念破解破产程序中刑民交叉难题

小顾庭长：

你好，昨天时间太过匆忙了，来不及细谈破产程序中刑民交叉中问题。

我觉得对于深度介入民间借贷的浙江中小民营企业，进入破产程序后，债务人企业及相关人员往往同时涉嫌非法吸收公众存款罪或集资诈骗罪等犯罪。为确保公平与效率，快速推进资产清收和债权审核，维护债权人和债务人的合法权益，法院在审理破产案件处理刑民交叉问题时，可以积极探索刑民协同理念；同时，对于在企业破产案件受理之前已经有以债务人及企业作为被告的案件进入执行程序的，可以由管理人向执行法院申请解除保全并中止执行，并做好相关的协调手续，以最大程度地维护债权人的利益。考虑到你才调到民二庭负责破产案件的审理工作，程序还不太熟悉，作为一个老破产案件法官，下面我以一个实际案件说明一下：

2013 年 7 月 4 日，张某某等 8 人以宏业公司不能清偿到期债务为由，向我院申请破产清算。我院于 2013 年 7 月 15 日裁定受理宏业公司的破产清算申请，并于同日指定浙江良友律师事务所担任宏业公司破产清算一案的管理人。至债权申报期满，债权人申报债权总计 1.853 亿余元。同年 10 月 10 日，召开第一次债权人会议，会议设立了债权人委员会，表决通过了管理人报酬方案，破产财产处理、变现、分配方案。2014 年至 2015 年期间，我院依据管理人的委托，对部分资产进行拍卖，其中宏业公司名下的坐落于浦江县宏业大道 888 号房地产以 39，220，000 元变卖，为下一步破产财产的分配打下了坚实的基础。

由于宏业公司进入破产程序时，其法定代表人潘某某、楼某某因为涉嫌非法吸收公众存款罪已经被司法机关采取刑事强制措施。同时该集资犯罪案件涉及人员众多，情况复杂，鉴于刑事诉讼与民商事诉讼在民间借贷本金、利息等认定标准上存在差异，如果按照“先刑后民”的思路，在债权审核中，要求管理人等到刑事判决生效后开始认定债权，因为时间的拖延可能会引发一系列社会不安定因素。因此，我们先后向多地法院进行调研学习。经过与管理人多次研究，结合宏业公司债权的特殊情况，指导其制定了符合其实际情况的债权审查原则：债权申报必须有充分、确实的证据证明。凡属证据不足，均不予确认；债权申报应是在法定期限内合法、有效的申报；申报的债权必须是在诉讼时效内的债权。凡超过诉讼时效或执行时效的，又无诉讼时效中断或中止的证据，因法律对其不予保护故不予确认等债权审查原则。目的是最大限度地保护债权人公平受偿的合法权益，推进破产清算进程。宏业公司实质上作为融资平台，其资金来源既包括公司资金来源，也包括公司实际控制人潘某某夫妇资金来源，相应资金使用既包括公司资金使用，也包括公司实际控制人潘某某夫妇资金使用。该情形导致潘某某夫妇与宏业公司的资金来源与使用严重混同。基于以上事实，我院根据浙江省高级人民法院《关于在审理企业破产案件中处理涉集资类犯罪刑民交叉若干问题的讨论纪要》《关于服务金融改革大局依法妥善审理民间借贷纠纷案件的若干意见》第 4 条“企业构成破产原因，企业及其相关人员涉嫌非法集资等犯罪活动……民间借贷纠纷和涉嫌非法集资等犯罪活动可以分别处理的，在做好相关协调工作的前提下，分别依照《企业破产法》的规定集中解决民间借贷纠纷和查处涉嫌非法集资活动”，于 2013 年 12 月 5 日决定将浙江浦江宏业有限公司与潘某某、楼某某个人财产合并处置，同时将潘某某、楼某某以个人名义出具的借条等债务与公司债务合并进入破产程序。并督促管理人补充了债权审核原则：对于潘某某、楼某某以个人名义出具的借条，也可以申报债权，同公司债权享有同等的权利；对于民间借款，利息一律不予计算，已经支付的利息应当冲抵本金，利息已经预先在本金中扣除的，本金应当按照实际出借的金额认定再减去已经支付的利息，借款合同中既约定了利息，又约定了违约金的，二者都不予计算；对于借款金额达到 20 万元人民币以上的需要提供银行汇款凭证，有其他证据足以证明的除外；等等。

2015 年 6 月 25 日，浦江县人民法院根据管理人的申请，对债权人会议和债委会通过的《浙江浦江宏业有限公司及股东财产分配方案》予以认可。同年 7 月 29 日，浦江县人民法院根据管理人提交的《关于提请终结浙江浦江宏业有限公司破产程序的报告》，予以裁定终结破产程序。

宏业公司破产清算案自 2013 年 7 月 15 日法院裁定受理，至 2015 年 7 月 29 日法院裁定终结，历时两年左右时间，经过管理人清产核资，审核债权，反复同债权人、债委会成员沟通、协调，本着最大限度保障债权人利益，维护社会稳定的原则，制定了破产财产分配方案，该分配方案在债权人会议上顺利通过，并且得到了及时履行，分配方案实施以后，没有任何债权人提出异议，案件审理取得了良好的社会效应和法律成果，并对浦江今后破产案件的审理起到了一定的指导作用。

下面几点办案体会，你可以在今后的破产工作中借鉴。

1. 做好执行与破产程序之间的衔接，维护债权人利益。在宏业公司申请破产之前，已有多起以宏业公司为被告的案件进入执行程序。公司全部资产被多家法院查封、冻结。其中，股东潘某某名下在浙商银行金华浦江支行有银行存款本金 400 万元及利息。因潘某某与安徽马鞍山市浩润小额贷款股份有限公司之间民间借贷纠纷一案，安徽省马鞍山市中级人民法院作出予以冻结。2013 年 11 月 25 日，浦江县公安局经申请对上述银行存款本金 400 万元及利息也进行冻结。我们了解情况后，督促管理人履行职责，向安徽省马鞍山市中级人民法院发出通知书，请求马鞍山市中级人民法院解除对潘某某

400 万元银行存款的保全并中止执行。该款项经过县人民法院、市中级人民法院、省高级人民法院等的努力，最后报请最高人民法院，最终拿到了 200 万元本金及利息，维护了广大债权人的利益。破产程序虽已终结，但对宏业公司、潘某某的对外债权仍然没有放弃，县法院依法对破产人的债务人实施了列入失信人名单、限制高消费等执行措施，望能追回更多债务。

2. 民刑交叉，确保公正与效率。资产清收是破产企业案件的核心问题之一，在涉及刑民交叉的破产案件当中，要把握好公司财产、债务和股东个人财产、债务是否属于高度混同，是否应当合并处置的问题。本案所涉的债权绝大部分属于民间借贷债权，其中有很大一部分又属于以潘某某、楼某某个人名义出具的借条，一开始，仅受理公司债权，股东个人名义的借款是否应纳入破产债权有争议，而且尚无先例，随着工作的不断深入，发现宏业公司的财务运作极不规范，公私不分，宏业公司就是潘某某、楼某某的夫妻店，公款用于私人，私人借款用于公司的情况十分普遍，尤其许多债权人提出他们的借款名上是潘某某个人所借，但实际用于公司。鉴于这种情况，如果仅凭形式审查，将个人借款的债权人排除在外，极不公平，易激化矛盾，造成社会不稳定。为此，我们于 2013 年 12 月 5 日依法作出裁定将潘某某、楼某某的财产与浙江浦江宏业有限公司财产合并处置，同时将潘某某、楼某某以个人名义出具的借条等债务与公司债务合并进入破产程序。该裁定的下发为本案的清算、分配工作扫除了主要障碍，也使得广大债权人的情绪得以平复，为顺利办结该案打下了良好的基础。自本案以后，我院在审理浙江正路工贸集团有限公司、浙江嘉毅置业有限公司破产案中，都参照了宏业公司破产清算案中公私合并破产的做法。所以，宏业公司破产清算案从这一角度而言，起到了一种引领性的作用。

3. 确定以息冲本的债权审核原则，平衡各方利益。鉴于潘某某、楼某某的行为已经构成非法吸收公众存款罪和集资诈骗罪（已由法院作出判决），宏业公司也构成非法吸收公众存款的单位犯罪，所以，依据最高人民法院关于办理集资类犯罪的相关司法解释，将民间借款类债权人已经收取的利息冲抵本金，督促管理人在审查债权过程中，着重配合公安机关向银行、债权人调查核实利息支付情况，花费了大量工作逐笔审查债权人收取利息的金额，从最终结果来看，效果是非常显著的，很多债权人实际收取的利息款已经超过本金额，管理人对于这样的债权额确定为零，有了事实依据和法律依据，债权人对于这样的结果也能够接受，并没有发生冲突和矛盾的激化。

小顾，作为一个老法官本指望办破产案子，轻松点，结果事与愿违，还不如个案轻松。办了 5 年破产案件，头发已经泛白了，真是“国破山河在，企破白发生”，但很多时候，看到自己的努力和辛苦，取得了成果时也是心花怒放的，苦中作乐。你还年轻，在破产领域会大有作为的，今天啰哩啰嗦了这么多，希望不要嫌烦。

祝工作顺利!

张法官 *

2017 年 2 月 15 日

* 张红峰，毕业于西南政法学院（现西南政法大学）法学系法学专业。在浙江省浦江县人民法院工作，负责办理全院的破产案件，涉及金额 50 余亿元，债权人近两千人，荣立个人三等功一次。

破产法和税法打架时，税务机关应如何应对

王兄：

新年好！你说领导安排你今年负责企业破产的税收债权处理，我有种莫名的兴奋。最近一年来，针对这个话题，我在全国十来家国税和地税机关做过专题分享，如今引起陆续重视，我也很高兴。

对于你提出的几个常见问题，现逐条回复如下：

一、税务机关能否以债权人身份提起对欠税企业的破产申请？

税务机关作为公权机关，能否提起破产申请？因没有法律明确规定，实践中争议很大。反对的声音认为，既然没有法律明确授权税务机关可以提起申请，那么依据法无授权不可为的行政法原理，税务机关不具有提起申请的权力。然而，根据税收债权债务关系理论，税收法律关系在实体法上本身就是一种债权债务关系，与民事债权债务关系的区别仅仅是公债与私债之分。《企业破产法》一方面承认了税收债权和税务机关的债权人身份，另一方面并没有限定必须私债主体方可提出企业破产申请。因此，税务机关以债权人身份申请企业破产，没有任何法理与法律方面的

障碍。至于有人担心税务机关是否存在滥用这种权力的风险，基于欠税企业债务人的破产异议权及法院的审查决定权之限制，税务机关仅仅可能因为申请行为从而启动破产程序，并没有决定企业必须进入破产程序的权力，况且进入破产程序也未必意味着破产清算，因此，这种担心有些多余。

2016 年 8 月，浙江省国税局印发了一份内部指导意见，明确规定企业如果不能清偿到期债务，税务机关作为债权人可以依法向人民法院提出对债务人启动破产程序的申请。但是，提起破产申请并不是税务机关的最优选择，进入破产程序后，税收债权的受偿存在较大不确定性。在欠税管理方面，还是应该优先采取以票控欠和强制执行等更其他措施，从而更有效地保护税收利益。

二、税收债权是否需要申报？

长期以来，关于税收的性质，我国主流观点认为在企业破产程序中，税务机关也无须申报税收债权。这一精神在《最高人民法院关于破产企业拖欠税金是否受破产法规定的破产债权申报期限限制问题的答复》（法研〔2002〕11 号）中得以明确体现，即破产企业所欠税款不属于破产债权，不适用债权申报的规定。但是，法研〔2002〕11 号解释依附的是《企业破产法（试行）》，但该法已经失效（根据 2007 年施行的新《企业破产法》），税收债权也属于单独的破产债权，二者是包含关系而非并列关系，应适用破产债权的规定。此外，根据新《企业破产法》第 48 条的规定，除了职工债权不必申报之外，其余债权人均应当在人民法院确定的债权申报期限内申报。另外，根据新《企业破产法》第 56 条的规定，如果债权人在人民法院确定的债权申报期限内未申报债权的，可以在破产财产最后分配前补充申报，但是，此前已进行的分配，不再对其补充分配；为审查和确认补充申报债权的费用，由补充申报人承担；债权人未依照本法规定申报债权的，不得依照本法规定的程序行使权利。因此，在企业进入破产程序后，税务机关应当积极履行申报职责。否则，就有渎职的风险。

但是，基于目前的税源管理状况，每家税务机关下辖企业不计其数，这么多户企业的一举一动，不可能时刻都处于税务机关的监管之下，当个别企业进入破产程序之后，其主管税务机关几乎不可能及时获取该信息，也就无法及时行使债权申报职责。如此一来，是否存在渎职风险？如何消除风险？我认为，这可以从《企业破产法》第 14 条第 1 款规定中寻求解决方案。

《企业破产法》第 14 条第 1 款规定：人民法院应当自裁定受理破产申请之日起 25 日内通知已知债权人，并予以公告。那么，主管税务机关是否属于“已知债权人”？法院受理企业破产后会及时主动通知主管税务机关吗？这个有赖于法院和税局之间的合作机制。破产企业的主管税务机关是相对固定的，除了省市直属分局管辖的特定行业和大型企业之外，一般是按行政区划确定主管税务机关，法院很容易作出判断。推进破产审判工作，少不了税务机关的参与和支持。法院受理企业破产后，应将主管税务机关视为“已知债权人”并及时通知。

三、税收债权与担保债权的优先性冲突如何处理？

根据我国税法，税款优先于无担保债权，法律另有规定的除外；税款与担保债权之间的优先性，按照成立先后时间确定；税款滞纳金在征缴时视为税款，一并享受优先权。但根据破产法规定，破产受理日前产生的滞纳金属于普通债权，不享有优先性；担保债权属于别除权，不参与破产债权的清偿排序，优先于破产费用和共益债务，当然优先于税收债权。

对于税法与破产法的冲突，我认为，目前可以利用《税收征收管理法》第 46 条担保权人向税务机关查询欠税的权利，来确认两个债权的先后顺序和优先级，从而在公权和私权之间平衡保护。根据《税收征收管理法》第 46 条的规定，纳税人有欠税情形而以其财产设定抵押、质押的，应当向抵押权人、质权人说明其欠税情况，抵押权人、质权人也可以请求税务机关提供有关的欠税情况。那么，如果担保权人设定担保时查到欠税记录，这部分欠税肯定就发生在担保债权之前，这个时候欠税部分是优先于担保权的；如果查到没有欠税，那就担保债权优先；如果向税务机关请求查询但是对方未予提供或只提供部分欠税情况的，税务机关只能就提供的欠税金额优先受偿。这么操作符合公平受偿的理念，不过这种处理方案未必得到法院认可。

四、欠税未获完全清偿情况下能否进行税务注销？

在我国的税务登记制度中，如果办理税务注销，一般要结清税款、滞纳金和罚款。《欠缴税金核算管理暂行办法》（国税发〔2000〕193 号）存在例外规定："……对于破产、撤销企业经过法定清算后，已被国家主管机关依法注销或吊销其法人资格，纳税人已消亡的，其无法追缴的欠缴税金及滞纳金，应及时依照法律法规规定，根据法院的判决书或法定清算报告报省级税务机关确认核销。"但是，这里的表述在逻辑上遭遇"互为前提"的困境：在法人已经消亡情况下，凭借法院判决书或者法定清算报告核销，但实践中是先税务注销后工商注销的，税务必须首先作出回应。另外，法院的文书是裁定书而非判决书。该文件应该是想表达破产清算情况下，凭法院文书可以办理核销，进而办理注销。浙江国税的指导意见明确规定：税务机关依法参与破产程序后，税收债权未获全额清偿但已经过法院裁定终结破产程序，管理人自破产程序终结之日起 10 日内持法院裁定书办理注销登记的，国税机关可按照《企业破产法》第 121 条的规定，予以认可。

此外，对于你提到的破产程序中能否进行税收减免问题，基于税收法定原则的要求和地方税务机关权限的限制，目前没有依据可以适用，但存在个案性质的先例。在 2003 年大连证券破产案中，财政部和国家税务总局联合下发了《关于大连证券破产及财产处置过程中有关税收政策问题的通知》（财税〔2003〕88 号），对于大连证券清算过程中应由其负担的一切税款，均予以免征。但毕竟是个案批复，并不具有普遍适用性。

以上是对老兄几个问题的简要回应。企业破产涉税处理是一件很有挑战性的工作，经常遇到各种难题。以后遇到具体问题，我们再及时沟通。

徐战成*

2017 年 2 月 8 日

* 法学硕士，公职律师，供职于浙江省国家税务局。

职工安置预案的“往生与来世”

成武兄：

您好！去年一晤，倏忽半载已过。在感叹破产法在我国目前落地实施不尽人意时，我们曾经谈及破产开始程序的设计问题，其中就包括申请人需要向法院提交的材料清单不尽合理，如规定债务人申请破产的，应当向法院提交“职工安置预案”（《企业破产法》第 8 条第 3 款）。我多年从事破产案件审理工作，对此也颇有感触。但当时因时间所限，对这一问题未及深入探讨。回来后，就我国破产法规定的“职工安置预案”的由来、缺陷及建议理顺了思路，现就一些心得就教于兄：

首先是“职工安置预案”的由来。众所周知，破产法本是市场经济条件下的必然产物，甚至被称为经济宪法。但我国破产法却诞生于“有计划的商品经济”年代，其主要是适应国企改革的需要。立足于此，《企业破产法（试行）》第 4 条规定：“国家通过各种途径妥善安排破产企业职工重新就业，并保障他们重新就业前的基本生活需要，具体办法由国务院另行规定。”这是在企业申请破产时应提交职工安置预案规定的源头。基于此，国务院于 1994 年发布的《关于在若干城市试行国有企业破产有关问题的通知》（国发〔1994〕59 号）中要求，在实施国有企业破产中，首先要妥善安置破产企业职工，保持社会稳定，并规定处置破产企业取得的土地使用权及其他破产财产所得首先用于安置职工。1997年，国务院发布《关于在若干城市试行国有企业兼并破产和职工再就业有关问题的补充通知》(国发〔1997〕10号)，明确要求各试点城市所报送的材料包括职工安置预案，并规定安置费用从破产企业取得的土地使用权（无论是否已设置抵押权）转让所得中拨付，不足部分从处置无抵押财产、抵押财产所得中依次支付，而且在进入破产程序后，职工的生活费从破产清算费用中列支。2002年《最高人民法院关于审理企业破产案件若干问题的规定》第6条规定，债务人申请破产的，应当向人民法院提交“企业职工情况和安置预案”，但未明确安置费用的来源。

破产法本质上是债权债务清理法，也即债权债务的清理才是破产法的核心内容、主要功能。而职工安置是一个社会问题，由破产法来解决相应的破产企业职工安置难题，可能是其不能承受之重。兄谈及此也多有感慨！也正因为立法目的的偏差，在《企业破产法》颁布实施之前的二十年间，破产成为债务人（主要是国有企业及部分集体企业）逃债的有效工具，特别是以安置职工、确保社会稳定为幌子，公然逃废债务（主要是金融债务），从而导致巨量国有资产流失，优良社会资源浪费，但职工利益实际上并未真正得到保障。至此，我国的破产法实践实际上已经误入歧途了，学界慨叹“破产法的破产”。职是之故，为正本清源，《企业破产法》第1条规定的破产法宗旨即为规范破产程序，公平清理债权债务，保护债权人和债务人的合法权益，这可以说是破产法功能的本真回归。但不足的是，也残留了《企业破产法（试行）》的一些旧的观念，规定债务人申请破产时应当提交职工安置预案的规定即是其一。正如王欣新教授所言：“这一规定是受旧法执行模式影响的产物，表面上看是要维护破产企业职工的权益，但实际上不仅做不到这一点，反而会损害当事人的破产申请权，所以应当予以适当修正。”[①]

其次，上次我们都谈到要求债务人提交“职工安置预案”的弊端，惜乎未成条理。回来后，经过梳理思路，我认为主要有以下几点：

① 王欣新：《破产法》（第三版），中国政法大学出版社2011年版，第49～50页。

一是因破产申请的主体不同对是否提交职工安置预案具有不同的要求，从而看不出该规定的必要性、合理性。根据《企业破产法》的规定，有权提出企业破产申请的主体包括债务人、债权人及清算义务人（准债务人）。另外，根据《企业破产法》第70条的规定，在债权人申请破产清算时，出资额占债务人注册资本十分之一以上额出资人也可以申请破产重整。但《企业破产法》仅规定在由债务人自愿申请破产时，要求其在提交给人民法院的申请材料中“应当”包括“职工安置预案”。而在债权人提出破产申请时仅要求债务人在规定的期限内提交相应的材料，而无提交职工安置预案的要求。同样，在清算义务人提出破产申请时，也未要求其提交职工安置预案。故，此规定显得比较突兀，影响了法律本身的协调性。

二是在破产法中规定“职工安置预案”有违法理。因为债务人在申请破产（特别是申请破产清算）时已经资不抵债，债务人（或其股东）何来财产再行安置职工？因此，只能是将来动用破产财产，以损害债权人利益的代价来实现安置预案。但根据相机控制理论，在企业破产状态下，由于其财产已不足以清偿全部债务，其全部资产和收益均需要用以清偿债权人，股东已没有任何取得剩余收益的可能性，因此也就不再能够承担任何风险，这时的控制权就应转移到实际承担企业风险的参与者手中。而债权人是实际上的风险承担者，也就成为剩余索取权人，从而至少在理论上，破产债权人是破产企业的控制者，企业的控制权由股东转移给破产债权人。[①] 因此，债务人财产（破产财产）上的权益应归属于债权人，债务人（或其股东）本没有权利再行处置。让债务人拟定职工安置预案，注定如“画饼充饥”，没有现实意义。

三是该规定在实践中实处于尴尬境况，也即无实施主体、实质内容和保障措施。法律中仅有提交职工安置预案的要求，至于预案的具体内容，包括资金（费用）来源、管理、使用、保障等均无相应的规定，特别是破产程序终结后，破产企业已经不复存在，职工安置预案的实施者怎样确定，破产法本身没有给出答案。从《企业破产法》规定的破产费用以及破产财产的分配方案内容中，也没有职工安置费用的支付项目。所谓的职工安置预案实际上

① 贺丹：《破产重整控制权的法律配置》，中国检察出版社2010年版，第43～45页。

只有具文的意义。

四是我国劳动合同法及社会保障制度已日趋完善，对破产企业职工权益的保护有法可依。《企业破产法》在破产财产分配顺序上将职工权益作为破产优先权予以保护。随着劳动合同法及社会保障法等法律的颁布实施，对破产企业职工的权益保护以及对失业职工的社会救济、再就业培训等已经形成制度体系。在破产法中规定徒有虚名的职工安置预案完全没有必要。实际上，在各地的破产实践中，已经弱化了对所谓“职工安置预案”的要求，对职工安置预案的审查已经从实质审查逐步过渡到仅仅作形式审查，也即该预案仅徒具形式而已。

综上，《企业破产法》第8条的用词是债务人“应当”提交所谓的“职工安置预案”。根据通常理解，债务人在提出破产申请时，必须向人民法院提交该预案，否则，人民法院可以因债务人提交的材料有缺项而不予受理破产申请。这样，势必将相当一部分已经濒临破产的企业阻挡于破产程序之外，从而继续消耗其有效资产，从客观上讲，最终将更不利于职工权益的保护。而且，即使债务人提交了所谓的职工安置预案，或者因为不具操作性而实际上仅有形式意义，或者因资金来源侵占了破产财产而无效。总之，对债务人提交职工安置预案的要求，既在实务中无法操作，对破产企业职工的安置或者实现再就业也无实际意义，对该规定应及时废弃，以避免其负面效应。

以上可能言不尽意，望兄不吝赐教。

顺颂春安!

曹爱民 *

2017年2月6日

* 毕业于华东政法大学，获法学学士学位。现任山东省滨州市滨城区人民法院司法技术鉴定中心主任，一级法官。主要从事民商事审判、公司清算和企业破产案件的审理工作。

破产中的税收滞纳金应否连续计算

刘敏博士慈鉴：

冒昧打扰，敬请见谅。

之前多次在全国律师协会破产与重组专委会年会上听过您的精彩演讲，犹如春风扑面，茅塞顿开。

我和破产法的结缘，始于 2000 年前后青海省政府根据国务院《关于若干城市试行国有企业破产有关问题的通知》（国发〔1994〕59 号）、《关于在若干城市试行国有企业兼并破产和职工再就业有关问题的补充通知》（国发〔1997〕10 号）这两个文件的规定，对省属大中型国有企业进行经济结构调整和破产重组工作行将全面铺开之时，本人应邀对省政府、省高级法院共同举办的大中型国有企业经济结构调整和破产重组专题培训班讲授企业破产法，之后受聘担任多家企业破产清算组法律顾问，为其提供破产清算、破产重组等方面专业性法律服务，帮助这些破产清算和破产重组企业解决了许多法律上的疑难复杂问题。

2006 年 8 月新《企业破产法》颁布后，本人所在的青海盛通律师事务所（以下简称盛通律师所），被青海省高级人民法院考核评定为省内一级破产管理人。

新《企业破产法》颁行后，青海省内第一家被申请破产重整的企业为庆泰信托投资有限责任公司（以下简称庆泰信托公司），2009 年 9 月，我所在的盛通律师所被青海省高级人民法院指定为庆泰信托公司破产重整管理人，本人担任该破产重整案管理人的负责人及主办律师。

庆泰信托公司系一家混合所有制非银行金融机构，成立于 1997 年 9 月，2002 年 7 月经中国人民银行重新登记后，注册资本增加到 3.28 亿元。其后，该公司在异地开办的代客理财业务和资金信托业务，因违法违规经营，加之坐庄投资的“×× 旅游”股票大幅缩水，导致崩盘，经营彻底陷入瘫痪，从而导致资金链断裂，造成巨额亏损，对客户委托理财资金无法返还支付，引发了区域性金融风险和社会不稳定。2005 年 7 月 8 日，中国银监会依法责令庆泰信托公司停业整顿，并委托中国东方资产管理公司组成停业整顿工作组，接管庆泰信托公司并对其进行停业整顿。青海省政府还为此专门成立了风险处置工作领导小组，协助处理和化解庆泰信托公司造成的区域性金融风险和引发的社会不稳定问题。

停业整顿工作组对庆泰信托公司经过四年多的停业整顿，经审计核实实际可支配资产总额仅有 1572 万余元，负债总额为 11.22 亿元（主要为客户委托理财资金）。为有效化解和妥善处置庆泰信托公司酿成的区域性金融风险，在多方共同努力下，经国务院、中国银监会、最高人民法院及青海省政府同意，青海省高级人民法院根据庆泰信托公司停业整顿工作组提出的破产重整申请，于 2009 年 9 月 11 日裁定庆泰信托公司破产重整。在这里需要向您说明的是，庆泰信托公司是在经历了四年零两个多月行政性的停业整顿之后，方才进入司法性的破产重整程序，且该破产重整案为新企业破产法颁行以来，青海省内由法院按照新的企业破产法程序及模式审理的第一起破产重整案件，在全国也有较大影响。

特别向您提及的是，庆泰信托公司破产重整案债权申报时，税收债权人 ×× 市 ×× 区国税局自行申报税收债权总额为 1585.12 万元，其中欠缴税款本金为 527.17 万元，滞纳金为 1057.95 万元。税收滞纳金当中，有 530 万元系在行政性的停业整顿期间连续计算滞纳金所形成。本人作为管理人的负责人及主办律师，对该债权审核后意识到，对税收滞纳金债权的认定，将会涉及如下两个层面的法律问题：一是税收滞纳金能否按税收优先债权认定？二是信托公司作为非银行金融企业，在进入司法性的破产程序之前，一般都要依法经历行政性的停业整顿程序，此阶段的税收滞纳金应否连续计算？

这在当时来说，法律上没有明确规定。因此，管理人对此作出了既不认定其为税收优先债权，同时对行政性停业整顿期间的滞纳金也不连续计算的认定。其用意在于先形成争议再通过承办法院层报最高法院请示，以推动相关司法解释的出台，填补这一法律空白。为此，管理人对该税收滞纳金当时未认定给出的理由是：

第一，根据《最高人民法院关于审理企业破产案件若干问题的规定》第61条的规定，人民法院受理破产案件后债务人未支付应付款项的滞纳金，不属于破产债权。债务人庆泰信托公司虽然被人民法院受理和裁定重整的时间为2009年9月11日，但在人民法院受理和裁定重整前，根据中国银监会作出的对庆泰公司责令停业整顿决定，庆泰公司已经于2005年7月8日被停业整顿。虽然停业整顿系行政行为而不是司法行为，但对当事企业所产生法律后果的性质是相同的。根据法的理念及精神和统一性原则，可以认为，最高人民法院的该司法解释，同样可以参照适用于本案。

第二，庆泰信托公司被停业整顿后，已经不再创造和产生任何经济效益，特别在其严重资不抵债的情况下，如果继续要求其承担应付款项的滞纳金，不仅事实上无法执行，而且理论上也讲不通。

第三，基于破产重整制度对破产重整企业及其各利益主体的利益冲突进行利益衡平调整的司法理念和精神，对于已经严重资不抵债的企业要求其承担应付款项的滞纳金，并优先受偿，对于其他债权人，特别是对普通债权人是不公平的。

其后，如同本人之前设想的那样，××市××区国税局就此对管理人提起确认之诉，承办法院对此问题书面请示了最高人民法院。最高人民法院经研究并经第1548次审判委员会会议通过，于2012年6月26日出台了《关于税务机关就破产企业欠缴税款产生的滞纳金提起的债权确认之诉应否受理问题的批复》这一司法解释，为此后类似问题的处理填补了一项法律空白。

尽管如此，我个人认为，该司法解释也有美中不足之处。虽然听您介绍过出台该司法解释过程中最高人民法院和国家税务总局研究、讨论甚至博弈的情况，但我仍然认为，该司法解释虽然明确了税收滞纳金为普通债权，但对于符合破产条件的银行及非银行金融企业、证券公司、保险公司，在进入司法性的破产程序之前，依法进行的行政性停业整顿阶段税收滞纳金应否连续计算的问题，并没有公平、合理地得以解决，对此问题有必要进一步深入研究和探讨。我个人的理由和观点主要有如下几点：

第一，银行及其非银行金融企业、证券公司、保险公司，鉴于其自身和营业事务的特殊性质，为维护金融、证券、保险秩序及其社会稳定，我国金融、证券、保险监管部门在处理这些风险企业进入破产程序之前，一般来说都要以托管、接管形式对拟破产的金融、证券、保险企业进行行政性的停业整顿，该程序实质上为破产的前置程序。也就是说，停业整顿是涉事风险金融、证券、保险企业拟实施破产清算和破产重整的准备阶段和必经程序，应当将其视为破产的前置程序。

在行政性的停业整顿程序当中，停业整顿托管、接管部门主要是依据金融、证券、保险等相关法律法规，对发生风险的金融、证券、保险企业，甄别核实涉及广大储（客）户、中小股民、投保人等自然人的合法权益及关乎生存的切身利益，防控风险的持续发酵和扩大，核实资产、厘清债权债务关系，维护社会稳定，为破产清算或破产重整打下良好基础。

第二，《企业破产法》第 134 条第 1 款规定，商业银行、证券公司、保险公司等金融机构有本法第 2 条规定情形的，国务院金融监督管理机构可以向人民法院提出对该金融机构进行重整或者破产清算的申请。国务院金融监督管理机构依法对出现重大经营风险的金融机构采取接管、托管等措施的，可以向人民法院申请中止以该金融机构为被告或者被执行人的民事诉讼程序或者执行程序。该条第 2 款规定，金融机构实施破产的，国务院可以依据本法和其他有关法律的规定制定实施办法。由此可见，该条的规定，即是对上述特殊情况的通盘考虑和法定授权性安排。

第三，上述风险企业被托管、接管进行停业整顿后，已经不再具有创造和产生任何经济效益和价值的能力，特别是在其严重资不抵债的情况下，如果继续要求其承担欠缴税款的税收滞纳金，不仅事实上无法执行，而且从理论上讲也不符合公平原则及合理性原则。

因此我认为，对银行及非银行金融企业、证券公司、保险公司等机构，在拟破产清算或破产重整之前先行依法进行行政性停业整顿期间，从行政监管部门作出停业整顿决定之日起，应当停止对滞纳金的连续计算。

以上是本人在办理庆泰信托公司破产重整一案中，① 对涉及行政性停业整顿期间税收滞纳金应否连续计算问题的几点浅陋认识，特致信与您以探求真知灼见。

谨申拙见，言不尽表。

敬颂惠安！

黄大泽 *

2017 年 2 月 11 日

① 庆泰信托有限责任公司重整成功后，更名为五矿国际信托有限公司。

* 青海盛通律师所首席合伙人，民商法研究生。现任青海省政府法律顾问委员会委员，青海省高级法院审判智库专家等。

破产法未来发展的十个问题

某某教授：

您好！非常高兴与您讨论我国破产法的未来发展问题。

从 2007 年开始实施的《企业破产法》是努力适应我国社会主义市场经济发展需要制定的，作为全球破产法规范的“后来者”，我国破产法借鉴了许多国家的破产法立法经验，也努力希望发挥破产法特有的保障债权人公平受偿、完善优胜劣汰的竞争机制、优化社会资源配置等方面的积极作用。坦率地说，我国破产法的作用还没有真正发挥出来，甚至破产法的研究尚没有为法学界所足够重视，破产制度的价值长期没有为企业界与政府全面认识。

可喜的是，自本轮中国经济出现重大调整的关键时期，政府与企业界开始关注市场退出机制的重要作用，加上人民法院面临着案件执行方面的压力，也着力推动破产法的实施。因此，在正在得到广泛实施的背景下，我们可以开始讨论我国破产法的未来发展问题。

海德格尔说过，走某条路，但不是随便哪一条路。我国破产法的未来发展道路也有选择的问题。不过，这个问题说来话长，以后有机会再作细致的论证。现在有几个逻辑前提是否可以予以确认。一是破产法的发展是一个整体性的概念，需要与社会经济、政治和文化发展相适应，包括制度变迁、精神转换、体系重构等在内的法律进步或变革。二是要明确破产法的发展也是一项目的性的事业，受世界观、价值观、发展观等的影响。例如，创新、协调、绿色、开放、共享的“五大发展”理念是否对于破产法治发展起到指导作用。破产法的发展是否符合现代社会法治发展高度重视经济社会的发展，体现可持续发展的要求，充分重视人权保障、环境保护和社会保障等领域的观念与制度变革的需求。三是充分认识破产法治理念的指引价值。法律发展在本质上是社会发展的反映，随着人类社会进步性变化而发展。破产法治的发展包括制度文明与观念文明两个层次。社会主体对于破产法治蕴含的价值立场是法律文明有效发展的必要途径。破产法治的确立与以理性化为核心的破产法律知识化过程密不可分，破产法律经由知识化的过程进而落实为一种价值观、方法论，引导主体追求和建设一种新的包含破产文化的法律文明。

我国《企业破产法》与其他诸多法律一样，在第 1 条就开宗明义地宣示立法目的是规范企业破产程序，公平清理债权债务，保护债权人和债务人的合法权益，维护社会主义市场经济秩序。实际上也就宣示了破产法的价值观。以市场经济维护为己任，以发挥优胜劣汰的竞争机制为目标，以确认市场经济的资源配置功能为目的，以公平维护债权人与债务人的关系、公平对待债权人之间、债权人与债务人之间利益为手段，以公平清理债权债务为基本目标规范企业破产程序。结合我国破产法的理念与未来社会发展，以下十个方面的问题或许是破产法发展值得关注的内容：

一是承认破产法是经济社会，特别是市场经济社会的基本法律制度，更努力地推动破产法融入债权债务关系制度体系整体。依照该逻辑，只要存在债权债务关系的情形，不分主体、不分债权债务关系形成的原因、不分债权债务关系的内容，只要是涉及财产给付内容的债权债务关系，都需要破产法按照一定的方式发挥作用。也就是说，在债权债务关系法律构建中，需要明确在出现需要采取特殊的公平清理债权债务的情形下，将受到破产程序的约束。常态的债权债务关系与异常情形下的债权债务关系将构成债权债务关系法律制度的两个层面。由于债权债务关系的变动性、债权债务关系结果的不确定性，几乎各类涉及财产的债权债务关系都需要构建再出现异常情形下的处理规则。

二是破产法作为现代法治文明的重要内容，确认人的主体独立性的存在，将因为债务所形成的约束与债务人作为人格的独立的存在与保障加以区别。破产免责才是破产法作为现代法治文明的基础性制度。对于“诚实而不幸的债务人”的债务问题的处理，是现代法治必须解决的重要问题。尽管现代社会商事主体的主要形态越来越向公司化方向发展，但我们不得不承认，在公司制度产生之前，破产法实际上已经产生并开始有效发挥作用。所以，非组织意义上的人适用破产程序具有历史的正当性。因多种因素的限制，我国在 2006 年《企业破产法》中没有规定自然人的破产，必然在不远的将来需要重新构建。

三是政府成为负债主体的问题，将成为未来破产法关注的重点问题。全球多个国家出现的货币危机不断提醒人们，不仅政府管理机构已经成为负债主体，发行货币的主权当局实际上是世界上最重要的债务主体。对于货币发行者信用的约束不仅需要国际融资市场提供规则，也需要比较系统的破产制度提供安排。

四是结合经济生活的发展与民法典的编纂，明确新市场主体的破产法适用问题。无论是民法总则中特别法人，或者是信托法有关信托财产独立性的制度设计，或者是金融市场中基金等形态的发展，都需要破产法做出明确的规定。对于特别法人、信托、基金等出现不能清偿到期债务情形下缺乏制度性的设计，也将导致类似主体参与经济生活，对于由此出现的债权债务关系的规范产生严重影响。

五是提供更加丰富的重整规则。我国最高法院要把法院办成医院的说法是一个很有趣的话题。如果破产法传统上将清算作为制度设计的重点，那么在现代破产法发展过程中，以破产预防主义指导的破产重整程序就越来越得到重视。以“治疗”甚至“保健”为目标的破产制度，或许成为未来破产法更加积极发挥作用的重要指引。因此，需要提供更加明确的，能够同时指引债权人与债务人的行为、能够指引债务人的各利害关系人的规则已经成为未来破产法律发展的重点内容。例如，中国政法大学陈夏红副编审就强调未来破产法修改需要进一步完善人民法院对于重整计划强裁的标准与程序。以明确的破产规则提供当事人在商业活动发生障碍时的预期，有助于当事人发挥主观能动性，克服市场中的不确定性，抑制市场变动发生的风险。

六是特殊行业的破产制度的发展。2016 年中美破产法律交流活动中，中美双方饶有兴趣讨论的是特殊行业的破产法律制度安排问题。在破产司法实践中，不同行业本身存在的特殊性，对于破产法律规则的适用提出挑战。我国司法实践也就房地产破产与船舶行业等的破产的特殊性问题进行探索。比较特殊行业的其他法律制度安排而言，未来特殊领域是否提供一些特殊的破产法规则也值得研究。

七是需要提供更加便利的低成本的破产程序。数百年来，破产法都是一部比较昂贵的法律。破产程序中的免责制度的存在，导致破产法实施具有较大的道德风险，或许这也是我国在推进破产制度中采取谨慎态度的重要原因。由于破产程序适用的过度谦抑，直接影响了破产制度功能的实现。从某种意义上说，我国出现的过剩产能、过度杠杆原因之一就是破产制度的适用被抑制。创造更加宽松的破产程序适用条件，提供更加便利的破产制度供给，给予更低成本的破产规则应当是未来破产法的重要努力方向。

八是破产法在特殊社会经济情形下的适用问题。现行的破产法本质上是适合一般经济生活的破产法。但是，在世界各国经济与社会发展过程中，出现不少发挥破产法作用推动社会经济转型的案例。我国 20 世纪 80 年代出台的破产法尽管与市场经济条件下的一般破产制度相去甚远，但是也在推动国有企业改革过程中发挥重要作用。2015 年，中央明确要在“三去一降一补”的结构性改革中发挥破产法的作用，在缺乏破产法律文化的我国社会，提供了一个更积极地推动破产法有效推动实施的机会。

九是充分重视经济金融化对破产法的挑战。过去 30 多年来，无论是世界与中国都出现经济金融化现象。金融业在主要经济体中的比重不断上升，经济与金融相互渗透融合，成为一个整体。非银行金融的迅猛发展，融资非中介化、证券化的发展，直接金融的发展速度大大地高于间接金融。社会上的经济关系越来越表现为债权、债务关系、股权、股利关系和风险与保险关系等金融关系。经济金融化对经济、政治等都产生深刻影响，甚至增加了经济的不稳定性、投机性和风险性。金融安全与主权已成为各国国家安全与主权的重要构成部分。经济金融化对现代破产法的挑战至少表现在：其一，破产界限越来越复杂。经济金融化出现的资产形态的多样性，资产价值确定的困难，流动性问题因为金融危机或者波动使得微观市场主体更加难以招架。其二，金融行业因为存在的高度关联性，一旦出现金融风险，如何避免金融风险传递，避免系统性风险的出现需要破产法提供制度安排。预防性破产与监管性破产制度将成为未来破产法的重要内容。其三，针对金融机构与金融交易系统的破产需要全面性的制度安排。美国破产法安全港原则允许证券等金融交易例外有利于金融系统的安定性。存款保险制度等对于克服控制存款机构的信用风险也发挥了积极的作用。

十是高度应对经济全球化对破产法提出的挑战。经济全球化是当代世界经济的重要特征之一，也是世界经济发展的重要趋势，通过对外贸易、资本流动、技术转移、提供服务，商品、技术、信息、服务、货币、人员等生产要素跨国跨地区的流动，全球各经济体之间相互依存、相互联系，形成的全球范围的有机经济整体的过程。但到目前为止，各国的破产法基本是以一国经济体内部为制度构建的基本基础的。尽管国际法律组织与商业组织也十分重视跨境破产的协调问题，但是问题的复杂性与利益的冲突性，尚缺乏比较完整的解决跨境破产问题的系统性制度设计。经济全球化对与破产法的挑战至少包括以下三个方面：其一，跨境破产程序对于位于他国的财产所发生的效力，特别是对于位于他国的营业财产所发生的效力。其二，跨境破产重整程序的有效实施问题。由于各国对于重整程序的标准、重整计划、重整计划的批准、重整计划的执行等不同的考量，在出现重整程序的情形下，重整法院中的利益冲突解决方案会遭遇更大的挑战。其三，跨境破产会与国际投资、国际贸易、国际金融活动以及法律规则交织一起，使得问题更加复杂化。近年来，全球以投机性资本不再依附于产业资本和商业资本运动，活跃在全球股票、债券、外汇和黄金等市场。这些资本资往往受非经济的因素、短期投机因素、心理预期因素的影响，使得货币资本严重脱离商品生产的基础，虚拟经济的扩张速度大大超过了实体经济发展的速度。破产法将成为全球金融监管协调机制的重要组成部分发挥作用。

以上十个问题，有的已经成为现实性的问题，有的还没有充分显现出来，有的问题的形态还会发生变异。但是，我非常愿意与您进行沟通交流。

以上，让我们共同努力。

杨忠孝*

2017 年 2 月 15 日

* 法学博士，华东政法大学经济法学院教授，博士生导师。现任研究生教育院院长兼任上海破产法研究会常务副会长等。主要研究方向为破产法、公司法、金融法等。

03
业
务

致银行债权人的一封信

中国建设银行股份有限公司负责人：①

本院于 2015 年 4 月 9 日受理温州市海城建筑工程有限公司破产清算一案，随后根据温州市海城建筑工程有限公司出资人申请裁定重整，于同年 5 月 27 日召开了第一次债权人会议，已裁定确认无争议债权 191，955，652.42 元，其中已确认你行温州瓯海支行申报债权 76，727，068.93 元。

据温州市海城建筑工程有限公司（管理人）提出的重整计划草案，模拟对比破产清算和重整结果，普通债权清偿率将由 1.10% 提高到 3.27% +，而如不能通过重整计划草案，与公司主体不能分离的资质等无形资产价值将不复存在，在建工程将需要解除承包合同，还要测算已建工程量，承担已建工程质量担保，承担违约等其他责任，已竣工尚在质保期内有尾款未结清的工程将遭遇质保和结算问题，大量工程将遭遇停工待建、易主再包、前后交接、工期延误、测算结算、分段质保、工人安置、违约责任等法律责

① 根据一些银行的管理规定，豁免债务或者表决重整需要总行（或者总行资产管理委员会）同意，由于层级较多，程序烦琐，周期漫长，对企业重整影响较大。为了促使银行债权人了解情况、及时处理，本人以主审法官的名义直接致函相关银行债权人总行。该做法在行事方式上可能有一些值得商榷的方面，但在特殊情况下对于帮助银行债权人总行了解情况、妥善处理、及时推进破产案件审理上确有必要，也有一定效果。

任和社会问题，也将更多地损害债权人的权益。

根据《企业破产法》的规定，上述重整计划草案经债权人会议分组表决，其他组别均已表决通过，包括你行在内的普通债权人组经表决，出席会议的92.19% 债权人已同意重整计划草案，但所代表的债权额未达该组债权总额的三分之二以上。根据你行内部管理规定，豁免债务、同意重整计划草案需经你行（资产管理委员会）审批，你行温州瓯海支行已向本院申请延期提交表决意见，本院已同意给予适当宽限。为此，特将上述情况告知你行，请你行及时审查，权衡利弊，妥善处理，支持破产重整审判工作。

此致

叶建平 *

* 温州市人大常委会法工委办公室主任，香港城市大学在读法学博士研究生，温州大学法政学院兼职教授，上海海事大学法律硕士专业研究生指导老师。

强制清算的制度设计与目标价值

杨老师：

您好！

许久没有聆听您的精彩授课了，近期有个专题研讨，届时定请您前来指导。我们最近有个关于强制清算与破产清算的问题引起热议，个人有一些想法，请您拨冗一阅。

案情大概为：H 公司于 2006 年 2 月被吊销营业执照，未自行清算，公司账册和人员下落不明。H 公司有两名股东，大股东 H 集团也已被吊销营业执照，小股东永通公司未实际参与公司经营，无法提供相关账册资料。H 公司涉及多起债务案件，均因无财产可供执行而被法院裁定中止执行。2011 年，Z 公司从某银行受让执行案件的债权，并以债权人身份向法院申请对 H 公司强制清算。一审法院认为，涉案债权转让未通知 H 公司，故申请人主张其系 H 公司债权人的依据不足。另申请人不能证明 H 公司资能抵债，且 H 公司目前处于“三无”状态，不具备正常清算的条件，遂裁定对强制清算申请不予受理。Z 公司不服提出上诉，并提交了登报刊载的债权转让暨债务催收公告，证明其符合申请人资格。二审法院认为，Z 公司作为 H 公司的债权人，在 H 公司逾期不成立清算组进行清算的情形下，可以向法院提出强制清算申请。

但考虑到H公司曾涉及的多起案件中均因无财产可供执行而被裁定中止执行，公司大股东也已被吊销营业执照而处于未清算状态，小股东又未掌握公司任何资料等情形，即便法院受理强制清算申请，最终结果也将是因无法清算而终结清算程序。故裁定驳回上诉，维持原裁定。

对这个案件的处理结论，有赞成和反对两种看法。争论的焦点是，债务人企业同时存在强制清算启动事由和法定破产原因的，究竟应当适用强制清算程序还是破产清算程序？赞成者认为，H公司在多个案件中经法院强制执行都无法清偿债务，已符合《企业破产法》规定的破产原因，法院如果在清算申请的审查阶段就已发现甲公司存在破产原因的，应告知申请人按破产程序解决，对强制清算申请不予受理。反对者认为，虽然《企业破产法》规定不能清偿到期债务且明显缺乏清偿能力系债务人的破产原因，但在公司解散且未清算，而且破产原因与强制清算事由竞合的情形下，债权人对申请债务人破产清算还是强制清算有自主选择权。只要债权人申请符合启动强制清算的法律规定，法院就应当受理。

我对这个问题的看法是，从清算申请符合法律规定的要件以及尊重当事人诉权选择的角度出发，法院没有理由拒绝受理债权人的强制清算申请。关于这一点，《人民法院报》上曾有最高法院法官撰文讲过相同的观点，不记得是哪一期了，也曾见过有地方法院出台过相同观点的意见。但是，我认为对属于案件中情形的债务人企业，两相比较还是直接适用破产清算程序更符合公司法和破产法的精神。我是这样考虑的：

第一，制度设计及其目标价值，决定了竞合情形下适用破产程序的应然性。关于强制清算的启动事由，按照《最高人民法院关于适用〈中华人民共和国公司法〉若干问题的规定（二）》（以下简称《公司法司法解释（二）》）第7条规定的逾期不自行清算、故意拖延清算以及违法清算三项事由，均非建立在公司资债比例关系或债务人清偿能力基础之上。换言之，强制清算实际上适用于“资大于债”情况下的解散清算，其制度价值主要在于打破公司清算僵局或清算违法状态，及时有效地了结处理公司各种内外关系。强制清算的目标既要使债权人的债权获得清偿，也要使股东利益得到维护。破产清算制度则是在企业资不抵债或对外丧失偿债能力时，依法强制对其全部财产进行清理，概括清偿所有债务的司法程序。破产清算程序的法律价值侧重于通过一定的程序保障全体债权人能够得到公平分配。为此，破产法律制度的设计显然有别于实体法、程序法有关债务清偿的一般性规定，也有别于公司法规定的清算制度。如果仅出于对债权人诉权选择的尊重，认为既然两种清算事由竞合，就如同合同法上债权人可自由选择违约责任请求权或侵权责任请求权一样，可以选择强制清算，那么破产清算制度的价值就无法真正得以体现。

再从现行法律规定来分析。首先，根据《企业破产法》第 2 条的规定，符合破产原因的债务人“依照本法规定清理债务”，这是法院应当适用破产清算程序对这类债务人进行清算的最基本规定。其次，《企业破产法》第 7 条第 3 款规定：“企业法人已解散但未清算或者未清算完毕，资产不足以清偿债务的，依法负有清算责任的人应当向人民法院申请破产清算。”《公司法》第 187 条规定：“清算组在清算公司财产、编制资产负债表和财产清单后，发现公司财产不足清偿债务的，应当依法向人民法院申请宣告破产……”这其实是对清算义务人（如债务人的出资人）和清算人（自行清算或强制清算的清算组）强制性要求其提出破产申请。《最高人民法院关于债权人对人员下落不明或者财产状况不清的债务人申请破产清算案件如何处理的批复》则进一步明确法院应当受理债权人对已解散但未清算的“三无”企业破产清算申请。

根据我国破产法和公司法的上述规定，至少说明以下三点：首先，破产清算程序不是为了维护个别债权人利益而设定的法律制度，破产法在维护社会经济秩序方面的独特作用，意味着它具有经济法的性质，相比于公司法等民商法律更富有强制干预性。其次，清算申请权虽属于私权利，但基于清算程序的特殊性，其相较于起诉权的自由度，受制于法律规定的程度较大。如果申请人对符合破产原因的企业提出清算申请，法院对清算程序的适用，可以依法不直接取决于申请人对清算程序的选择。最后，法律关于强制清算可以向破产清算转换的规定，形式上意味着债务人可以先走强制清算程序、后转破产清算程序，实质上体现了强制清算程序无法涵盖和取代破产清算程序的含义。对此，后面再作分析。因此，不论债务人企业是否处于“三无”状态，只要符合破产原因的，通过破产程序退出市场是法律规定的应然选择。

第二，竞合情形下适用破产清算程序的优势考量。与适用强制清算相比，对于符合破产原因的已解散且未清算企业进行破产清算，具有程序上的优势：

一是更符合概括清偿原则。强制清算程序对于强制执行不具有对抗和吸收的效力，因此无法更公平地对债权人进行清偿。相反，在保全和追回债务人财产方面，破产法具有其他法律所不具有的特殊保护作用，从而可以避免债务人财产在程序转换前的不当减损。

二是更符合清算效率与经济原则。尽管司法实践中存在强制清算向破产清算转换的途径，但如果在强制清算案件受理审查阶段就已发现公司存在破产原因，仍然先受理强制清算、再转为破产清算的话，必然会存在程序衔接环节对清算效率会带来一定影响。由于两种清算程序分别依据不同的法律，法律适用上的差异可能导致清算成本的提高和司法资源的重复占用。

三是不必担心当事人协商清偿机制的实施。《公司法司法解释（二）》规定，当清算中的公司资不抵债时，可以通过协商机制达成债务清偿方案，从而避免转入破产清算程序。这一做法虽可以减少程序运行周期和清算成本，但并非强制清算程序所独有。《企业破产法》在破产清算程序之外还规定了和解程序，法院受理破产申请后，债务人与全体债权人可以就债权债务的处理自行和解达成协议，并请求法院裁定认可并终结破产程序。因此，法院受理破产清算申请后，并不影响债务人与债权人协商达成债务清偿方案，同时又可避免公司清算程序中协商清偿失败而向破产清算转换的程序衔接烦琐。

第三，关于是否影响“三无”企业债权人“后续追责”的问题。实践中，债权人更多地愿意选择对符合破产原因的“三无”企业申请强制清算而非破产清算，其目的是在法院认定公司无法清算后可以进一步追究债务人的股东、董事、实际控制人等清算义务人的债务偿还责任。对此问题，《最高人民法院关于审理公司强制清算案件工作座谈会纪要》第 29 条规定得比较详细，而《企业破产法》并无具体规定。事实上，“三无”企业因无法清算而终结破产程序时，债权人同样可以依法追究清算义务人的相应民事责任。《最高人民法院关于债权人对人员下落不明或者财产状况不清的债务人申请破产清算案件如何处理的批复》规定，债务人的有关人员不履行法定义务，人民法院可依据有关法律规定追究其相应法律责任；其行为导致无法清算或者造成损失，有关权利人起诉请求其承担相应民事责任的，人民法院应依法予以支持。因此，对出现破产原因的“三无”企业依法进行破产清算后，如因债务人的清算义务人怠于履行清算义务而导致无法清算造成债务人损失的，并不影响债权人选择破产清算程序而在后续诉讼中依法追究清算义务人的责任。

基于以上分析，我的基本结论是：当“患病企业”尤其是“植物人企业”的强制清算和破产清算启动事由竞合时，应当就其病原对症下药，该抢救的“抢救”，该善后的“善后”，而不是一门诊、二住院、三手术这样按部就班地看慢郎中。这是遵循立法本意和法律价值的应然选择，也是实现清算公正与效率的良性选择。

实践中，对于债权人申请该类企业强制清算的，法院应当向债权人释明，告知其转为申请破产。但如果债权人坚持强制清算申请的，本着“治病救人”的原则（包括对债权人的救济），可以探索建立法院受理审查强制清算阶段直接启动破产清算程序的转换途径。考虑到我国对破产程序的启动未采取职权主义，因此建议立法机关今后在修改破产法和公司法时作出规定，对符合破产原因并经强制执行仍不能清偿债务的企业，申请人提出清算申请的，应当适用破产清算程序。最高人民法院亦可通过对《企业破产法》第 2 条、第 7 条第 3 款以及《公司法》第 183 条、第 187 条进行司法解释，对这一问题予以明确。

以上浅见，请您批评指正。

祝夏安！

俞 巍 *

2014 年 8 月 20 日

* 上海市高级人民法院民二庭副庭长、审判员，三级高级法官，兼任上海市法学会经济法研究会、商法研究会和破产法研究会常务理事，上海交通大学凯原法学院破产保护法研究中心副主任。

民营非上市公司重整部分疑难问题的克服

夏红博士：

展信佳！

继上次在京共同观摩周放生副会长、李涓导演牵头拍摄的《绝境求生》以来，已有较长时间未能够一起探讨相关问题。上次的研讨颇有收获，再次表示谢意。

《绝境求生》纪录片取材于我们团队在 2011~2012 年间承办的地处国家核基地的一家上市公司——中核钛白的重整项目，其重整过程虽然较为复杂，但中核钛白作为一家上市公司，其“壳”资源的存在体现了独特的重整价值。近年来，我们团队，甚至是整个破产实务界承办的上市公司重整案件较少。而由于融资渠道受限制、宏观经济整体下行等因素的影响，实践中非上市公司重整案件逐渐增多，但由于这些公司并不具有“壳”资源这一潜在价值，其重整案件的承办尤为复杂。近年来，我们团队主要承办了深圳市水指实业发展有限公司重整案、深圳市鹏桑普太阳能股份有限公司重整案、迅宝环保股份有限公司等迅宝系三公司重整案、福建安溪铁观音集团股份有限公司重整案等案件，虽然都最终取得了成功，但其中仍然体现了诸多的不易。现把这些经历写出来，希望对您的相关研究略有帮助！

就以福建安溪铁观音集团股份有限公司重整案为例吧。安溪铁观音集团于2007年12月成立后，全资收购了福建省安溪茶厂有限公司，铁观音集团成立之后即以上市为目标，并于2012年6月进行IPO预披露，但由于国家政策变化等原因，2013年年初铁观音集团终止上市计划。铁观音集团在品牌建设及上市过程中投入了大量资金，在终止上市计划后又受到国家宏观经济下行、消费环境变化和市场调整等不利因素影响，公司资金周转陷入困境。特别是由于铁观音集团为关联方提供担保，而主债务人陷入困境等原因，公司的经营状况进一步恶化。铁观音集团收购的安溪茶厂是我国历史最悠久的三家国营茶厂之一，成立于1952年。铁观音集团收购安溪茶厂的过程实际上是我国国企改革的一个步骤，这一点与中核钛白重整案有着一定的类似之处。但与中核钛白不同，铁观音集团与安溪茶厂被适用重整程序时的主要原因并不是经营问题，而是由于为关联方提供担保所致。这实际上体现了民营企业在实践中融资难的问题。

考虑到为关联方提供担保而负债的情况，铁观音集团已经严重资不抵债，但“安溪铁观音集团”这一著名的商号与“安溪铁观音”这一地理标志商标紧密关联，具有巨大的潜在价值，如果对公司适用破产清算程序，这一著名的商号无法变现，将造成巨大的财产浪费。实际上，这一著名的商号价值与上市公司所独特的“壳”资源价值有一定的相似之处。同时，铁观音集团自身的实物资产极少，其经营的产品涉及的“凤山”这一驰名商标也是由子公司安溪茶厂所持有，在此情况下，就需要同时考虑子公司的重整价值问题。

正是由于绝大部分财产由安溪茶厂享有，在分别重整的情况下，两家公司的普通债权清偿率将存在较大差异。部分债权人从自身清偿率提高的角度提出，应当将两家公司合并重整。但我们研究认为，是否合并重整，实际上是一个法律问题，也就是说，要从法律上论证两家公司是否符合合并的条件。我们综合分析后发现，铁观音集团与安溪茶厂的主要经营性财产能够进行区分，生产经营独立进行并有不同的对外交易渠道，建立了各自独立的会计核算体系和账册，银行账户和资金可以独立使用和管理，资产及债权债务能够分别独立核算，虽然由于此前两家公司财务记载不甚规范等原因，在某种程度上影响了两家公司部分财产的独立性，但经管理人及管理人聘请的审计机构的核查，两家机构的财产仍然能够区分，并已作区分，且由评估机构出具了初步的评估结论。因此，不存在高度的人格混同情形，对两家公司不宜适用实体合并规则进行合并重整。最终分别在各自的重整程序中开展工作。

在研究和论证两家公司是否合并重整的同时，重整工作的一个重要事项即为重组方的遴选工作。从我们以往的案例来看，如果能够引进有实力的重组方，将对整个重整案件的成功起着事半功倍之效。例如，《绝境求生》纪录片中对中核钛白重整过程中引进的安徽金星钛白（集团）有限公司给予高度评价。因此，在铁观音集团重整案件启动的同时，受理法院以及安溪县委和县政府即对该项工作给予高度重视。在遴选过程中，有十余家机构表达了参与重组的意向，经我们逐级筛选，最后确定了实力雄厚的和君集团有限公司作为重组方。而在遴选过程中，我们一直进行研究和论证的问题在于，是引进同行业的茶企，还是基金管理公司为代表的茶企之外的机构？我们综合研究后认为，铁观音集团被裁定重整的主要原因不在于经营层面，恰恰相反，需要茶企之外的机构从总体上提高经营理念。而且，基金管理公司给出的条件也最为优惠，故最终确定了和君集团作为重组方，这一点与中核钛白重整案存在较大的差异。和君集团将以增资形式提供不低于 2.2 亿元，这保障了重整中涉及的各类利害关系人权益的最大化。

解决了重组方遴选这一关键问题之后，重整计划草案也就呼之欲出了。在制定重整计划草案的过程中重点关注的事项是，如何平衡各类债权人利益的问题。从负债的角度来看，适用重整程序的困境企业的债权人主要包括两大类：一类是借贷或担保类债权人，另一类是供货商类债权人。铁观音集团与安溪茶厂也不例外，前者金额较大，但人数较少，后者则相反。我们综合考虑到，前者绝大部分已由关联方提供财产担保，即使受偿率比较低，仍然可以通过其他途径实现权利，而后者主要是茶农、小微型包装、运输类企业，其债权并无其他担保，而且抗风险能力较弱。综合考虑后，重整计划草案对于各位债权人在一定金额之下的债权的清偿率给予提高，从而兼顾了各类债权人的利益，在此基础上，重整计划草案获得各债权组的高票通过。

总体上来看，铁观音集团重整案与安溪茶厂重整案是非常有意义的项目。安溪茶厂前期通过国企改制，由民营企业收购，但在经营过程中融资能力受限，不得不通过对外担保、民间高息借贷等方式实现融资，但这无异于饮鸩止渴。因此，安溪茶厂改制及后来的重整成功反映出的一个问题是：国企改制后的民营企业如何才能实现更好的发展？想必，这在您的研究中颇有涉猎。目前，铁观音集团与安溪茶厂的重整计划执行顺利，债权人已获得了首笔清偿款，经营所需的资金也已顺利到位。我们也诚挚地邀请您春节后能够在百忙之中抽出时间来安溪调研。

就此搁笔，祝工作顺利！

李成文 *

2017 年 1 月 15 日于福建省安溪县

* 中国政法大学法律硕士，南京师范大学民商法学博士研究生，现为北京市中伦律师事务所合伙人，主要业务领域为上市公司重整、非上市公司重整与清算、证券公司风险处置等。

从集中受理、合并审理到实质合并重整

夏红兄：

承蒙美意，有幸并怀忐忑之心，围绕上次交流的破产重整案件办理情况，稍作整理与大家交流。因为重整框架复杂，沿用规范尚不具体，一些事情的处理难免疏漏，期待大家提供更好的意见改进我们的工作，供同行引以为鉴，将来把破事办得更好。

时间一晃 2 年，一切还历历在目。当时临近春节，我们受理了一个房地产企业重整案件，涉及债权人 500 多人，申报债权金额 10 余亿元。债务人四家关联公司以不能清偿到期债务且明显丧失清偿能力为由申请重整，法院受理后其实际控制的另外 3 家外地关联公司，由于投资庞大缺乏资金注入，陷入歇业状态不能够偿还到期债务，债务人及管理人亦向法院书面申请要求将其纳入合并重整，以公平清偿债务。

相关财务专业人员初审公司财务后，认为几个公司具备高度关联性，为提高重整效率，降低重整成本，债务人、管理人提出合并重整请求，该方案得到债权人会议同意，我院向省法院报告后，裁定受理关联公司重整申请合并进行审理。

本案债务人主营业务所涉房地产行业整体下行，银行及小贷机构限制新贷并收回旧贷，企业运行困难转向民间融资经营，高额利息使公司财务状况进一步恶化，公司不能够清偿到期债务，涉及多起诉讼执行案件，账户被多家法院查封，债务人因此向人民法院申请破产重整。

我院依法作出受理裁定后，制定审理和处突预案，及时控制公司财产，拟定审理方案，细化时间表和路线图。随后通过摇号随机方式依法选定管理人，管理人迅速完成团队组建后进驻公司接管财产、账簿等资料，开展债权债务清理。年关之际，法院和政府相关部门、管理人大力协作，奔波一个月时间组织2000余万元资金，支付在建项目上千名农民工工资，控制事态蔓延，春节期间各方加班加点，确保案件在法定程序内稳妥运行，确保社会面平稳有序。

为加快推进案件审理，我们尝试以听证方式对重整案件审理的重大问题公开听取各方意见。2015年3月我院召开债权人预备会议，就债务人重整可行性报告、自行营业、关联企业合并重整等问题听取主要债权人意见。2015年5月分别召开了2个板块的债权人会议，依法成立了债权人委员会，形成重大问题决策机制。对关联债务处理、撤销权等一些复杂问题，听取了温州市中级人民法院、内江市中级人民法院、西南政法大学等实务专家和学者的意见、建议，确保案件质量经得起法律和时间的检验，竭力实现法律效果和社会效果的统一。

法院在审理中督促管理人、债务人、债委会依法履职，按照公开透明、轻重缓急的原则，紧紧围绕公司财务审计、资产评估、债权债务确认、重整计划草案的编制与谈判等展开各项工作。组织召开会议数十次，破解各方争议，加快推进案件的审理。

2015年8~11月各方围绕重整经营方式、债权清偿方式等争议焦点展开充分谈判， 2016年5月经过不断调整重整计划，所有组别表决通过，法院裁定批准了重整计划。

各方对合并重整方案进行了反复研究，形成了如下共识：按照破产法一般管辖原则，企业重整应当按照公司住所地确定管辖法院，但是关联企业合并重整法律并无明确和限制性规定，在企业存在高度关联情况下，应当考虑重整效率、成本、市场机会、控制方和主要财产所在地，以及司法实务的成功做法、破产法司法实务导向等综合因素。如果在公司存在人格混同情况下坚持属地原则分别破产，可能使从属关联企业债权人利益被控制方通过资产转让、投资行为等损害并影响到破产法公平价值的实现；同时 2 个板块共 7 家关联投资关系和债权债务互连互保情况复杂且数额巨大，资产和债务混同程度较高，分别重整增加了界定关联企业独立财产和债权债务的难度，进一步破坏破产法的效率和公平偿债的价值；通过关联企业合并重整可以有效防止虚假破产和破产欺诈，最大范围内控制所有关联企业财产，并通过对相关债务关系的调整，减少重整成本，提供重整效率，使重整关联企业经济价值最大化，从根本上保障重整目的实现。

本案实际控制人通过对母公司股权持有实现了对 2 个板块公司高达 95% 的股权控制，母公司作为控制方和主要财产所在地对其他公司具有绝对控制地位。在财务审计和资产评估中，相关专业人员亦认为公司具备高度关联性，应当进行合并重整，故债务人和管理人关于合并重整的主张符合重整目的，揭示了关联企业法律地位和债权人信息不对称的本质，从关联企业经济一体化的外观趋势考察，合并重整有利于实现公平和效率的双重价值，减少单独重整造成两个板块的震荡，关联企业所有债权受偿更加公平，减少关联公司债权人受偿比例不同的冲突，增加重整计划草案获得通过的可能性，且使七家公司互连互保债权债务关系的厘清更加高效简洁，故本院对案涉七家公司裁定合并重整。

在实体合并中，不同实体的财产和债务在破产程序中被作为一个破产案件实施合并，从而当作一个破产债务人对待，这些被合并的财产组成一项单独的破产财产，所有对合并债务人享有的债权将从这笔破产财产中获得分配。被合并债务人之间的互负债务将归于消灭，大幅度提高了重整效率，减少程序消耗，一切行动以财产控制、恢复营业、及时公平清偿为目标。

但是，我们也非常清楚由此带来的缺陷：对公司法人人格独立性的冲击，而且不同的债务人一般有不同的资产与负债比率，实体合并可能会侵害债权人的权利，与他们从本身债务人账面资产所得到的清偿率并不相符。李永军等学者对此种实践持批评态度，认为对企业集团的合并重整，违背了法人独立责任原则，是对债权人权利的损害，缺乏实体法依据和程序法依据的合并重整不应在司法实践中推广。否认公司法人人格应当经过独立的民事诉讼程序予以解决。

回顾走过的路，我们认为是正确的，从集中受理、合并审理到实质合并重整，一步一步坚实前进，我们坚持对公司关联性证据严格把握，充分听取债权人意见，实质合并重整审理方案，经营、偿债等方案不断优化完善。今年春节前，第一期债务偿还顺利进行，整体情况平稳，对 2 年来的付出稍感欣慰，我也祝愿企业重整成功。

近期我院又受理了 3 家关联公司破产重整，债务规模庞大，涉及包括域外公司在内共 33 家不同控制程度状态的企业，究竟如何组建重整框架，正在加紧组织论证，我们期待关于合并重整的司法解释早日出台，以解决应用层面的燃眉之急。

事实上就这个话题，还可以展开探讨的还有跨区域的管辖问题、申请人的条件、关联条件的把握、管理人及其薪酬的确定等。另外涉及个别清偿的处理也比较棘手，民营企业通过民间借贷短期拆借，部分用于生产经营，部分用于偿还旧债，是否应当仅仅按照受理前 6 个月内清偿的期限来作为撤销唯一标准，应否参考清偿的主观状态、时间限制、对象区分等。域外法的规定有什么借鉴价值？这个话题我也思考很久，以后有机会咱们再好好聊吧，期待你的工作带给更多同行关注，听到更多不同的声音。

祝安好！多联系！

愚弟：方　龙 *

2017 年 2 月 15 日

* 西南政法大学法律硕士，四川省广安市中级人民法院民二庭副庭长，广安市第四届、第五届政协委员。

关于惩罚性债权不列入普通破产债权的说明函

北京市第 × 中级人民法院：

我们是北京 ×× 房地产开发有限公司（以下简称 ×× 公司）的破产管理人。有关 ×× 公司破产清算案件，目前已进入破产重整程序中。然而，部分债权人提出，应将经法院判决认定的由 ×× 公司承担已付购房款一倍的赔偿责任列入普通破产债权，管理人未予采纳。这些债权人因此提起普通破产债权确认之诉。我们经研究认为，债权人主张的该等赔偿责任属于惩罚性债权，根据《企业破产法》《最高人民法院关于审理企业破产案件若干问题的规定》及《北京市高级人民法院企业破产案件审理规程》等相关法律法规、司法解释的相关规定，惩罚性债权为劣后债权，不应列入普通破产债权。否则必然降低普通债权的清偿比例，导致对破产人的惩罚转嫁于其他债权人，其实际效果是惩罚了其他普通债权人而不是债务人。这不仅违反了法律法规，也与国内外的司法实践不符，给其他债权人造成不公。详细理由如下：

一、债权人主张的 ×× 公司应承担的一倍购房款赔偿责任属于惩罚性债权，不应列入普通破产债权

1. 根据司法解释及指导性案例确立的定义，×× 公司应承担

的一倍购房款赔偿责任属于惩罚性债权。

××公司在未取得商品房预售许可证的情况下，与购房者订立商品房买卖合同，继而导致债权人向其主张解除合同、返还购房款及利息，并承担多支付一倍购房款的赔偿责任，人民法院依据法释〔2003〕7号《最高人民法院关于审理商品房买卖合同纠纷案件适用法律若干问题的解释》（以下简称《解释》）第9条[①]的规定支持了债权人的诉讼请求。××公司承担的一倍购房款的赔偿责任显然已超出了债权人的实际经济损失，该部分赔偿是对其违法行为的惩罚，而并非弥补债权人的损失。

《最高人民法院关于审理商品房买卖合同纠纷案件司法解释的理解与适用》[②]中阐明，对商品房买卖合同中的出卖人恶意违约和欺诈的行为，可根据《合同法》第113条和《消费者权益保护法》所确立的惩罚性赔偿原则精神，有条件地适用惩罚性赔偿。为此，《解释》第8条[③]、第9条明确规定了五种适用惩罚性赔偿责任的情形，其中出卖人订立商品房买卖合同时，故意隐瞒没有取得商品房预售许可证的事实即是属于《解释》第9条中适用惩罚性赔偿的情形之一。

① 《最高人民法院关于审理商品房买卖合同纠纷案件适用法律若干问题的解释》第9条规定：出卖人订立商品房买卖合同时，具有下列情形之一，导致合同无效或者被撤销、解除的，买受人可以请求返还已付购房款及利息、赔偿损失，并可以请求出卖人承担不超过已付购房款一倍的赔偿责任：（一）故意隐瞒没有取得商品房预售许可证明的事实或者提供虚假商品房预售许可证明；（二）故意隐瞒所售房屋已经抵押的事实；（三）故意隐瞒所售房屋已经出卖给第三人或者为拆迁补偿安置房屋的事实。

② 最高人民法院民事审判第一庭：《最高人民法院关于审理商品房买卖合同纠纷案件司法解释的理解与适用》，人民法院出版社2003年版，第114页。

③ 《最高人民法院关于审理商品房买卖合同纠纷案件适用法律若干问题的解释》第8条规定：具有下列情形之一的，导致商品房买卖合同目的不能实现的，无法取得房屋的买受人可以请求解除合同、返还已付购房款及利息、赔偿损失，并可以请求出卖人承担不超过已付购房款一倍的赔偿责任：（一）商品房买卖合同订立后，出卖人未告知买受人又将该房屋抵押给第三人；（二）商品房买卖合同订立后，出卖人又将该房屋出卖给第三人。

根据最高人民法院 2015 年 12 月 4 日发布合同纠纷典型案例[①]，其中第七号典型案例系适用《解释》第 9 条的规则判定返还双倍购房款的案例。最高人民法院在案例典型意义中明确指出："本案是涉及商品房买卖合同中因出卖方故意隐瞒所售房屋已经出卖给第三人的事实，导致合同无效或者被撤销、解除的惩罚性赔偿条款适用的典型案件。"

本案中的故意隐瞒没有取得商品房预售许可证的情形，与指导案例第七号中出卖方故意隐瞒所售房屋已经出卖给第三人的情形，同属于《解释》第 9 条的规则判定返还双倍购房款的情形，故该案对本案亦具有指导作用。

综上，根据最高人民法院对司法解释及典型案例的释义，实践中，故意隐瞒没有取得商品房预售许可证导致合同无效或者被撤销、解除而适用的赔偿条款属于惩罚性赔偿条款。××公司因未取得商品房预售许可证而导致合同无效、被撤销、被解除，其承担的一倍购房款赔偿责任应属于惩罚性债权。

2. 根据法律规定、域外经验和学术研究成果，惩罚性债权不应列入普通破产债权。

（1）我国相关法律法规及司法解释明确规定，惩罚性债权不应列入普通破产债权。

法释〔2002〕23 号《最高人民法院关于审理企业破产案件若干问题的规定》第 55 条第 5 项规定，清算组解除合同，对方当事人依法或者依照合同约定产生的对债务人可以用货币计算的债权属于破产债权。以上债权以实际损失为计算原则。违约金不作为破产债权，定金不再适用定金罚则。

《最高人民法院关于审理企业破产案件若干问题的规定》第 61 条第 1 款第 1 项规定，行政、司法机关对破产企业的罚款、罚金以及其他有关费用不属于破产债权。

---

① 《最高人民法院 12 月 4 日发布合同纠纷典型案例》，载法院网：http://www.court.gov.cn/zixun-xiangqing-16210.html，最后访问日期：2017 年 2 月 10 日。

《最高人民法院关于破产法司法解释的理解与适用》[①] 中明确指出，行政、司法机关对破产企业的罚款、罚金以及其他有关费用属于惩罚性债权，司法解释将此类惩罚性债权解释为不属于破产债权的除外债权，显然是为了减少对有限的破产财产的瓜分。最高人民法院将此类惩罚性债权不列入普通破产债权，就是为了平衡各债权人的权利，保障普通债权的受偿，使破产程序能够顺利推进从而更大程度的保护债权人的利益。

根据《北京市高级人民法院企业破产案件审理规程》第160条的规定："管理人或者债务人因债务人进入破产程序而解除合同的，对方当事人以因合同解除所产生的损害赔偿请求权申报债权。损害赔偿额的计算以实际损失为原则，不能以合同约定的违约金申报债权"，即北京市高级人民法院的审理规程也明确了破产债权应当以损失额为限而不应当包括惩罚性赔偿。

综上，虽然最高人民法院和北京市高级人民法院的上述规定并未包含本案中的惩罚性赔偿责任情形，但均明确了惩罚性债权不应列为普通债权的原则，本案应当适用。

（2）惩罚性债权不列入普通破产债权在其他国家已是司法惯例。

基于公平保护大多数债权人利益的理由，各国法律均不把惩罚性债权列入普通破产债权，而是把其作为劣后债权处理。

首先，《美国法典》第11编第7章规定了美国破产法清算制度。第

① 最高人民法院民事审判第二庭：《最高人民法院关于破产法司法解释的理解与适用》，人民法院出版社2002年版，第140页。惩罚性质的债权，即行政、司法机关对破产企业的罚款、罚金以及其他有关费用，人民法院受理破产案件后债务人未支付应付款项的滞纳金，包括债务人未执行生效法律文书应当加倍支付的迟延利息和劳动保险金的滞纳金。有的国家的破产法将该种债权规定为劣后债权，即在清偿顺序上劣后于普通债权的债权，但仍然属于破产债权，在破产财产清偿普通债权后有剩余的，可以清偿劣后债权。司法解释将惩罚性债权解释为不属于破产债权的除外债权，显然是为了减少对有限的破产财产的瓜分，但这并不妨碍未来修改我国破产法时将该种债权另外定性。

7 章[①] 及相关判例均将惩罚债权作为劣后于普通无担保债权的债权。[②]

其次，日本《破产法》第 99 条规定，在破产程序开始后对于利息的请求权、损害赔偿或违约金的请求权等劣后于其他的破产债权清偿。[③]

最后，德国《支付不能法》第 39 条亦规定：下列债权按所列顺序后于支付不能债权人的其他债权受偿，在顺位相同时，按其数额比例受偿：①支付不能债权人自支付不能程序开始时起继续发生的利息；②个别债权人因参加程序而发生的费用；③罚金、罚款、秩序罚和执行罚以及使行为人负有支付金钱义务的犯罪行为或违反秩序行为而引起的此类从属效果；④以债务人的无偿给付为内容的债权；⑤以返还替代资本的股东借贷为内容的债权或具有相同地位的债权。[④]

（3）惩罚性债权不列入普通破产债权，是破产法学界的共识。

北京大学的许德风教授认为，债务人开始破产程序，如果赋予惩罚性债权以普通债权的清偿顺位，实际效果可能是惩罚了其他普通债权人而不是惩罚债务人。因此有必要将惩罚性债权受偿顺位置于普通债权之后。[⑤]

四川师范大学的于新循教授认为，惩罚性债权如违约金、罚款、罚金等，

---

① 11 USC § 724(a)，“(a) The trustee may avoid a lien that secures a claim of a kind specified in section 726(a)(4) of this title.” 11 USC § 726（a）（4）：“(4) fourth, in payment of any allowed claim, whether secured or unsecured, for any fine, penalty, or forfeiture, or for multiple, exemplary, or punitive damages, arising before the earlier of the order for relief or the appointment of a trustee, to the extent that such fine, penalty, forfeiture, or damages are not compensation for actual pecuniary loss suffered by the holder of such claim”；

② Alan N. Resnick Bankruptcy as a Vehicle for Resolving Enterprise-Threatening Mass Tort Liability, 148 U. Pa. L. Rev. 2045 (2000), at 2087（The subordination of Punitive damage claims has occurred already in mass tort Chapter 11 cases...For example, punitive damage claims were subordinated in the A.H. Robins case.）

③ 于新循、彭旭林：《论我国破产债权例外制度——基于劣后债权的制度构建视角》，载《四川师范大学学报（社会科学版）》2015 年第 3 期。

④ 杜景林、卢谌：《德国支付不能法》，法律出版社 2002 年版，第 24 页。

⑤ 许德风：《论破产债权的顺序》载《当代法学》2013 年第 2 期。“在破产法外应充分保护惩罚性赔偿之债是毫无疑问的。不过当债务人已开始破产程序时，问题便变得复杂——若赋予惩罚性债权以普通债权的清偿顺位，实际效果可能不是‘惩罚’了债务人而是其他普通债权人。因此有必要将其受偿顺位置于普通债权之后。”

其如果与普通债权一并受偿则损害了普通债权人的利益，不应当作为普通破产债权清偿。①

昆明理工大学的郭丁铭教授认为，有些破产债权的发生涉及不当行为或者该债权的发生乃是基于不当行为，则不宜将其列入普通破产债权，因为这违反任何人不得从违法行为中获利的公平原则。有些破产债权是基于债务人的违法行为而对其作出的处罚，如果列入普通破产债权，则会以转嫁的方式损害其他无辜债权人的利益。②

惩罚性债权是为了惩罚债务人的违法行为，若赋予其普通债权的受偿地位，必然降低普通债权受偿程度，导致对债务人的惩罚转嫁于其他债权人而产生不公，甚至会出现部分债权人的债权没有得到清偿，而另一部分债权人则得到超过其损失的赔偿，明显违背《企业破产法》规定的破产债权平等原则。基于上述事实及理由，我们认为，债权人要求 ×× 公司应承担一倍已付购房款的赔偿责任应属于惩罚性债权，不应列入普通破产债权，否则将可能损害其他普通债权人的利益，与《企业破产法》的破产债权平等原则相违背。

3. 根据我国目前已有的司法实践，惩罚性债权不应列入普通破产债权。

北京市第一中级人民院在北京市西城区国家税务局诉中国华阳金融租赁有限责任公司破产债权确认纠纷一案中认为，税款滞纳金不应当作为普通债权清偿。税款滞纳金因纳税人逾期不缴纳税款形成，是对纳税人逾期缴款的惩罚。在企业正常存续的情况下，税款应当与滞纳金一并征缴；但是对于已

---

① 于新循、彭旭林：《论我国破产债权例外制度——基于劣后债权的制度构建视角》，载《四川师范大学学报（社会科学版）》第 42 卷第 3 期。"各项罚款、罚金。罚款、罚金具有惩罚性质，由国家机关或者其授权委托的机关、组织作出。当债务人破产时，如果继续支持基于破产债务人违法行为而生的罚款、罚金与普通债权一并受偿，其实际效果可能不是'惩罚'了债务人而是其他普通债权人。而若将罚款、罚金予以排除，不予受偿，又有损国家强制力的威严与法律实施的有效性。所以，将该类特殊债权规定为劣后债权比较合适。"

② 郭丁铭：《我国破产债权受偿顺序之完善》，载《昆明理工大学学报（社会科学版）》第 13 卷第 2 期。"有些破产债权的发生涉及不当行为或者该债权的发生乃是基于不当行为，则不宜将其列入普通破产债权，因为这违反任何人不得从违法行为中获利的公平原则。有些破产债权是基于债务人的违法行为而对其作出的处罚，如果将其列入普通破产债权，则会以转嫁的方式损害其他无辜债权人的利益。"

经进入破产清算程序的企业而言，民事债权难以全额受偿，法律规定将税款列为第二顺序、优于普通民事债权受偿，体现了税款债权具有一般优先权的属性，故对其优先保护，而将滞纳金不作为普通债权清偿，则更体现了法律对民事债权和交易安全的保护。

二、若将债权人主张的 ×× 公司应承担的已付购房款一倍的赔偿责任列入普通破产债权，将可能导致 ×× 公司此次重整失败

1. 承担一倍已付购房款的赔偿责任不仅将增加债务人的债务，而且将加大其他同类债权人起诉要求债务人承担一倍已付房款的赔偿责任的可能性，不利于重整程序的进行。

除已申报债权外，尚有 31 个债权人未向法院起诉要求债务人返还已付购房款及利息。若这部分债权人效仿要求将债务人应赔偿的一倍已付购房款列入普通破产债权，并得到人民法院支持，则将给 ×× 公司增加 1.7 亿元的债务，这将极大增加 ×× 公司的债务数额，不利于破产重整。

2. 增加的债务可能导致重整失败，反而不利于债权人债权的清偿。

投资人对重整公司的投资有成本控制，不可能无限度地偿还债务人的债务，如果增加的债务数额过大，可能导致投资人放弃投资，从而导致重整计划失败。若重整计划失败，则 ×× 公司的财产除清偿有担保物权的债权人的债务外，还需要优先清偿破产费用、共益债务、职工工资和保险、破产人税款，其后普通破产债权才能得到清偿，在此情况下，普通债权人可能连基本的购房款都无法返还，更不用说赔偿一倍的已付购房款。这样将导致重整参与方都陷入失利的局面，债权人的债权没有得到足额的清偿；债务人因债务过高而重整失败，不得不宣告破产；投资人丧失利用其资金投资的机会，显然这与破产重整的初衷背道而驰。

3. 惩罚性债权不列入普通破产债权将得到三赢的局面。

首先，惩罚性债权不列入普通破产债权，至少能够保证重整计划的顺利进行，债权人已付的购房款可以得到足额赔偿，其损失已经得到合理的弥补，相较于重整失败进行破产清算而导致损失根本无法得到赔偿的窘境，不将一倍已付购房款的赔偿责任列入破产债权对债权人更为有利。其次，作为投资人，

确认普通破产债权的数额控制在一定的数目，没有超过其预期，投资人也会更加愿意参与到重整的程序，投资重整企业，使企业产生更大的收益。再者，破产企业能够重整成功，重新进行营业，创造收益，这无疑对于投资人、债权人和企业自身都是最好的结果。

综上所述，我们认为，如果把惩罚性债权列入普通破产债权，既不符合法律和司法解释的规定，也与司法实践相冲突，不仅降低普通债权的受偿程度，更提升破产企业的重整难度，对债权人、债务人和投资人均有不利后果。在此，作为北京 ×× 房地产开发有限公司破产管理人，我们特此提请北京市第 × 中级人民法院，驳回债权人主张的将 ×× 公司一倍购房款赔偿责任列入普通破产债权的请求。

北京 ×× 房地产开发有限公司破产管理人 *

2017 年 2 月 13 日

* 杨征宇，国浩律师（北京）事务所高级顾问，全国五一劳动奖章获得者。曾在最高人民法院民二庭从事民商事审判工作 20 余年，共计审理包括合同、债务、担保、侵权、公司、破产等各类案件。先后参与起草了若干司法解释。

彭立博，国浩律师（北京）事务所实习律师，美国纽约州执业律师。业务领域为境内、外金融市场法律服务。

曾经举步维艰　现已春暖花开

朱兄：

回想十几年前，我们之间的沟通基本都是通过书信来往，现在家里还完整地保存着和你之间的所有信笺。后来有了手机后，写信这种形式就慢慢淘汰了。虽然现在的通信条件让人与人之间的沟通越来越便捷，但心中还是喜欢相互写信的感觉。所以，自从年初我们约定一个月至少一次书信往来后，着实兴奋。

信中，你又提到了 8 月我向你讲的迪克公司申请破产清算案，你关切案件的进度，想知道最新的进展。怎么给你讲呢？到目前，法院还没有指定管理人。的确，迪克公司破产案在 2016 年 1 月就已经被法院受理，破产法规定的人民法院受理破产清算申请同时就应当指定管理人，但现实就是自案件受理以来已经一年有余，法院还未指定管理人。个中原因不好评论，但我个人认为，法院内部案件考评机制、法院系统从上到下对破产案件极其谨慎的态度、专业的破产审理法官缺位以及破产法缺乏对破产案件审理的监督惩戒措施等因素，直接导致主办法官缺乏推动案件正常审理的积极性。

2007 年《企业破产法》生效之前，我国破产案件主要集中于公有制企业，民营企业破产甚少。2005 年，我曾写过一篇论文《论民营企业破产案件为何“少”》。该文从债务人和债权人两大主体角度详细论述了民营企业破产案件少的原因。当时文中没有就法院对民营企业破产的态度进行论述。本来，对待企业破产案件，人民法院就一直持慎重态度，认为破产案件受理不当将会对企业乃至社会的各个方面产生重大的影响，这些影响有时是难以挽回的，特别是职工安置一旦处理不当，极易引发群体性上访，会给法院造成很大压力。对待民营企业破产案件，法院更是慎之又慎，甚至有法院对民营企业破产案件一律不予受理。2005 年，我们律师事务所作为监管组（破产宣告前，法院可以指定设立监管组）办理的第一起民营企业破产清算案，最终以法院驳回而结束。法院驳回的理由是“财务资料不全”。现在回想起来，法院的驳回理由着实牵强，就像我当时在给法院的意见中提到的，该民营企业的财务资料自设立至法院受理破产申请之日保全非常完整，并且，监管组委托的会计师事务所经审计后，也未发现财务资料缺失的情形，所以，法院以此驳回破产申请理由不足。当然，法院私下给的理由倒是法院的实际担忧，即可能存在该企业做假账的情形。因为仅是猜测，法院的实际担忧肯定不能作为真正的驳回理由写到裁判文书中，所以最终找了一个“财务资料不全”的理由。也正是法院对破产案件的谨慎态度以及对民营企业投资人“原罪”的推定，致使破产案件的正常开展遇到阻碍。

再回到迪克公司破产案上。法院公开的不指定管理人的理由，就是省高院新的管理人名册还未公布，要等到新管理人名册公布后再指定。针对这种理由，也是让人哭笑不得，2007 年省高院公布的管理人名册并未废除，所以不存在无中介机构可指定的情形。若真心审理破产案件，上述理由根本就不是理由，唯一能解释破产案件受理后长期不指定管理人的原因，就是法院不想审。据了解，受理迪克公司破产申请的法院在 2016 年期间受理了十宗左右企业破产案件，全部都未指定管理人，案件都处于停滞状态。所以，你问我是不是个案的特殊原因导致案件没有进展，这种疑问并不存在。

不过，相对该院 2016 年受理破产案件的情况来讲，该院在对待破产案件的态度上较以前还是大有改观的。2007 年《企业破产法》生效后，该院对破产案件一直持不予受理的态度，甚至连省国资委所属的国有企业破产申请都不予受理。虽然最后迫于种种原因受理了3起省国资委所属的国有企业破产，但案件进展情况并不乐观，一方面，上述国有企业破产带有一定的政策性，法院在审理过程中受到政策性文件的制约；另一方面，该类破产案件全部是由政府指派工作人员组成清算组负责企业破产清算工作，法院在整个清算期间基本处于边缘化状态，甚至法院的监督作用因政府主导因素显得弱化；再者，国有破产企业的职工问题始终是破产期间的重头戏，甚至职工会议诉求不能或长期不能满足而投诉法院……本来法院对待破产案件态度就消极，如此一来，法院对破产案件更是唯恐避之不及。民营企业的破产申请在该院更不乐观，上文我讲过，法院对民营企业的偏见很难消除，加上“原罪”观念的影响，从2007年《企业破产法》生效到2016年这八年多时间里，该院就未受理一起民营企业破产案。直到进入2016年，该院才开始放开破产案件受理的通道。所以我讲，虽然该院在企业破产申请受理后长期不指定管理人显得难以理解，但相比较此前8年多的表现，已经是很大的进步了。

除了上面所讲的中级人民法院对待破产案件的情况外，我市区级基层法院对待破产案件情况也不乐观，甚至有一个区级法院至今未实际办理一起破产案件。我2016年年底向该区法院递交了一份破产申请，该院负责破产案件的法官就实言相告，他们从没有审理过破产案件，加上平时诉讼案件太多，也无暇处理此案。我告诉法官，这个案件中的债务人实际上是某集团公司（已在其他法院进入破产程序）的关联企业之一，只是由于地域管辖制约，才到这里立案，若法院受理后，可请示中院移送给集团公司破产案的受理法院合并破产。在这种情形下，该区法院才接收了申请材料。

当然，破产案件受理难、审理难的情形并非我所在之地的特例，在全国来讲，恐怕除了温州之外，都是普遍存在的客观现实了（数据显示，2008年至2015年，人民法院新收各类破产案件共计只有19，551件。也就是说，全国法院年均审理破产案件只有两千多件）。业内人士甚至发声：破产法快要破产了。

随着供给侧改革和国家大力处置僵尸企业政策出台，上述情形有了明显改观，尤其是最高院力推各地中级人民法院设立破产审判庭后，破产案件的受理数量明显增加。今年年初，最高院关于“执转破”案件的意见进一步细化了执行案件转破产的具体规程，明确了“执转破”案件集中由中级人民法院管辖，为今后破产案件的集中管辖打开了通道。这应是破产法的春天来到了吧。

啰啰唆唆讲了一大堆，并非是在发牢骚，只是通过这些情况向你说明目前国内法院对待破产案件的现实情况。我相信，国家是不会让破产法破产的，要不就成了笑话，哈哈。现代社会经济的有序发展、社会资源的优化配置绝对离不开完善的破产制度，放心吧，就我十多年来持之以恒在破产法领域中的耕耘经验来看，破产法务肯定会真正进入良性发展阶段。

好了，说了这么多，我也该休息了，留点话下次写信时再讲。对了，记着下次写信时多讲讲你在澳洲的生活和工作情况，让我也开开眼，若是允许，空运一头小袋鼠过来，当个宠物养养。邮费到付。

刘 涛*

2017 年 2 月 1 日

* 河南千业律师事务所合伙人、破产与重组部专职执业律师。专业方向：企业并购、改制、破产、解散清算。

致家美天晟公司购房业主的一封信

各位业主：[1]

您好！当您在债权人会议上看到这封信时，您的权利正在得到依法确认。

管理人按照法定程序接管企业后，一直勤勉尽责，忠实履职，不敢有丝毫懈怠。在严格遵循法律程序的同时，管理人更深深懂得此事关乎数千个家庭的幸福。管理人愿借此机会，再次跟您进行沟通和说明。

企业破产重整，旨在以积极的方式挽救危困债务人，防止进入破产清算，助它能够脱危解困。所以，破产重整又称企业再生或破产保护，在债务人经营发生困难和最终清盘之间设置缓冲地带，给债务人一个起死回生的机会。

---

① 作者按：在武汉市东西湖区人民法院审理的家美天晟武汉置业发展有限公司重整一案中，法院指定由湖北山河律师事务所及相关政府职能部门共同组成的清算组为管理人。2016 年 11 月 29 日，家美天晟公司召开第一次债权人大会，包括购房业主在内的 1200 余名债权人参加会议。在会议上，管理人除了依法向债权人会议作出履职报告、财产状况调查报告及债权审查报告外，还专门向购房业主发出了这样的一封信，对安抚和稳定业主情绪起到了重要作用。最终，千人债权人大会得以顺利召开。

家美天晟公司长期不能清偿到期债务且明显缺乏偿债能力，开发的“国际丽都”“汉口印象”项目停工多时，自救无望，不能交房导致系列诉讼，矛盾重重，隐患极大。在此情况下，东西湖区人民法院裁定受理家美天晟破产重整案，并指定管理人对企业进行接管，其主要目的就在于通过重整尽可能避免进入破产清算所带来的清盘风险，保障绝大部分购房业主的交房问题。

根据相关法律规定，已交付大部分购房款的业主享有优先权，管理人将依法对此类权益予以确认和保障，待交房条件成就时，以交房的方式予以处理。

对于仅支付定金的购房者，因未签订购房合同，也不符合破产程序中购房者优先权的行使条件，管理人无法律也无合同依据选择继续履行。因此对于此类购房者采取双倍返还定金的方式处理，本金作为优先债权，罚金作为普通债权。

对于已经司法程序确认解除合同的购房者，因已有生效法律文书解除了购房合同，管理人依据生效文书作退款处理。

在下一步的工作中，管理人将继续以事实为依据，以法律为准绳，努力在最大范围内维护包括购房业主在内的全体债权人合法权益，全面推进重整程序。

您的耐心和支持，甚至是妥协让步，是让家美天晟这家危困企业起死回生的关键，也是各方达成共识的基础。再次感谢您的支持！如有相关意见或建议，欢迎通过书面形式向管理人反映，进行沟通！

顺祝新年快乐，阖家安康！

家美天晟武汉置业发展有限公司管理人

张亚琼* 范文杰**

2016 年 12 月 29 日

* 法学博士，湖北山河律师事务所律师。

** 湖北山河律师事务所律师。

答龚昙涛律师关于合同解除权相关疑问

龚昙涛律师：

来信收到。很高兴能与你一起探讨破产法的实务问题。你讲到在伊菲破产重整案中的数十个未履行完毕合同让你头痛不已，有些人甚至跑到管理人办公室放言“不给赔偿补偿不罢休”。这些合同涉及制冷设备搬迁赔偿、木门加工企业拆建补偿、啤酒饮料供应等问题，各方合同相对人吵嚷着堵在伊菲公司门前讨要说法已经不是三两天了。其实这些人得知企业进入破产程序，已经开始陷入惶恐，而后又听说管理人要解除合同，无非是担心自己受到不公正的对待。我想，你们在这个时候，还真得及时站出来拿出明确答复和权威态度，以防事态扩大。特别是当下伊菲公司正处在洽谈引进投资者的关键时期，如果因为管理人解除合同这类细节问题而贻误重整进程、错失战略合作机会就因小失大了。况且，管理人在处理合同解除权问题上导致出现不可挽回失误，按照法律规定也要承担赔偿责任。所以说，你的小心谨慎也是必要的。

你在信中讲到木门加工厂的张某某、啤酒饮料销售商李某某、制冷设备厂的高某等人反应最为强烈。关于张、李等人提出“既然要解除合同，那么之前所提供给伊菲公司的货物或是货款必须要归还，即使还不上也要作为共益债务，把我们作为破产债权处置是不合理的”，张某某、李某某等人在听说要把他们的债权纳入破产债权后紧张了起来，才导致群情激奋，而破产法对于管理人解除合同后是否应该恢复原状，以及这种恢复原状的请求权是否可以作为共益债权并没有做出明确规定。这直接造成了你们的困惑，我认为管理人解除合同的法律效果应当参照合同法规定，如果你能在《企业破产法》没有规定的情况下，按照《合同法》规定去思考，应该可以发现：张某某和李某某等人要求的实质，是合同相对人恢复原状请求权。张某某交付的木门30套、李某某运送的啤酒200箱，明明白白躺在伊菲公司账目上，已经成了事实，而现在管理人代表伊菲公司解除合同造成了履行终止，已经履行的30套木门和200箱啤酒，根据《合同法》规定是可以请求返还原物或是对价返还的。既然破产法规定了管理人继续履行合同或缔结新合同时合同相对人的请求权以共益债权对待，那么，张某某等人的恢复原状请求权也是同样的道理。换个角度来说，解除张某某、李某某合同，使得伊菲公司全部债权人受益的对价必须由全部债权人共同负担，依此，认定张某某等人的共益债务也就顺理成章、于法有据了。

此外，将张某某、李某某的债权作为共益债务也并不违反全体债权人的整体公平，同时还能兼顾个体公平。破产法是要保证大蛋糕切得公正，与此同时，若能有效维护合同法上的个体公平，应该称之为法律上的一种和谐吧。

至于那位租赁伊菲公司厂房的制冷设备厂高某，他在6月租下一楼厂房后就马不停蹄添置设备，其中很大部分冷库设备是固定型的，拆除难度较大，得知伊菲公司要解除合同，他当天就罗列了长长一串赔偿清单跑了过来，其中包括制冷设备损失费用、拆除作业费用、营业损失费等。你还讲到，高某对于将他的合同解除后造成的损害赔偿作为普通债权的意见很大，多次在公开场合下鼓动其他类似情况的人来讨说法。仔细想想，对比张某某、李某某能够实打实地纳入共益债权，给予高某的都是普通债权确实委屈不少，按照一般人的思维也难以想通。但是没有办法，《企业破产法》第53条白字黑字就这么规定，管理人决定解除合同时，合同相对人由此产生的损害赔偿请求权为破产债权。这个时候，我觉得作为管理人的你需要手捧法条，耐心做点普法、释法工作。破产法为什么这么规定？这么规定的本意是什么？事实上，管理人决定解除合同时，合同相对人的损害赔偿请求权与恢复原状的请求权具有同一性质，两者都是使全体债权人受益的对价，本来都应当作为共益债权，但为了消除管理人在选择解除合同时的成本方面的顾虑，立法者将前者降格为破产债权。当然，你是要是这样去跟高某解释，料想他会听不懂也不会配合的。通俗来说，高某这个损害赔偿请求包含了合同履行的各种利益，但是毕竟现在合同已经解除了，不可能继续履行，要是一股脑儿将你的损害当作共益债务，显然会引起其他债权的不满，也是不公平的。

对于高某可主张的损害范围，《企业破产法》也未做明确规定，我认为，在伊菲公司破产重整的场合下，高某已经处于比较被动的地位，其并无任何过失，却因为伊菲公司的破产重整而须忍受管理人解除合同，如果还要禁止其以合同履行后本可获得的利益申报破产债权，显然对高某来说有失公允。所以，合同解除后，我认为应当允许高某主张包括履行利益在内的所有损害。

针对你提到伊菲公司重整案中遇到的上述问题，我还特地去翻看了国外相关法律规定，其中《德国不能支付法》第105条和《日本破产法》第54条第2款等法律规定尤其值得思考借鉴。

以上答复是我个人的一些见解，不知道能不能对你有所帮助。我国的破产法实施尚处在初级阶段，以后必然会凸显出越来越多的问题，希望我们能在今后的实务交流和理论探讨中共同切磋学习。

祝好！

俞锦峰*

2017年1月18日

* 硕士研究生，毕业于上海大学法学院。现任浙江江山市人民法院法官助理、破产审判团队成员，专门从事破产案件审理。

关于自然人 A 反映我行强制执行重整案外人财产的情况的答复

J 人民法院：

鉴于自然人 A（下称反映人）向贵院去函反映：我行在主债务人进入重整程序后继续执行保证人个人财产导致保证人及家属陷入无房居住的困境，乃至扰乱重整秩序。[①]

我行认为反映人上述论断没有任何事实基础和法律依据，反

① 案件背景：2013 年 12 月 9 日，B 银行与 S 有限公司签订了编号为《综合授信合同》。同日，B 银行与担保人自然人 A 签订《最高额保证合同》，由自然人 A 对基于《综合授信合同》产生的债务及为实现债权产生的全部费用承担连带保证责任。2013 年 12 月 16 日，B 银行向 S 有限公司发放贷款人民币 5000 万元。后由于 S 有限公司经营恶化，B 银行向 J 人民法院提起诉讼，将 S 有限公司、自然人 A 列为被告。法院经审理于 2013 年 12 月 20 日作出判决：被告 S 有限公司于本判决生效之日起 10 日内偿还原告 B 银行借款本金 5000 万元及利息；被告自然人 A 对前项所确定的债务承担连带清偿责任。判决生效后，S 有限公司、自然人 A 均未履行判决义务，B 银行申请强制执行，并查封自然人 A 所有的别墅一栋。2014 年 4 月 18 日，D 人民法院裁定受理 S 有限公司重整一案。

下为自然人 A 就关于 B 银行强制执行重整案外人财产致 J 人民法院函：

J 人民法院：

近日收悉贵院对我个人财产进行查封的通知书，但是 S 有限公司目前已进入重整程序，作为重整企业的保证人所承担的保证责任应当在重整程序中一并解决。

一、B 银行在主债务人进入执行程序后继续执行个人保证人财产不符合破产

映人试图以此手段干扰贵院正在进行的执行工作，应依法不予支持。我行所行使的一系列权利不仅有充分的法律依据，而且已经充分考虑到保证人的合法权益，具体情况如下：

一、放弃S有限公司5000万元债权的申报权，而选择向保证人继续主张权利，是法律赋予债权人的权利，该行为具有充分的事实基础和法律依据，应该依法得到支持

根据《企业破产法》第92条第3款的规定，债权人对债务人的保证人和其他连带债务人所享有的权利，不受重整计划的影响，同时《担保法司法解释》第44条第1款规定："保证期间，人民法院受理债务人破产案件的，

法司法解释的规定

根据《最高人民法院关于适用〈中华人民共和国企业破产法〉若干问题的规定（二）》第22条明确规定："破产申请受理前，债权人就债务人财产向人民法院提起本规定第二十一条第一款所列诉讼，人民法院已经作出生效民事判决书或者调解书但尚未执行完毕的，破产申请受理后，相关执行行为应当依据企业破产法第十九条的规定中止，债权人应当依法向管理人申报相关债权。"

根据《破产法解释二》的规定，B银行在其主债务人进入重整程序后，应当通过债权申报程序寻求其债权人利益的最大化，但是B银行不仅没有向S有限公司申报债权，反而通过书面形式放弃向S有限公司申报债权，转而通过执行程序执行个人保证人的财产，其行为与《破产法解释二》的基本规定是相悖的，而且严重扰乱了重整程序的顺利进行。

二、B银行执行个人保证人的基本住房不符合民事诉讼法的规定

S有限公司作为主债务人不能按期履行判决义务并非主观故意逃避，而是由于客观因素的制约导致无力清偿。《中华人民共和国民事诉讼法》第244条规定，被执行人未按执行通知履行法律文书确定的义务，人民法院有权查封、扣押、冻结、拍卖、变卖被执行人应当履行义务部分的财产，但应当保留被执行人及其所扶养家属的生活必需品。其目的是在执行被执行人的财产时应当为其扶养家属的基本生活保留相应的必需品、保证个人的基本生活，对于生活必需品的理解，乃是维持生活所需之物，基本住房理应包含在内。如果本次将个人住房执行，个人保证人及其家属将陷入无基本住房的状态，将严重不符合《民事诉讼法》第244条之规定。

综上，因此恳请贵院根据现行法律规定，结合重整工作实际情况，暂不执行重整案外人资产，通过重整程序一并解决B银行债权。

自然人A

2015年1月25日

债权人既可以向人民法院申报债权，也可以向保证人主张权利。”因此我行放弃 S 有限公司 5000 万元债权的申报权，选择向保证人继续主张权利，这是法律赋予我行的选择权，应依法得到支持。然而反映人却依据《破产法司法解释（二）》第 22 条的内容，试图以断章取义的方式来支持其错误论断：即主债务人进入重整程序后，债权人只能通过债权申报程序寻求债权人利益最大化，而不能选择放弃债权申报，也不能执行个人保证人的财产。反映人的这一做法属适用法律严重错误。《破产法司法解释（二）》第 22 条规定的是就债务人进入重整程序后，债权人就正在执行中的债务人的财产所应当采取的措施，而没有涉及保证人的财产。因此反映人是在断章取义，故意阻挠贵院的执行工作。

二、为充分保障保证人的合法权益，已经以发函的方式明确告知保证人我行放弃申报债权的行为，并督促其及时向管理人申报债权

基于合同的诚实信用原则，自然人 A 作为保证人本应依照法律规定和合同约定，积极履行保证责任，主动偿还我行债务，但是他们却违背法律规定和合同义务，对我行的债务置之不理。即便如此，我行亦从保护保证人合法权益的角度出发，及时向保证人自然人 A 发函，告知其我行不申报 S 有限公司 5000 万元债权的事实，督促其及时向管理人申报担保债权。

按照《企业破产法》第 92 条第 3 款等相关法律规定，我行可以在申报债权的同时继续向保证人主张权利。但我行充分考虑到保证人权益，主动让步才做出不申报债权的决定，以减轻保证人的偿债压力。

三、在申请执行的过程中，充分保障了保证人及其家属的基本住房条件，不存在反映人所反映的使保证人及其家属陷入无房居住的情况

在保全财产过程中，发现保证人有多处房产。实地查看发现，查封的房产长期无人居住，因此反映人提出“本次评估拍卖的房产为其基本住房，如果本次将个人住房执行，个人保证人及其家属将陷入无基本住房的状态”的说法与事实严重不符，我行认为反映人存在作伪证的嫌疑。我行恳请贵院通过法院与各商业银行间的司法查控系统等措施继续查询被执行人财产线索，并且将被执行人列入被执行人失信名单，限制其高消费，以维护我行债权，

打击失信人的嚣张气焰，推进社会信用体系建设。

四、申请拍卖的房产不属于被申请人的基本住房，属于其奢侈性住房，该房被处置，不会影响其基本居住

从该房产权属登记来看，该房产环境优美，房产类别为别墅。被申请人作为债务人及被执行人，本应当将该房产处置来清偿债务，却不仅不去想还款，还想阻挠法院拍卖该房产来清偿债务，意图继续占有这些奢侈品（法律亦规定被申请人应受高消费禁令的限制，否则应对其采取拘留等措施），这不仅毫无道理，也没有任何事实和法律依据。故，将这些奢侈品拍卖清偿债务，更符合社会的公平正义，更符合法律的公平公正。

五、放弃 S 有限公司 5000 万元债权的申报权，继续执行保证人的个人财产，不仅不会影响重整程序，反而减轻了重整压力，有利于重整程序的顺利推进

反映人试图将债务人的重整与保证人的保证责任混为一谈，以达到保护保证人个人私利，逃避承担保证责任的目的。事实上，法律已经明确规定我行对保证人继续行使权利，不受债务人进入重整程序的影响。不申报债权降低了重组成本，不仅不会打乱重整程序，反而有利于重整程序的顺利开展。若因我行不申报债权，就可能导致重整计划的失败，说明该重整计划本身就存在严重问题而不可能成功。因此反映人认为我行不申报债权会对社会各界、各级政府造成巨大负面影响，并增加不稳定因素的假设，不仅没有事实基础，更没有法律依据，应依法不予采信。

综上，我行的做法完全符合法律规定，没有损害任何人的合法权益，应依法得到贵院的支持。

此致

B 银行*

2015 年 2 月 1 日

* 朱守亭，毕业于清华大学法学院，现任恒丰银行股份有限公司济南分行法律合规部副总经理。

律师不懂破产法可能会误导当事人

杨律师：

您好！

我是浙江仙华律师事务所陈律师。作为一名同行，今天想跟您探讨一些有关破产法的事情。我知道您所在的律所及您本人均没有取得破产管理人资格，因此，您没有承办破产案件的经验，也许认为破产法跟您没有关系。而这正是我今天冒昧去信想要跟您探讨的问题。窃以为，不办理破产案件，不是回避学习破产法的理由。事实证明，律师不懂破产法可能会误导当事人，并可能造成严重后果。

今天之所以写这封信，缘于我最近承办的一起破产案件，而您对这个案件应当有所了解。在接到法院指定我所担任浙江华隆医药有限公司（以下简称华隆公司）破产管理人的时候，我对这个案件有所困惑。因为这个案件是执转破的案件，该公司的未结执行案件仅 2 起，涉及执行标的合计 45 万元，而申请破产的债权人的债权金额仅 10 万元。我们通常碰到的破产案件，债务人均负有巨额债务，而且往往已经面临众多的诉讼。除非该公司确实已经严重资不抵债，而且所有股东均无意保留公司，否则不会因为金额不大的债务就轻易走上破产之路。但该公司的法定代表人叶总在收到法院的破产裁定后情绪非常激烈，指责法院胡乱立案，显然并不属于自愿放弃公司的表现。也正因为叶总不理解、不配合，我们的接管工作遇到了公司员工的阻挠和对抗。我以及我的同事被拒之门外，在寒风中苦苦坚守三个多小时。不得已，我们只能申请法院出动法警强制清场，将整个公司所有的办公室、仓库全部贴上封条，并给每个门加上一道锁。这是我在办理破产案件中唯一一次与债务人发生的冲突事件。

接管华隆公司以后，我们全面启动了破产清算工作。该公司虽然账面上记载有 1000 万元左右的应收款，也有 1000 万元左右的应付款，但经过核对，其中大部分的应收应付均已不存在，只是财务账面未作处理，还有几百万元的应收应付属于正常的业务往来，而且基本能够达到应收应付的平衡。

在后来的工作接触中，经过一次次对破产法的解释和说明，叶总理解了我们的工作，并提出破产和解的思路。我们在征求债权人意见的基础上，向法院申请破产和解，并在第一次债权人会议上顺利通过了和解协议。提起当初的情况，叶总也是一脸的懊悔。他懊悔的并不是当初对我们的对抗做法，而是懊悔听信了您的话，每提起一次，他都在埋怨您。我相信他也一定当面质问过您。听到这样的缘由，我也很吃惊。如果叶总介绍的情况属实，那么华隆公司进入破产程序还真跟您有很大的关系。知悉了这些情况，我理解了叶总当初的冲动，但同时震惊于您对破产法的无知，也让我意识到了问题的严重性。我相信，这个问题不会是个例，可能有很多没有承担破产管理人工作的律师跟您一样对破产法一无所知，如果真是这样，无疑对破产法的实施会是一个灾难。以下是我基于叶总介绍的情况所作的分析，如有不实或者不当之处，还请多多包涵。

您受聘担任了华隆公司多年的法律顾问。作为法律顾问，您代理了该公司的一个标的 10 万元的诉讼案件，最后华隆公司败诉。从我的观点来看，这个案件输得有点冤，您在代理过程中没有仔细研读合同条款，这是导致败诉的重要原因。而正是这么一个 10 万元的案件，却将华隆公司拖入了破产境地。这是所有人都始料未及的，您应该也很意外吧？您在这里已经犯了一个错。

您给华隆公司出了很多主意，成功地转移了公司财产，造成法院在执行程序中一无所获，被认定为“无资产、无存款、无投资”，法院无奈采取了执行终结措施。债权人即向法院申请破产清算，法院收到申请后依法通知了华隆公司。《企业破产法》第 10 条规定：“债权人提出破产申请的，人民法院应当自收到申请之日起五日内通知债务人。债务人对申请有异议的，应当自收到人民法院的通知之日起七日内向人民法院提出。人民法院应当自异议期满之日起十日内裁定是否受理。”华隆公司本来可以根据该条规定及时提出异议，证明自己不符合破产条件或者把执行款交付完毕，破产程序就不会启动。而您作为法律顾问告诉叶总：“债权人没有资格申请破产，只有 10 万元的执行标的，法院也不可能受理破产，不用去管。”于是，叶总对于法院的通知置之不理。于是，7 天的异议期满后，法院作出了受理破产清算的裁定。这是您犯的最大的错误。

叶总又向您咨询，您还是坚持说没有关系的，最多把 10 万元执行款交给法院，让申请人撤回申请就可以了。您又犯了一个常识性的错误。破产案件不同于诉讼案件，破产法并没有撤回申请的规定，在司法实践中申请人能否撤回申请也是值得探讨的问题。因为人民法院受理破产案件后，必须通知债务人并发布公告。这个时候申请人的撤回申请行为就不单单涉及申请人的利益，同时还涉及其他债权人的利益，其撤回申请行为并不能代表全体债权人的意愿，如果某个债权人撤回申请，而另一债权人又重新提起破产申请的话，那么整个破产程序将处于混乱的状况。而且，如果申请人的债权得到了实现，其他债权人又申请破产的，则该申请人实现债权的行为又涉嫌个别清偿，破产程序可能会被利用成为实现个别清偿的手段。因而，司法实践中一般不会准许撤回破产申请。

我想说的是：

第一，法律浩如烟海，一个律师不可能掌握所有的法律。但是作为律师特别是在担任法律顾问的时候，必须有认真负责的态度，碰到自己不了解的东西，不应该凭自己的直觉简单回复，应该去认真研究以后再予答复。如果您在作出回复前能够稍微翻一下破产法的条文，就不会犯下这样的错误。

第二，不是只有破产管理人才需要学习破产法。每个律师都会接触到跟破产有关的业务，例如你担任法律顾问的企业破产了，你代理的诉讼案件的对方当事人破产了，你的当事人负有担保责任的企业破产了，你的当事人想参与一个企业的破产重整……都会产生很多的业务。所以，每一个律师都应该学习破产法，掌握破产法。

第三，律师不负责任可能造成当事人的重大损失，有时甚至是不可逆的损失。当事人认为律师在法律上是万能的，所以才会信任律师，而我们不能辜负这种信任。律师可以拒绝提供服务，但不能提供错误的服务，这是底线。不论是有偿的还是无偿的咨询，我们都不能把错误的答案告诉当事人。

当然，以上情况是叶总的单方陈述，我并没有也没必要向您核实其真实性。如果叶总的介绍有片面之处，有不实之词，造成我对您的误解，我在此表示歉意。我给您写这封信也并不是为了指责您，只是出于一个同行的善意提醒。古语说有则改之、无则加勉，愿我们共同学习、共同进步。

祝

身体健康，事业顺利！

陈国松 *

2017 年 2 月 6 日

* 毕业于华东政法学院，曾先后获得浙江省浦江县十大优秀青年、金华市优秀律师等称号。现任浙江仙华律师事务所副主任、金华市律师协会浦江分会副会长。

那些破产法解决不了的“奇葩”事儿

尊敬的各部门：

不知不觉，从2007年新《企业破产法》施行以来到现在，已经过去了十年。从入行到现在，从事了这么多的管理人业务，从接管财产到管理企业，从接待债权人申报到召开债权人会议，从原来的只受理国有企业破产到现在的全面开花，实感破人不易，破事亦难，有幸借此机会，书信一封，聊表一下这些年作为管理人的心情，也希望得到相关部门对破产事务性工作的关注，为供给侧改革略尽绵薄之力。

随着管理人业务的深入，虽然法律对绝大部分问题进行了明确的规定，但是在实际的操作过程中，总会遇到这样或那样的新问题，令人无奈的是，这些问题又不得不去解决。甚至很多时候，无论解决或不解决，这些事情都大量侵占了时间和精力。于是在这样的生活中，慢慢地从焦躁到稳定，从适应到习惯，从学会处理到游刃有余，这些事情生生地把一名律师逼成了社会问题研究者。就拿我亲身经历的几个例子来说吧——

在北方渤海边的某个普通小镇子上，一个污染企业因为资金链断裂，不得不进入破产程序，接管企业后，首先面临的就是

2000 多名职工的吃饭问题，好在管理人进场后，通过解释政策，暂时起到了安抚的作用。但有一天，围堵事件终于还是发生了，时值隆冬，企业已经没有余钱缴纳暖气费了，所以管理人进场后，取暖问题就摆在了面前，为了办公，只能先花 1600 元钱安装了一台空调，这才算是能够勉强维持管理人办公了。但是空调外机比较显眼，所以在第二天一早，二百多名职工就把办公室堵了，条幅上打的内容是“有钱买空调，无钱发工资，管理人滚蛋”。尽管后来在公安机关的配合下控制了场面，但是当时管理人遇到的最大问题就是，当你跟职工讲法律条文规定的时候，作为工人的他们跟你讲要吃饭。当你跟他讲政策的时候，他们却又要跟你讲法律条文。我相信，作为职工来讲，并不关心管理人是否安装了一台空调，关心的是，何时管理人能把企业欠缴的工资发放到位，但关键的问题在于，从管理人的角度而言，企业原来欠缴的工资属于职工劳动债权的范围，当然不能进行个别清偿。可是对于职工来讲，不理解破产的程序，或者说即使理解了破产的程序也不愿意接受，在这样的状态下，矛盾、冲突、堵门、上访成为寻求社会关注的有效途径。与诉诸法律相比较，职工更愿意通过这种群体性的关注，来最终达到解决自身问题的目的。

第二则故事是来自于一个传统的老国有企业。这个企业由于建厂时间早，遗留了许多历史问题，长期积累使得职工与企业之间已经形成了一种强烈的对立情绪。当企业进入了破产程序后，职工也明白，这是解决这些问题的最后一次机会了，迫切希望能通过管理人来解决困扰他们多年的问题。这类情况下，往往职工的表述听起来特别有道理，可是越有道理的事情，管理人就越是心里没底。没底的原因在于，管理人会产生这样的疑问，“既然你说得这么有道理，为什么企业这么多年都没有解决问题呢？”果然，把企业负责人叫过来一询问，情况与职工所述有很大的出入，但当管理人把从企业了解到的情况跟职工陈述后，职工便立刻与管理人对立起来，认为管理人和企业是穿一条裤子的，对待职工像对待阶级敌人一样，继而又采取了一些极端措施，堵门的、爬楼的，还有拿着刀子比画的……这时有人可能会说了，可以报警啊。问题是，即便警察来了，也只能做劝说的工作，今天劝走，明天还可以再来，对管理人的工作并没有实质性的帮助。说实话，从管理人内心角度讲，怎么说都是企业原来的职工，管理人也不希望公安机关真的采取什么强制措施，并且采取强制措施的结果往往是激化矛盾，促使这些职工采取更极端的措施。

作为律师的管理人，无论从职责角度而言还是从内心意愿而言，都希望事情在法律的框架下得以解决。但是，有些问题确实又依靠法律不能解决。比如，有一个受工伤的职工，身体出现了残疾，生活确实需要有人照顾，按照法律规定，能给的费用，社保机关和企业已经全都给清，并且企业也将他作为特困职工对待，逢年过节总是第一个去慰问。可是职工却提出了将他爱人调到单位上班要求，而且上班后的职责是全职在家照顾他。这样的要求，作为管理人来讲，实在是做不到啊。其实出现这样的情况的原因主要有两个：一是职工受国有企业政策的影响，认为企业应当管一辈子；二是在处理这些事情的初期，企业确实有没有解释清楚政策，导致矛盾越积越深。当出现堵门等事件的时候，往往企业采取支付一定费用的方式，息事宁人。结果经常是事与愿违。

对待职工如是，其实很多的债权人也是这样。在实际的案例中，管理人会通过债权申报的接待、债权人会议及私下的沟通，将债权审定的原则，同一顺序下的平等清偿，向债权人进行详细的说明。可往往每一家债权人都希望自己的清偿顺序是优先，也希望能够得到尽可能多的清偿，但认定优先权需要有法定的事由，况且破产法的精髓也正是在于禁止个别清偿。当管理人认定的结果与债权人的期望差距过大时，问题就来了。曾有一个包工头借用资质完成了工程，但企业在支付了一半的工程款后，因为资金问题一直未能给付剩余的工程款，这一拖就拖了三年，期间因为未能支付工资等问题，包工头把自己的房子抵押给了小额贷款公司，以此偿付了工人工资，后因为不能还钱，被起诉到法院后进入了强制执行程序。管理人接手后，根据法律规定，也只能认定该债权为普通债权，而普通债权破产清算的偿债率不足 5%，于是，这位包工头便一直在法院门口静坐。每每看到那寒风中坐着的身影，作为管理人的我们感受到的也同样是深深的无力和无奈……

回首过往，我们怀揣着法律的梦想，期冀通过法律来解决生活中的不平事，但当我们真的遇到上述类型的问题时，却发现，事情偏偏不会按照法律条文规定的那样的形式出现。一个破产案件，便可看尽人间百态，我们解决的不仅仅是要按照法律的程序规定去给企业清盘，往往还要结合商业习惯、企业文化去解决法律中没有规定的情形。后者反而占据了管理人大部分的时间和精力，也是造成破产案件历时较长、问题较敏感的重要原因。这些问题仅凭管理人或某部门一己之力很难得到快速、彻底的解决，于是便产生了借由这封信抛砖引玉的想法，希望可以得到相关部门的关注和帮助，借助多方力量探索破产案件中社会问题的解决思路，寻找破产案件中职工对待的正确方法，打开破产案件中历史遗留问题处理的新窗口。

仅以此信做引玉之砖，望引得相关部门的关注与思考，为盼。

李　闯*

2017 年 2 月 21 日

* 河北三和时代律师事务所合伙律师，河北省破产管理人协会副秘书长，国际破产协会会员、河北省律师协会民商业务委员会委员。参加并主持了多个项目的破产清算与重整工作。

玉环法院的破产审判经验

钱庭长：

您好，值此新春佳节之际，先给您拜个年！

玉环法院自 2013 年以来，共受理破产案件 30 件。本人参与经办了大部分的破产案件，目前担任破产案件审判合议庭的审判长。结合近年来破产案件审判的实践，现就工作中的一些经验与困难与您交流，希望对推动整个台州地区的破产审判有所裨益。

从目前来看，玉环法院破产案件的受理经历了以下三个阶段：

第一阶段，2013 年正是因经济下行，我县部分规模企业担保环节出事的时候。部分担保企业从自身发展的角度，为了“以时间换空间”，积极寻求县政府在协调金融系统方面的支持，以避免因银行对其收贷而引发资金链断裂。政府各部门及时介入，才有了通过法律程序进行重整的想法。故在当年以债务人浙江科裕公司及浙江华辰公司作为申请人先后向我院提出破产重整申请。

第二阶段，当部分企业感觉到破产保护所带来好处的时候，浙江新大陆公司、浙江欣尔利公司等企业纷纷申请破产重整。面对来势凶猛的受案压力，我院受理时也主动引导欣尔利公司直接破产（原因是阀门行业在玉环并没有优势，并且据初步测算清偿率极低，重整不具有可行性）。2014 年对中捷系列公司的受理也体现了这一点，在行业内有优势，重整有前景的如浙江中捷环洲供应链就采取了重整的方式，而中捷系列的其他公司均要求直接按清算受理。

第三阶段，债权人也有意识的要求债务人进行破产清算，直接要求债务人的资产与负债给个“明白”。2015 年受理的债权人余林申请浙江展大公司破产清算就是债权人申请的第一案。破产案件从无到有，从政府有意主导下的重整到有限制的控制重整的受理，从一味地受理重整到引导直接清算，从债务人申请到债权人申请，体现了破产审判在我县不断地引导债务人及债权人法律观念的改变。应该说，破产理念已逐步为我县公众所接受。

破产审判实践中，我院尝试多种举措，具体如下：

1. 府院联动是破产案件得以妥善处理的重要保证。县政府通过前期成立工作组的形式参与到企业的重整中。以中捷系列案件为例。中捷债务危机发生后，各利益方情绪失控，局面混乱。县委县府成立工作组专职处置债务危机。工作组通过抽调公安干警会同当地街道对中捷三公司资产进行封存；协调各大银行对担保企业执行不压贷、不抽贷、不缓贷、不延贷、不起诉等“五不原则”，维持担保企业原有信贷规模，保持正常资金运转；密集召开各利益相关方座谈会、通报会，传递正确信息，防止过激行为。重点处理了中捷系 50 名职工申请游行示威、300 名职工集体上访等群体性事件。在政府协调下，银行债权人成立委员会，达成“共进退，共担责”，一致同意对中捷公司及其担保企业启动会商帮扶工作机制。工作组为 8 家担保企业制定了融资担保调整的参考路径，通过协调土地分割、落实贷款展期、办理二次抵押和设备抵押、土地使用权转性等，提高担保企业自身的融资能力，使此 8 家担保企业的自身金融贷款，不再由中捷系企业进行担保。既提高了中捷公司的债权清偿率，也使担保企业度过危机，避免区域性经济风险的发生。重整案件受理之初，没有必要的重整资金注入往往不能启动。县政府在恩都公司重整及山河公司重整给予了财政救助资金的扶助，分别借给恩都公司和山河公司 500 万元和 300 万元。确保两家公司在重整期间的正常资金维持。同时县政府在重整案件中给予政策扶持。在华辰公司重整后给予为重整而设立的新公司 4 年内，企业生产经营所发生税收中的地方留存部分，以及新公司破产重整计划实施期间，一次性受让用于新公司经营的土地、厂房办理转让过户手续时，产生相关税费的地方留成部分返还给企业。

2. 股权转让式重整取得明显效果。我院对中捷环洲供应链公司的重整采取股权转让式重整，即公司原股东的股权清零，重整方受让公司股权，重整方以重整资金为公司清偿债务。该案的处置中，引入重整资金 15.75 亿元，公司原股东的股权清零，现股东为重整方，重整资金用来清偿公司债务。最终使普通债权的清偿率有望达到 72%（清算条件下的清偿率预计为 16.06%）。

3. 合并破产进行有益的尝试。华辰公司重整案件中，因华辰公司与其三家子公司之间存在严重的人格混同，其中玉环华辰电线电缆有限公司与安徽西辰电器有限公司实为华辰公司的车间，无独立法人意志；无锡大资源环保制品有限公司账面反映，与华辰公司存在非正常关联交易。管理人在当时的情况下提出要求将三家子公司与华辰公司合并破产，我院予以准许。又如，山河公司的破产重整。山河公司在申请之前，由债权人等注资组建百朋公司，采取租赁山河公司厂房，陆续接管原山河公司的经营的模式，以期达到最终替换山河公司的目的。不幸的是，没过一年百朋公司新注入的资金也被消耗殆尽，也陷入资不抵债的境地。百朋公司设立就是为了山河公司的营业存续，在山河公司申请破产时，不得不将百朋公司一同纳入重整的范围。经管理人提议，百朋公司并不单独申请破产重整，而在程序上由山河公司的管理人将其合并破产。合并破产给资源整合和企业整体出售带来的便利与价值提升，降低成本，实现重整案件的经济效率，保障重整获得成功。

当然，破产审判在实践中遇到的困难也很多，亟须上级法院特别是钱庭长给予沟通、指导、协调。总结以下，主要有以下几个方面：

1. 受案压力较大。无论是债权人申请或债务人申请，均有其明显的目的。债权人提起多为追究股东责任，债务人提起多为借重整停息，并为谋取额外利益。玉环本地的稍具规模的企业借各种理由要求重整（在他们眼中，重整是理想状态），在这种情况下，县政府部门不明就里往往采支持的态度，经常召开些法院工作人员参加的协调会，给法院施加压力。而从实际处理的过程来看，重整只起了暂时的维稳作用。

2. 案件无法及时审结。这有两方面的原因。一是客观的，破产企业财产确实难以处置。二是主观的，管理人及经办法官的因素。在破产清算案件的财产处置后，因清偿率实在太低，管理人竟不敢开债权人会议分配，此其一。有的管理人在财产分配后以需继续诉讼为由，迟迟不申请终结破产清算程序，此其二。因没有具有约束力的制度去规制，管理人在履职过程中较为怠慢。而经办法官也因手头事情不少，破产案件以管理人为主的思想引导，也是不慌不忙，没有审限概念。

3. 破产衍生案件较多。从2013年开始，我院共受理破产衍生案件212件。一部分由债权人所提起的债权确认纠纷案件，审理中发现管理人在债权确认环节有推责任的做法，甚至有些管理人以债权人方难以交代，突破合同相对性原则的做法比比皆是。例如，华辰重整案中确实存在部分债权人通过程某收取高息的行为，但实际情况是甲通过程某出借给华辰公司并收取高利，后程某将乙的钱还了甲，后又将丙的钱还了乙。至华辰公司破产时，管理人将甲、乙、丙认定为“利益共同体”，将程某收取的高息全部扣在丙的名下。丙遂提起破产债权确认诉讼，从而导致诉讼不断，相关的案件错综复杂，引发的纠纷在2016年年底才最终审结。又如，中捷系列案中，中捷环洲与中捷房地产的管理人相同。陈某当初将款借给中捷房地产，在中捷环洲破产受理前一年内，陈某、中捷房地产、中捷环洲之间签订了一份债权转让合同，约定陈某对中捷房地产的债权由中捷环洲来偿还。合同签订后，中捷环洲将款项偿还给了陈某。两家公司的相关财务凭证均作相应记载。同时由中捷环洲管理人在中捷房地产的破产清算程序中进行了债权申报。现中捷环洲管理人以《企业破产法》第31条提出撤销权诉讼，认为中捷环洲系在一年内无偿受让债务，类似第31条规定的五种情形，对该条作扩大解释。再如，德嘉置业公司破产重整案。管理人在重整过程中发现，被告实际交付的购房款与销售价格有出入，差额部分由法定代表人黄某在2013年以“暂借款”的名义予以冲平。管理人现在以对外追收债权提起诉讼，要求购房人再行支付差价款并按商品房买卖合同的约定赔偿损失。该行为发生在德嘉公司破产前三年，购房人有的与黄某或黄某的其他债权人间存在债权债务往来。我院经审理后认为在当初实属正常的经济往来，管理人完全可以向黄某个人追究。这批案件以驳回管理人的诉讼请求予以判决。导致上述大量案件的最大原因是管理人没有对债权人做好说服工作，没有进行常规的劝导，相反近乎常人的进行判断，混淆合同相对性原则及对原财务凭证凭空怀疑，从而把矛盾上交至法院。

4. 与公安机关的联动机制有待加强。由债务人自行申请的破产案件，其法定代表人往往自命不凡；由债权人提起的破产案件，法定代表人因心生恐惧，往往仅提供相关账册后就难以联系。破产审判没有刑事强制措施做后盾，很难开展工作，有时还受到其反向的工作骚扰，对真破产、假逃债的打击没有落到实处。从前两年的工作经验来看，公安机关对法院移送的案件也仅是浮于应付。再举两个例子：嘉元机械公司和解案。在受理之初，我们经召开债权人座谈会，考虑到嘉元公司的法定代表人李某还债的一片诚心，以破产和解受案。在实际审理中发现，公司的利润根本无法维持和解后的经营成本，但是李某坚持要求和解分期付款。后因其拖欠工人工资 100 余万元，工人不支持和解，多次上访，公安机关于是以涉嫌拖欠劳动报酬罪对其采取刑事强制措施。之后，李某接受了清算的结局，目前案件进展顺利。又如，新世纪电镀有限公司重整案。其法定代表人张某显然就是怀着假破产、真逃债的目的而来。对重整一而再地提要求，即要求将其个人的全部债务 6500 余万元在重整出让资金中予以分配。目的不能达到后，张某到处做反工作，鼓动部分债权人对重整提异议，千方百计阻挠重整。而本人始终不露面，法院所能采取的措施，只能是通过执行程序中的委托公安机关的布控措施，工作很被动。试想，如果在受理后能以张某涉嫌非法吸收公众存款罪将其办理取保候审，其肯定不会如此肆无忌惮。

以上是近年来我院在破产领域取得的一些经验与困难总结，在信末有必要向您汇报一下今年破产审判工作思路。新的一年，我院的破产审判将继续坚持有案不怕立的原则，重点做到：（1）在立案审查中做到适当对当事人进行劝导，能不立则不立。（2）对政府关注的企业重整，建议政府先成立工作组，并在重整中把握不能使重整企业获取额外利益的原则。（3）切实加强执破衔接案件的受理，解决当前法院系统存在的执行难问题。（4）有选择地将破产案件适用简易程序审理并及时结案。（5）在高收案的同时，做到结案及时，防止破产案件久拖不结。争取今年消化新收及旧存10件。（6）加强对管理人的引导，避免大批量破产衍生案件诉讼的发生。（7）配合上级法院的工作，积极完成各项工作指标任务。最后，在有关加强与公安机关联动方面提一下初步思路：受理破产案件时考虑由公安机关对欠薪的企业法定代表人以涉嫌拖欠劳动报酬罪，或在受理后根据债权申报的情况以涉嫌非法吸收公众存款罪对法定代表人采取取保候审的刑事强制措施，促使其配合法院的重整及清算顺利进行，避免破产案件受理后陷入被动的局面。这一点急需上级法院牵头组织与公安机关协调。

“沉舟侧畔千帆过，病树前头万木春。”我们台州的破产审判工作刚刚起步，在供给侧改革的大环境下，玉环法院敢于发挥玉环人“自强不息，勇立潮头”的精神，愿意争当台州破产审判事业的排头兵。

此致

敬礼

陈巧峰 *

2017年2月3日

* 毕业于杭州大学财政金融系国际贸易专业，浙江大学法律硕士学位。现任台州市玉环县人民法院民二庭副庭长兼破产审判合议庭负责人。

04
建言

破产管理人制度改革问题浅见

尊敬的武庭长：

您好！见字如晤。

时光流淌，逝者如斯，提笔给您写下这封信的时候，正是我离开深圳市中级人民法院两年整的日子。两年的时间里，作为破产律师界的一名新兵，我奔波于各地，办理了大小二十余件破产清算、重整及相关的案件。在调整适应破产律师这个新角色的同时，我也在用心观察和体会作为一名破产律师在处理破产案件时的心路历程。这个过程一点都不轻松，在一定程度上说，并不比做一名破产庭的法官来得容易。

但同时，这个过程带给我的收获是丰富的，角色的转换带给我全新的视角，使我能够从更广阔的角度、更深入细致的层面看待破产程序，也让我更切实地体会到了破产律师、破产管理人在处理破产问题时的种种困惑和艰辛。从这个意义上说，我是幸运的，能够在职业道路上有机会站在法官与律师两个不同的位置去审视破产法，这对于丰富我对破产法律制度的认识，更好地从事这个我喜欢的法律领域的工作，是有很大帮助的。

这两年，基于任职回避的考虑，我没有办理深圳的破产案件，而是参与了一些深圳以外破产案件的管理人工作和为困境企业提供重整法律服务的工作，遇到了许多以前在法院工作时没有遇到的新情况、新问题，在发挥自己多年积累的破产案件审理经验，努力适应新情况、解决新问题的同时，我也有些思考，愿意与您分享，向您请教。

我国新《企业破产法》引入了管理人制度，这是市场经济下破产法律制度的重要改革。最高人民法院随后发布的两个有关管理人制度的司法解释，[①] 更是对破产管理人制度的各个方面，做了比较系统和全面的规定。

十年来，破产管理人制度贯穿了企业破产程序的全过程，在规范经济主体有序退出市场中扮演着举足轻重的角色。蓬勃发展的破产事业，也在全国培育了一支具有卓越业务水平和专业精神的破产管理人队伍，推动了破产法的实施。

但同时也应该看到，经过十年的发展，我们国家的市场经济水平已经有了突飞猛进的发展，社会经济结构已经发生了显著的进化，迫切需要各项法律制度适应经济的发展。施行了十年的破产管理人法律制度，已经开始呈现出不能适应破产法高速发展的问题，管理人在日常办理破产案件的过程中，也越来越频繁地面临现行法律规定无法解决司法实践中出现的新问题，或者出现了新问题却找不到相关的制度规定的困境和尴尬。因此，在健全市场经济体制和完善破产法律制度的进程中，修正破产管理人的相关制度是一项重要而迫切的任务。据我所知，最高人民法院也敏锐察觉到破产管理人制度在司法实践中存在的种种问题，希望对破产管理人的司法解释进行修改完善。对于修改破产管理人制度规定，我的想法如下：

1. 基本理念

管理人的法律地位应当进一步明确。我国《企业破产法》中仅规定了“管理人由人民法院指定”，“接受法院和债权人会议的监督”，而并未明确管理人的法律地位以及管理人的权力界限。在司法实践中，已经逐步暴露出管理人在依法履行职责方面遇到的种种困境和尴尬，例如部分行政执法机关对于管理人依法作出的移交资产、解除资产权利限制措施、协助调查等法律文

① 《最高人民法院关于审理企业破产案件指定管理人的规定》（法释〔2007〕8 号）及《最高人民法院关于审理企业破产案件确定管理人报酬的规定》（法释〔2007〕9 号）。

件效力不予认可，导致管理人的权力无法正常行使，进而造成法院必须大量处理破产程序中的具体事务，导致程序效率不高。

对管理人法律地位和职能的明确，核心在于为管理人履行职责明确权力来源。中国的破产法管理人权力来源方面可以借鉴“信托理论”，也可以综合大陆法系常用的财团法人理论，使管理人具备权威性、确定性以及中立性。鉴于中国的民事诉讼法还是采用“职权中心主义”的立法理念，法院是处理一切民事诉讼活动的中心，在破产程序中，法院也处于程序的核心和主导地位。无论何种方式选定的管理人，最终都需要法院的正式确认才能发挥作用。基于此，应当明确管理人职权的来源是法院的授权，属于国家司法权在破产程序中的体现和延伸，明确管理人在破产程序中的工作，系行使司法权力而非一般民事活动，具有司法权威性。管理人权力来源的法定性，也能保障管理人行使权力时的客观性、中立性和公正性，不会偏袒债权人、债务人或其他破产程序的参与人，同时能够保证实现各方合法权益的公平保护。因此，新的制度修改，首先应当对管理人在我国破产法制度中的法律地位做出明确界定。

2. 制度设计

《企业破产法》第三章仅对管理人的资质和职责作出原则性规定，内容过于简单，缺乏可操作性。现有的两个司法解释，也仅仅解决了管理人指定和管理人报酬方面的具体问题。从整体上来说，我国破产法上的管理人制度缺乏系统性和完整性，基本制度框架并没有建立起来，司法实践中相当多的实际问题在法律和司法解释层面，找不到相应的处理依据。在基本制度设计上，管理人制度至少应当包括如下方面：（1）管理人的选任制度。其主要包括管理人的资质、管理人名册、管理人的指定、管理人的更换等。（2）管理人的职责。其主要包括管理人的工作原则、管理人基本职责、管理人的法定权利义务等。（3）对管理人的管理和监督。其主要包括管理人的分级（分类）管理、管理人的考核与监督制度、管理人行业自律组织等。（4）管理人报酬。其主要包括管理人报酬标准的确定、管理人报酬的决定程序、管理人报酬的收取及监督等。详述如下：

3. 管理人的选任方式

《最高人民法院关于审理企业破产案件指定管理人的规定》第 20 条规定："人民法院一般应当按照管理人名册所列名单采取轮候、抽签、摇号等随机方式公开指定管理人。"虽然有竞争、推荐和清算组转任三种形式作为随机形式的补充，但选任方式仍较为单一，没有考虑个案差异和利益群体诉求，可能造成个别案件管理人无法适应案件需要，难以被债权人等利害关系群体接受。

虽然管理人权力来源于法律授权，但并不意味着管理人的选任只能由法院进行。完全可以通过其他形式选出有利于案件处理的管理人，并经法院的确认，使其获得法律授权的效力。在将来的破产审判实践中，可以借鉴国外经验，在特定类型的案件中扩大管理人的选任形式，由债权人、债务人推荐，或由重组方指定等。在具体操作上，可以在债务人自行申请重整时，由债权人或已经确定的重组方推荐管理人人选；在债权人向法院申请债务人重整或清算时，如在法院受理前已经由主要债权人成立债团或者联席会议的，可以由其推荐管理人人选，改革的核心在于体现管理人的市场属性和重整程序的商业价值。

4. 管理人的任职资格

随着市场主体法律意识的不断增强，越来越多的公司和企业，特别是大型企业，会在日常经营活动中聘请法律服务单位为其决策提出法律意见，这就包括了很多管理人名册中入册中介机构。一般而言，债务人在进入重整程序之前基本都会聘请法律顾问进行前期的论证、评估和策划以及重整申请及申请材料的准备等。这些中介机构已经熟悉了公司情况，与债务人沟通顺畅，那么在债务人进入破产程序后，由其转任破产管理人会对案件的处理产生积极作用，有利于提高办案效率、节省沟通成本。

近两年，我参与了不少担任债务人法律顾问，帮助债务人策划重整的项目，因为仅仅是为债务人的重整策划提供了法律服务，就没有资格在重整程序启动时转任重整管理人，有时会造成熟悉债务人情况的机构不能担任管理人，而管理人又不熟悉债务人情况的局面，影响重整效率。专项提供重整服务的中介机构担任破产程序中的管理人，并不必然导致公平性和公正性的损害，反而有利于更好保护全体利益相关者。如果债权人对于管理人的中立性、公正性存在疑问，可在其后的债权人会议上，对转任管理人的阶段性工作成果、专业性以及综合性等进行评判和表决，并将表决通过之后报告给法院，由法院决定是否更换破产管理人。

5. 管理人的考核和分级

对管理人的考核应当包括任职考核、日常办案考核和综合考核。任职考核可以借鉴英国法上的管理人任职考试制度。要求管理人，尤其是个人从业者，先行通过职业能力考试，使其符合从事管理人职业的最低要求。日常办案考核由法院在管理人办理破产案件过程中进行实时监督，从案件的效率、工作的实际成果、相关权利人的意见三个方面入手，评判管理人是否适任。对于工作效果不佳的管理人及时更换。综合考核方面，除考察管理人日常工作外，对于管理人团队的研究能力、创新能力以及团队的稳定性等进行考核，对于综合水平高的管理人推荐其更多的从事破产案件办理和相应问题研究工作。

对管理人考核的目的，不仅仅是对管理人的工作作出评价或者处罚，更重要的是激励管理人不断学习、不断总结，提高执业水平。针对管理人考核结果就可以作为管理人等级升降的重要依据，通过努力工作得到更高考核成绩的管理人可以晋升等级，从而承办更大规模案件，激励管理人不断进步。同样，对于考核成绩不佳的管理人应当减少其执业范围，缩小其能够承办案件的数量和种类，对于无法改正、完善或者缺乏必要执业技能的管理人应当淘汰，撤销其从事管理人的资格。

对于管理人的考核和分级管理，我们深圳中院已经走在了全国的前列，制定了比较完整的管理人分级管理办法和考核办法，实施几年以来，取得了非常好的效果。

6. 管理人的报酬

我国现行破产法中管理人报酬的规定，是十年前根据当时的立法条件和社会经济条件制定的，其固定的计算范围和计算比例，已无法完全适应高速发展的经济现状，实务中难以将管理人的实际工作业绩和效果有效地结合起来，从而导致管理人投入了大量的时间和精力，得到的报酬却不对等，影响管理人工作的积极性。在管理人报酬的计酬范围、管理人报酬的确定方式、管理人报酬的计算比例和特殊类型案件管理人报酬的确定方面，都需要作出改善：

第一，应当完善管理人报酬的计酬范围。《最高人民法院关于审理企业破产案件确定管理人报酬的规定》第 2 条关于法院“应根据债务人最终清偿的财产价值总额”计算管理人报酬的规定，定义并不明确，在司法实践中经常存在争议，应当对此概念作出明确的界定。这一财产价值是否需要先行扣减破产费用和共益债务，对于以股权偿债的股权如何作价等问题，均应当进一步明确和细化。

第二，改善管理人报酬的计酬比例。《最高人民法院关于审理企业破产案件确定管理人报酬的规定》中规定的固定累进比例计算报酬标准，虽然赋予了法院一定的调整范围，但灵活性仍旧不足。在下一步进行立法完善或司法解释时，有必要设计浮动计酬的计算比例，将报酬的多寡与案件的效果真实结合起来。

第三，扩大管理人报酬确定的方式。除了采用固定比例计算管理人报酬的方式外，还应当引入管理人与债权人会议、债务人、重组方协商确定报酬的计酬方式，使管理人的工作与相关方的认可程度能够通过报酬的确定方式予以体现，激励管理人更加尽职工作，取得更好的办案效果。

第四，建立特殊类型案件的特别计酬方式。现行中国破产法关于有财产担保的债务人资产规定的计算报酬比例很低，只能按照无担保财产处置计酬比例的不超过 10%，计算管理人报酬。而现实中，大部分公司，甚至是资产庞大的大型公司，其有效资产多数设定了财产担保，管理人也需要对这些财产进行管理、处分、收益，工作难度和强度并无太大变化，但收取报酬方面比例却大大降低，应当确定更合理的计酬方式，保护管理人的依法取酬权利。

另外，对于跨国破产案件、资产难以变现案件等特殊类型案件，可以考虑引入管理人按工作小时计酬的方式确定报酬，这也是国际上比较通行的方式。

7. 管理人制度的体例

应当是包含管理人名册编制、管理人选任、管理人指定与变更、管理人的分级管理、管理人工作规范、管理人的考核与监督、管理人报酬等在内的统一完善的规范体系。据此，建议编写一部完整涵盖管理人制度各个方面内容的司法解释：第一，将现有司法解释中关于管理人指定和报酬方面应予保留的内容编入相应章节；第二，对现有规定中与破产法司法实践发展不相适应的部分进行修正完善；第三，补充现有管理人制度中缺失的部分，总结各地司法实践中好的做法和经验，将相应的制度引入司法解释。

上述内容，是我从事破产律师工作两年以来，基于破产法律服务者的视角产生的一些观察和粗浅的认识，非常希望得到您的指教。

尊敬的武庭长，深圳中院破产庭是我工作起步的地方，在您的领导下，我们过去取得了一些成绩，也使得我们深圳特区的破产事业取得了长足的发展，始终稳健地走在全国的前列。我始终感谢深圳中院对我的培育和历练，也不能忘怀您在我辞职时对我的谆谆嘱托。虽然工作岗位发生了变化，舞台发生了转变，但是我对法律的热爱和对破产事业的不懈追求始终不变。我定然会不忘初心，踏踏实实地走好每一步。

值此丁酉新春到来之际，请允许我送上诚挚的祝福，祝愿您和我的同仁们身体健康、工作顺利！

胡 迪 *

2017 年 2 月 9 日

* 吉林大学法学硕士。曾在广东省深圳市中级人民法院商事审判庭、公司清算和破产审判庭工作。后加入北京市中伦（深圳）律师事务所，任争议解决部合伙人，主要业务领域为企业破产清算、重整、公司并购重组及商事纠纷解决。

破产法的艳阳如何普照农村大地

夏红兄：

展信佳！

2 月 8 日在破产法快讯中看到您《让破产法的艳阳普照农村大地》一文，我很受鼓舞与启发，关于“农村”和“破产法”我分别有一个关注的题目，在拜读您的大作之前，并没有将二者联系在一起思考的勇气与灵气。

关于农村，其实是愉快地背负着一个调查分析任务。2014 年工作之余，我旁听了李晓教授讲授的《中国经济发展史》课程。李晓教授当时布置的作业是阅读毛主席《寻乌调查》，然后写一篇 2000 至 3000 字的小论文。他提示学生们要看作者的态度，看他怎样做事情的。该文是毛主席于 1930 年 5 月所作的农村经济调查报告，从政治区划、交通运输和商业状况、土地关系和土地革命五个角度，详细地介绍江西省寻乌县的经济情况。这样的研究让人非常震撼，如果能够得以更新就更好了。因此我一直想模仿该文中的研究方法，对当前的农村进行一个相应的研究。

关于破产法，我一直在思考为什么中国仍未建立个人破产制度。2011 年导师李曙光教授给中欧法学院硕士讲授破产法的课堂上，我就问到了这个问题。2013 年参与翻译您主编的《远观译丛·破产法》一书，其中娜塔莉·马丁的《历史与文化在破产和破产制度发展中的作用：法律移植的危险》一文，启发我从文化角度深入。该文提到了从美国引进破产制度给日本当地文化的冲击，提示一定要意识到，移植破产法律制度，并不是植入没有文化积累的社会中。

两个看似平行互不相干的题目，经您的文章一点拨，发现有很多值得思考的交叉点。因为中国文化的特色还是根植于农村。破产法要得以发展、个人破产制度要得以确立，必须要重视中国的农村，面对在中国农村中可能遇到的困难。计划中的调查还没有实施，在这里想先跟您分享几个可能与破产法相关的事情。这些事情或许只是个例，却因其真实性让我无法忘记。

第一个事情关于农村企业。过年回到先生老家，山东无棣县的一个村庄。在家务农的亲戚一般都会同时找一个工厂干活，比如皮革工厂、化学工厂等。讨论到这些企业的待遇是否好时，一个重要的得分点就是拖欠的工资是否久。过年的时候工资发到 6 月就很不错了。破产法理应可以起到保护作用：企业无法清偿到期债权，可以依法申请破产；但是并没有人这么做，因为可能会丢掉这份工作。

第二个事情关于农民的家族观念。大年三十，我跟着媳妇们团、先生跟着弟兄们团、公公婆婆跟着自己的团，分别去村里族人各家拜访。不用提什么礼品，就是相互串门，表示都是一个家族的人。大年初一上坟祭祖，很多在外居住的人也都回来。贾平凹一本小说里，好像有说到某个城市里往上数不超过三代的人都是农民。考虑到中国几千年重农历史，每个中国人往上数可能都可以找到农民的影子。现在虽然很多农民转身进了城市，但是农民观念还是根植于心，特别是家族观念。这种家庭观念就是当一家有需要有困难的时候其他人都会要伸出援助之手吧。也就是说，一个农民如果有需要，他的亲戚都会帮忙，有一个破产的亲戚对于爱面子的中国人来说也是个打击。如果一个农民真的要申请破产，那可能代表他的整个家族经济都不宽裕。家族互助观念，在文化上提高了中国个人破产法实施的门槛：自己还不了钱可能还不会申请破产，如果借都借不了，那可能就不得不申请破产了。

第三个事情关于农业。光靠种地似乎已经无法满足正常生活需求，单独依靠农业种植的农民无法摆脱贫穷的烙印，无须其他意外事件，就可能已经满足申请破产的门槛。前面提到了拖欠工资的企业也不是那么容易进去。很多人还是依靠农业生活。但是农产品可以带来的收入却十分微薄。无棣县的农村主要种植棉花，2016年13亩地种植棉花，不扣除成本的收入也就是一万左右。而这已经需要非常大的劳动量。在依靠农业无法克服贫穷的情况下，破产法好像也无法解决这个问题：以前欠了债，通过申请破产保护免责了，但是新的生活也还是离不开债务，喝点农药就成了绝望者解脱的捷径。

通过上面几个事情总结一下破产法在中国农村实施的最大困难，先是贫穷，再是观念。

一说到贫穷，可能有点职业病的缘故，我一下就想到了贸易救济——反倾销反补贴保障措施。中国加入WTO之后，农业也面临着世界竞争，实质上就是小农经济对抗种植园经济。中国已经成为美国等国的主要农产品出口国。在这样的情形下，运用反倾销反补贴保障措施等合法手段，维护合法利益就显得非常重要了。但是由于疆土辽阔、农民分散、统计困难等原因，运用贸易救济措施并不容易。因而自从1997年中国第一起反倾销案至今，对抗外国农产品输华的贸易救济案件非常少，不过最近有了改观。例如，2016年9月22日中国商务部对进口食粮进行保障措施立案调查。又如，商务部于2017年1月11日公布对原产于美国的进口干玉米酒糟反倾销及反补贴调查最终裁定，决定自2017年1月12日起，对上述产品征收反倾销税及反补贴税。这两个案子都准备了多年。干玉米酒糟案曾于2010年提起过，但被终止，2015年再提起才得以成功。

我国发起的关于农产品的贸易救济案件，一般都是由协会或企业提起，例如中国酒业协会申请了干玉米酒糟案和葡萄酒案，中国畜牧业协会提起了白羽肉鸡案，内蒙古奈伦农业科技股份有限公司、黑龙江沃华马铃薯制品股份有限公司、大兴安岭丽雪精淀粉公司、青海威思顿生物工程有限公司、内蒙古科鑫源食品集团、甘肃兴达淀粉工业有限责任公司和云南昭阳威力淀粉有限公司提起了马铃薯淀粉案。而即使是协会所提起的案件，也多需要基于企业的数据进行统计分析，基于单个农民进行汇总分析非常困难。而美国的协会对于保护他们自己的农业也起着很大的作用。对美国干玉米酒糟征收反倾销反补贴税后，美国可再生燃料协会和美国谷物协会等就给新总统特朗普写信求关注了。

说着说着好像就说远了，从给您写信，居然说到美国协会给特朗普写信了。有的问题是破产法的问题，好像也是其他法的问题，例如如何保护农民；有的问题是农村的问题，好像也是城市的问题，例如前面所提到的观念，根植于农村的观念也以不同形式影响着居住在城市里的人。

粗浅感受落笔仓促，烦请师兄批评指正。感谢您组织编写《破产法信札》，给了大家说一说的机会。愿您万事如意！愿破产法的艳阳普照农村大地，愿问题都得到解决，愿农民富起来！

谢　琳*

2017 年 2 月 14 日于北京朝阳

* 北京市环中律师事务所，中国政法大学诉讼法硕士，德国汉堡大学欧盟国际法硕士，湘潭大学法学学士。主要工作领域为 WTO 争端解决、贸易救济和破产法。

建立“僵尸企业”处置指导协调机制的建议

省人代会议案建议审查工作组：

我是一名在法院系统工作的省人大代表。这次参加省人代会，拟提交一份《关于供给侧结构性改革中尽快建立“僵尸企业”处置指导协调机制的建议》。[①] 现就相关情况致信作一说明。

介绍建议案有关情况和内容之前，请允许我先讲一些实际工作中遇到的情况和故事。

我从 2010 年初开始在 NC 市中级人民法院工作，在那里工作的六年半时间里，全市法院几乎没有真正适用新《企业破产法》审理的案件，所处理的为数不多的破产案件，也多是原来没有审结的政策性破产案件。2016 年到 NJ 市中级人民法院工作后，破产案件受理情况稍微要好一点，但全市法院一年也仅 5 件。破产法实行近十年了，为何会出现这种状况？这其中有企业和债权人缺乏破产法律意识、未能依法申请破产的原因；也有法院担心在缺乏党委政府强有力统筹、协调和支持情况下，靠自身无力有效处理好企业破产案件众多复杂问题，而消极受理甚至拒之门外的因素；当然在

① 作者将此建议案提交省人代会议案建议审查工作组后的第三天，便收到省人大回复，称已将建议案转交省经济和信息化委员会研究办理。

一定程度上也反映出各地各有关部门对破产法宣传、引导和运用的不足。

无论是以前政策性破产案件还是现在的破产案件处理，没有党政重视、支持、协调和保障，破产案件很难得到及时妥善处理。有的案件受理后长期摆在法院无法处理，不仅对法院造成极大压力，也对法律实施、法治威信造成影响。在曾经受理的破产案件中，因企业资产处理、人员安置、部门扯皮、跨区域协调及社会稳定等多种原因，历经几年未能结案的都有过不少。某县一家农业企业因严重资不抵债主动申请破产，在依法受理破产申请、审查立案之后，选择确定破产管理人并进行了前期相关工作，却不料债务人也是本案破产申请人玩起了“失联”，法院和管理人既找不到债务人，也无法取得有关账册、资料，企业仅有一处面积不大的果园，管理人不得不安排人员守护，而债权人还成天找管理人、法院纠缠。经过近一年时间，债务人仍然没有出现，也联系不上，经评估其现有财产不足以支付破产费用，管理人依法向法院申请破产终结。这一案件中，法院及管理人做了不少工作，付出了不少精力和心血，管理人还为此垫付不少经费。

讲述以上情况与故事，是为了说明在当前大力推进供给侧结构性改革中，建立“僵尸企业”处置统一的指导协调机制，已是十分重要而迫切的一件大事。

去年，省委、省政府联合印发《SC 省推进供给侧结构性改革总体方案》，明确了支持设立“僵尸企业”破产处置绿色通道。全省各地也积极推进供给侧结构性改革，在扎实做好推进“三去一降一补”中，正积极开展清理处置“僵尸企业”工作，从有关方面了解到，省工商、税务、法院及内江等各地已作出相关部署，并以此为突破口，努力推进全省供给侧结构性改革。僵尸企业的存在加大了金融风险，造成社会资源的浪费，增加政府财政负担和社会不稳定的因素，严重影响到我国经济的健康发展。有关研究数据反映，目前全国工业部门中“僵尸企业”数量约占工业企业总数的 7.51%。按企业规模所做的不完全统计，大型、中型和小型企业中“僵尸企业”数量分别约 1 万家、5 万家和 13 万家。[①] 2017 年中央经济工作会议明确指出，要抓住处置“僵尸企

① 祝嫣然、章轲：《19 万家僵尸企业待出清 市场希望慎用产业政策》，载《第一财经日报》2016 年 7 月 29 日。

业"这个牛鼻子，严格执行环保、能耗、质量、安全等相关法律法规和标准，创造条件推动企业兼并重组，妥善处置企业债务，做好人员安置工作。这更是表明了中央的决心。可以预见，随着供给侧结构性改革的深入推进，今后一段时期，将会有更多的僵尸企业通过兼并重整、清算破产等多种方式依法有序得到处置、退出市场。事实上，在供给侧结构性改革和处置僵尸企业政策推动下，形势正在发生着巨大变化。截至 2016 年 10 月 31 日，全国法院新受理破产案件 3463 件，比去年同期上升 29.8%。①

综合分析实践中遇到的情况，我发现当前在依法处置"僵尸企业"的过程中，以下这些问题比较突出：

一是"僵尸企业"识别不清。国务院对"僵尸企业"的表述是"不符合国家能耗、环保、质量、安全等标准，持续亏损三年以上且不符合结构调整方向的企业"。一些学者对如何识别"僵尸企业"提出了一些观点，如"实际利润法"（武汉大学董登新提出）或"CHK 方法"（由经济学家卡巴雷罗、霍西和凯夏普共同提出，学术界较为流行）。② 在当前，国家发改委、工信、国资、财政等有关部门对"僵尸企业"的调查范围不同、口径标准并不一致，导致各部门统计的困难企业各项指标比较混乱，缺少量化性指标和针对性处置措施。

二是"僵尸企业"处置工作中，各自为政较为明显。从政府层面看，"僵尸企业"处置工作主要措施有并购重组、托管经营、扶持发展、破产退出。基于各自绩效考虑，"僵尸企业"处置工作中往往相互协作不够或是效果不佳，导致了实践中"僵尸企业"处置，可能出现该破不破的情况，不该扶持继续扶持，该兼并重组得不到支持，甚至相互掣肘等现象。

三是"僵尸企业"清退或破产配套措施不多。"僵尸企业"退出市场主要方式是直接向工商部门提出申请注销企业，被吊销营业执照，经营者跑路

① 王峰：《2016 年法院受理破产案件激增 助力"僵尸企业"出清》，载《21 世纪经济报道》2016 年 12 月 7 日。

② 何帆、朱鹤：《中国究竟有多少僵尸企业？——僵尸企业系列研究之五》，2016 年 2 月 2 日载微信公众号"何帆研究札记"。

逃避债务，依法破产等。由于缺少信用惩戒、个人破产等相关衔接、配套机制，使得长期陷入经济困难的企业只有很少一部分通过破产程序退出市场。如有关数据所反映，每年全国消亡企业百万家，仅两三千家进入破产程序。2007年《企业破产法》施行后，2008年至2015年，全国法院新收各类破产案件共计只有19551件，年均审理破产案件只有两千多件。[①]

四是“僵尸企业”处置中信息资源不能够充分共享。无论是针对“僵尸企业”进行企业破产重整，还是税务部门、工商部门、银行机构之间，都应进一步加强有关“僵尸企业”的信息资源共享。由于信息共享不充分，在金融、税务等方面扶持中，让该破的僵尸企业没有坚决破，反而得到扶持，从而增加了金融风险和政府财政负担。

基于以上调研分析，建议：

一是制定指导意见。建议尽快出台我省《关于加快处置“僵尸企业”的指导意见》，明确界定“僵尸企业”的识别标准，明确加快处置“僵尸企业”的目标任务、政策把握、方法路径、措施要求等。同时，该指导意见中还应重点就“僵尸企业”市场化退出问题，在总结我省实践基础上，围绕党委领导、政府引导、企业主体、市场主导、司法保障、地区与部门协调等方面，建立完善相关依法、快速的市场化处置、退出长效机制。

二是加强党委领导。加快处置“僵尸企业”是党中央一项重大战略决定，涉及企业有序退出、经济转型发展、职工权益保障甚至社会稳定等多方面工作，必须在党委的统筹领导下稳妥有序推进。建议各级建立加快处置“僵尸企业”的联席会议制度，党委、政府有关领导牵头，相关部门参加，围绕做好供给侧结构性改革，共同会商、研究有关工作意见措施，协调指导、督促做好快速处置“僵尸企业”的各项攻坚克难工作。

三是突出政府引导。在我国的“僵尸企业”处置工作中，政府不应是主导，但也不完全是由市场决定，政府应当发挥好积极的引导、管理和监督作用。美国的破产托管人办公室、英国的国家破产管理署等机构，专门负责有关破

① 王峰：《2016年法院受理破产案件激增 助力“僵尸企业”出清》，载《21世纪经济报道》2016年12月7日。

产工作的统筹、协调、管理与监督，一些做法值得研究借鉴。[①] 一方面，政府应当建立和完善分类处置“僵尸企业”的协作机制，甄别“僵尸企业”情况，坚持一企一策，因企施策，实现“僵尸企业”的盘活退出和要素配置市场价值最大化。另一方面，政府应当通过政府内部职能部门间协作机制的完善，引导鼓励各类责任主体、相关机构积极参与“僵尸企业”处置。在招商引资、企业登记注销、企业税务、人员安置等企业要素流动各重要环节，明确一方主抓、多方参与的协作模式，引导、构建有效的市场机制与通道，推动“僵尸企业”各生产要素的合理流动和有效配置。要充分依托信息化技术和“大数据”应用，建立起有关各方信息数据资源互通共享的“大数据”风险评控平台，实现政府相关部门就“僵尸企业”处置方面的信息数据资源能够及时、准确把握，做出正确研判、评估，切实依法维护好市场主体各方的利益。

四是完善市场“快速清退”机制。政府应主动指导帮助市场有关主体，完善市场自觉、有序的“快速清退”机制。通过相关部门、媒体协作，加大“僵尸企业”市场清理退出的政策宣传，引导“僵尸企业”和严重困难企业不回避问题，依法退出市场。政府还应当发挥好政府职能部门服务企业、协会、商会的作用，建立渠道或提供相关平台，帮助拟退出市场企业解决好兼并重组、职工稳妥安置、财税费用减免支持等问题。同时，加大对恶意逃避债务行为的打击惩处力度，规范企业登记和注销，完善企业风险的预警机制等，规范市场秩序，确保“僵尸企业”快速清退过程中转型平稳、社会稳定。

五是完善“僵尸企业”破产处置协作机制。全省应尽快细化、规范关于执行程序和破产程序衔接与移送，及破产重整、和解、清算、小额破产案件审理等指导性规范文件，推动建立高效、规范的法院办案内部协作工作机制。同时，应尽快建立跨区域的协调机制，以及法院与政府各有关部门、金融监管部门和银行等沟通协调、信息共享机制，切实推动和完善部门联动、风险预警、资金保障以及司法程序和行政程序的衔接等配套机制，从而加强和丰富法院与外部协作的渠道，以确保“僵尸企业”破产处置“快立快破快结”。

① 邓艳君:《论我国新破产法中人民法院定位的缺失及完善》，载《吉首大学学报(社会科学版)》2010年第3期。

与此相关，最高法也正积极推动建立府院企业破产工作协调机制。破产案件中，钱从哪里来，人往哪里去，均需要在党委领导下，与政府形成高度协调机制来解决。[①] 由最高人民法院建立的“全国企业破产重整案件信息网”已于2016年8月1日正式开通运行，这对于实现信息交流共享，推动完善企业破产制度、促进市场出清，推进供给侧结构性改革具有重要意义。

六是加快设立“僵尸企业”破产专项资金。僵尸企业的退出必然在一定程度上影响着当地政府的绩效、银行的资金利益、职工的权益与再就业等问题。所以，在依法前提下，需要对涉及的国有资产与债权债务处置作特殊政策安排、对企业职工权益给予必要的保障、对破产管理人工作与报酬给予相应保障。最高法也在积极建议建立破产费用援助制度，协调解决企业破产费用不足而无力破产的问题。据了解，当前，深圳、杭州、温州等地都建立了由市级财政资金拨付的破产专项基金，取得了良好的法律效果和社会效果。省政府已设立先期500万元的专项资金，全省各级政府都应加快设立专项财政资金，保障僵尸企业的破产快速清退能顺利实施。

以上建议意见，望予关注研究。

王邦习 *

2017年1月20日

① 邢丙银：《最高法谈清理“僵尸企业”：尽可能多兼并重组，少破产清算》，载澎湃新闻，最后访问日期：2016年4月8日。

* 四川省内江市中级人民法院院长，四川师范大学政法系研究生，法学硕士，中国政法大学经济法专业破产法律制度方向在读博士。长期从事政法理论研究、司法实务工作。

破产管理人协会的建立与完善

陈夏红博士：

您好！展信佳！

之前多次与您碰面，听了您很多关于破产方面的真知灼见，阅读了您关于破产方面的一些文章，也时刻关注“破产法快讯”，对您为中国破产界发展所做的贡献深表钦佩。近期我也拜读了您的文章《成立全国破产管理人协会刻不容缓》，感触尤其深。

我所在的浙江人民联合律师事务所2007年入省高院名册，我个人从2010年开始真正从事管理人工作，而现行的《企业破产法》于2006年颁布，至今也只有十周年，难免会有不完善的地方，故在这几年做管理人的工作中，我也是在不断摸索，在不违背管理人精神的原则下，解决工作中遇到的问题，寻求更好的解决办法，也积累了一些经验。现借此良机，写信想与您分享我这些年的工作心得。

我曾写过一篇文章《浅谈破产管理人协会的建立对完善管理人制度的作用》。这篇文章对目前管理人制度的现状进行分析，并总结了破产管理人协会的经验和对管理人制度完善的作用，建议更多的省级破产管理人协会和全国级的破产管理人协会及早建立并完善，为破产事业发挥更大的作用。温州是我国民营经济发展的先发地区和改革开放的前沿阵地。但近几年来温州受经济风波的影响，给民营经济带来了沉重的打击，许多企业陷入债务危机，举步维艰，纷纷面临破产倒闭的局面。温州市人民法院近几年审理破产案件的数量在浙江省乃至全国范围内，都占据了相当大的比重，有句话讲“全国破产看浙江，浙江破产看温州”就是形容这样的局面。2016 年年初成立了温州市破产管理人协会，以期为推动破产事业、处置“僵尸企业”做出贡献。在这一年中，温州市破产管理人协会也做了很多工作：2 月 16~17 日，协会应泉州市人民政府、泉州市中级人民法院邀请，赴泉州参加泉州市企业兼并重组和破产重整实务培训会议，在会上介绍“僵尸企业”处置经验及协会情况；派员参加在瑞安市举办的僵尸企业处置与破产审判工作专题研讨会的研讨，协会会长作为评议嘉宾参加会议，这是协会第一次在全国性的破产交流平台中亮相；11 月 1 日，美国驻上海总领事馆领事邵霭帝女士、徐茹女士访问温州市破产管理人协会，我及名誉会长周光在破产管理人协会会见了邵霭帝领事一行，并介绍了温州市破产管理人协会在实施破产法方面的做法和经验等。此外，我本人也多次在各地围绕“破产管理人协会的建立对完善破产管理人制度的作用”做主题演讲，强调管理人市场越来越庞大，已经形成一个新兴的行业，而行业相关规则的不完善，又制约着管理人市场的稳健发展，建议更多的省级管理人协会乃至全国级的管理人协会应顺应市场发展，整合零散的管理人力量，形成统一市场，为完善现行管理人制度发挥更大的作用。

温州市破产管理人协会在这一年中，成长了不少，也收获了不少。但是在管理人工作中，我也发现我国破产管理人制度存在些许问题。比如，从全国范围来看，相当多数的破产案件是没有财产的，管理人无法获得合理报酬，这难免会挫伤市场化的中介机构担任管理人的积极性，从而不利于管理人市场的良性发展；如今的管理人制度中，没有培训机制，各中介机构在处理破产案件的道路上摸索前进，具备了一定的职业能力。但面对错综复杂的重整案件，还有相当多的机构无法担任；一直以来，破产管理人都是各自为战，缺乏一个沟通、整合的平台。这导致实践中面临破产管理人缺乏统一管理机构、管理人权益得不到保障、破产重整案件难以推进等困境等。对此，我认为极有必要建成全国性破产管理人协会。这点与您文章中的观点不谋而合。

您在《成立全国破产管理人协会刻不容缓》写道："已有越来越多的城市诸如广州、温州、无锡、济南等地的市级破产管理人协会，已在过去两年间克服万难，如雨后春笋般涌现出来，河北省甚至成立了省级的破产管理人协会。这些破产管理人协会在服务破产管理人、推动行业自治规范建设等领域，尤其在推动同行互助、设立破产清算公益基金方面，已经积累了可贵的经验。我乐于看到成立全国性破产管理人协会的大业，既能够'星星之火，可以燎原'，更能够'农村包围城市'，早日实现破产管理人的自治、自律、自我服务。"这一点，我与您持有相同的观点。2016 年 5 月 29 日，我参加了山东济南中国破产管理人行业联盟筹备启动仪式，这个是中国全国性破产管理人协会的一个雏形，是破产管理人迈出的第一步，同时也是破产界对成立全国性破产协会达成的一个共识，让我们看到了成立全国破产管理人协会的希望。

破产管理人行业的自律性发展，迫切需要建立行业协会。建立破产管理人协会对完善破产管理人制度有着至关重要的作用。首先，可以协会之余补管理人之损，解决无产可破案件管理人报酬问题。承办无产可破案件容易造成管理人得不到合理报酬，而对此类案件丧失积极性的局面。为了解决这一问题，温州市破产管理人协会确定了无产可破案件补贴策略，对于有报酬的案件，管理人获取报酬超过 10 万元的，超过的部分按 10% 纳入协会账户，作为协会的财产，主要用于对无产可破案件进行补贴，每件补贴 2 万 ~3 万元。基本上可以满足管理人在处理无产可破案件的开支及部分劳务报酬。其次，利用协会平台，可开展各方位培训。那些在破产重整道路上走在前沿的管理人，积累了丰富的经验，如果能以老带新交流经验，开展业务培训，将会产生越来越多具备相应能力的管理人。最后，通过破产管理人协会开展业内惩戒，规范破产管理人的行为。《企业破产法》对管理人的行为规范规定的并不全面，只有在第 27 条作出了一个笼统的规定"管理人应当勤勉尽责，忠实执行职务"。正所谓，没有规矩不成方圆。法律不明确的地方破产管理人协会可以补充。温州市破产管理人协会成立后，设置了行业自律与规则制定委员会，对从业人员进行自律管理。

越来越多的法院和管理人意识到，管理人市场规模已经越来越庞大，已经形成一个新兴的行业，而这个行业相关规则的不完善，又制约着管理人市场的稳健发展。许多有识之士顺应时代的发展，寻求有效的方法促进管理人行业的规范化，于是破产管理人协会诞生了。在我国，走在前面的几个城市，破产管理人协会都发挥了重大的作用。也正如您文章中所写，破产管理人协会成为破产管理人的行业自治组织，进一步提高其专业程度和服务质量。当然，我们也知道，成立全国破产管理人协会不可能是一蹴而就的，还有很长的路要走，但我们也相信，困难终究会被克服，管理人行业的前途是光明的，我们的目标终将会实现。

祝

身体健康，事事顺心！

项军权

2017 年 1 月 13 日

* 华东政法大学法学本科毕业，浙江人民联合律师事务所首席合伙人，温州市破产管理人协会会长，温州市律师协会副会长，温州仲裁委员会仲裁员，温州市人民政府法律顾问，温州市“十佳”律师。

05
普
法

五彩缤纷的破产法

小何你好：

上次到你们学校举办了一次关于破产法的讲座，引起了你的兴趣。讲座中你问道，破产在中国为什么推动起来困难重重，难以得到各方面的认可？当时因时间关系，未及展开，今天来信详谈。

简要地说，破产法就是债权人与债务人关系的法，债务是我们生活的一部分，一个人一生很难没有债务，从朋友之间的小额借贷到向银行申请房贷，都是常态。而商业的世界更是如此，经营要扩张，企业就免不了负债经营。但是，风险是无处不在的，从个人失业缺乏收入用于还债到公司经营失败难以为继，每一个人，每一个公司，都可能成为债务人。

欠债还钱，天经地义。这是中国的古语。可是，有了还债的意愿，未必有还债的能力。还不出钱，怎么办？总不能像古罗马那样，卖身为奴吧？毕竟人类已经进入了文明世界。因此，许多国家就制定了破产法。但是，同为破产法，立法理念与实施效果也大有不同，各有千秋的背后，实际上是不同的文化背景尤其是商业文化因素。

先讲美国破产法。美国早期作为冒险家的乐园，鼓励冒险创新，而冒险创新有很大的失败风险。如果失败了，欠下大额债务，无法东山再起，则没有人再敢去冒险。为了解决这个问题，美国很早就制定了破产法。美国第一部联邦破产法《1867 年破产法》颁布至今已接近 150 年，美国的破产重整制度从 19 世纪末铁路公司衡平接管制度萌芽至今，也有超过百年的历史。美国破产的法律制度，从立法理念上就是鼓励失败的企业与个人东山再起。有一部纪录片《金钱的故事》（The Ascent Of Money）总结得很好：从 1996 年到 2006 年，美国每年有 100 万 ~200 万破产案。几乎每一个涉案人都选择破产，而非偿还债务。实际上，这种从无法偿还的债务中安然脱身、从头再来的模式，已成为美国资本主义的特点。自 1898 年起，每一名美国人，都有权根据美国《破产法》第 7 章"申请清算"或按第 13 章"申请自愿个人重组"，无论贫富。破产已成为同"生命权、自由权和追求幸福的权利"一样不可剥夺的权利，原因就在于美国法律设立之初便以鼓励创业精神、促进新企业的成立为目标，这意味着，在一次甚至两次不成功时，要再给人们一个机会，天生的冒险者不会因赚到第一桶金前的失败而气馁妥协，因为今天的破产者可能是明日的亿万富翁。

在《美国破产法》上，破产重整程序甚至已经成为一种市场策略在使用。破产重整在《美国破产法》第 11 章中有专门规定，又称为破产保护 (bankruptcy protection)。就称呼而言，只有一个不把破产视为耻辱的国家，才会觉得破产是一种保护手段。在破产保护的策略下，债务人可以与债权人谈判，大幅削减债务，获得重生的机会。美国现任总统特朗普的破产传奇故事就是很好的佐证。在 1991 年、1992 年、2004 年、2009 年，特朗普经营的公司均适用了美国破产重整程序，接受了破产保护。对此，他在接受采访时说：我运用了这个国家的法律去削减债务，我们将继续保有公司。我们将进入破产法某一章节，与债权银行谈判。我们将达成很棒的交易，就像《学徒》[①] 中那样。这是生意，无关个人。

---

① 《学徒》是美国一档知名的职场创业型真人秀节目，特朗普亦是这个节目的主持人。

相反，在英国的文化中，破产则是一件令人羞耻的事情，在英国历史某一时期，无法还债的债务人会被关进监狱多年。在目前英国破产法律制度中，更加侧重于对企业进行清算，而不像美国那样更加侧重通过重整制度挽救企业。相应地，英国的破产管理人更多地由会计师担任而不是律师担任，前者更长于核算资产，处置变现，而不是像律师那样去代表债务人去与债权人谈判，设计种种方案来挽救企业。英国破产实务界调查发现，英国破产法律制度中企业拯救程序——重整程序与和解程序两种程序的使用率之低“令人失望”。英国政府也认为他们以往的法律并未有效地推动“拯救文化”，即第一时间尝试拯救陷入困境的公司或者营业，而不是仅仅关门并且尽快把变现的收益分配给债权人。于是，英国在 2002 年通过《2002 年企业法》，希望改革破产制度。当然，许多制度的变革，立法是重要的推动因素，但单靠立法并不一定能够成功，还需要文化的接纳、配套制度的出台。

而在法国，破产法的情况又有所不同。欧洲国家受高福利制度的影响，更加重视劳工保护。《法国破产法》在债权人、债务人、劳工等不同群体的利益之间，最终偏向了劳工的利益，强调对企业保护，体现了浓厚的国家管制色彩。相应地，这个法律对债权人不利，《法国破产法》取消了债权人会议制度，债权人在破产事务中没有投票决定权，债权人代表仅仅享有向特派法官和检察官随时提出意见的权利。另外，《法国破产法》的特色之一是观察期间制度。观察期间实际上就是等待期间，在此期间内制定企业康复计划。法律规定只要无法偿债，便开始进入观察期间，以制定经济和社会状况报告及企业继续生存或转让企业的建议。一旦上述任何一种解决方式均不可能时，法庭才宣布进入司法清算。这种做法，其实就是实行重整前置主义，强制经营失败的企业先去重整而无法直接进入清算。但是重整未必一定会成功，不成功的重整，在一定程度上会消耗企业资源，与直接进入清算程序相比，会更加损害债权人的利益。

对于破产，不同国家的不同做法，正应了法学家萨维尼的那句话，法律是民族精神的产物。对比了不同国家的法律，最后我们还得着眼于中国。中国的破产法的实施，其实还在婴儿期，在磕磕绊绊中一路成长，也面临许多障碍。

一是文化的障碍。就中国传统历史文化而言，强调重农抑商，商业文化没有那么发达，对经营失败、欠债不还容忍度低，缺乏破产法的土壤。1949 年之后，从计划经济走向市场经济，也仅仅是数十年的事情。但是，不可忽视的是，从当年的“十亿人民九亿商”，到今天的“大众创业，万众创新”，市场与商业元素在我们的生活中影响越来越大。当创新、创业成为常态后，经营者面临的风险，也需要相应的法律制度跟上，否则稍有不慎，冒险创新的企业以及企业家个人便成为债务的奴隶，难以翻身。这方面，还有许多的路要走，比如许多人甚至银行，简单认为破产就是逃债，缺乏经济理性人的思维。因为不进入破产程序，企业反而继续消耗所有的资源，留给债权人更少。

二是民众的理解。在我们的语言文字中，“破产”二字，大部分非法律专业的人员，会直接等同于“清算”，很难理解破产实际上包含了清算、重整、和解三种程序，而重整程序，实际上是挽救企业的程序，通过债务重组、削减债务，反而可以促进企业再生。一言以蔽之，申请破产，只不过就如同生病的人进了医院，等待医生的救治，而不是直接进入解剖室。能否救治成功，进医院的早与晚是决定性的因素之一。由于民众甚至政府理解破产法有歧义，许多从业人员包括人大代表甚至提过议案，觉得把重整程序单独立法，称为“公司更生法”、“企业挽救法”等类似名称，可能更有利于破产法的推行与实施。当然，除了这两个障碍之外，还有许多因素，制约着中国破产法的实施与发展，就不一一展开了。

综上，希望这一回复，能让你对破产法了解更加深入。企业有生必有死，我们已经走在市场经济的大道上，必须深刻认识到这一点。破产法通过清理或者挽救企业，让市场经济大道不再拥堵低效，让那些健康的企业得到更多的机会。在这个意义上，破产法起到优化资源配置的作用，他是市场经济不可缺少的基石制度之一。

祝学业进步！

符　望

2017 年 2 月 6 日

* 法官，毕业于复旦大学，多年从事商事及金融领域的审判工作，现任上海市第二中级人民法院民六庭副庭长，参与审理三家证券公司破产清算案，上市公司华源股份、华源发展破产重整案等重要案件。

作为守门人，送企业穿过那扇门

蓁蓁：

见信好。

近日里听你聊起，你被你们医院借调去120急救中心担任随车医生的见闻，发现你已经从之前对自己急救业务上的不自信，和对医患紧张关系的焦虑中恢复了过来，我很是欣喜。闲谈中你问起我这几年做破产业务的感想，因时间所限，未及详述，特此书信一封，与你分享。

你现在所从事的是一个救死扶伤的工作，所遇之事都是性命攸关的，而我近年来与我的团队同事们共同担任了数家公司的管理人，面对的则是那些生命垂危的企业。

一个人如果到了命在旦夕的时候，他可能需要两种职业的人的帮助，一种是自然是医生，医生会根据医疗规程和家属授权穷尽所有救治手段，如输血输液、移植器官、心脏除颤等，尝试着延续他的生命，很多时候，这些手段是有用的，一如你现在做的工作。而另一种就是入殓师，毕竟生死有命，再强的医疗条件也无法对抗自然规律，真到了那个时候，入殓下葬就是人之常情了。

法律规定了管理人的工作内容，其作用在不同阶段大致对应了上述两个职业。管理人需要在接手一家企业后，评估这家企业是否具备救治的可能，存在可能并进行救治，则称为破产重整或者破产和解，重整相当于输血、移植，而和解呢，我把它比作除颤，总之，依据我们的工作思路，总要动些脑筋尝试着能不能用我们的能力，让这个“病恹恹”的企业活过来。这个过程与你们抢救病危的病人毫无二致，既取决于客观条件是否具备，又依赖于被救主体是否具有足够的求生意志。需要说明的是，我们救治的成功率可没你们那么高，按照现在的经济形势和制度安排，我们作为管理人能够接手的企业中能够成功获救脱困的自是少数。它们多脏器腐败，机能丧失、回天无力是常态。这个时候管理人就真正转为入殓师，要对这个企业进行破产清算。这个时候，我们需要像入殓师那样将那些经历了挣扎、对抗后，犹如来自车祸现场的“尸体”遵循法律程序，运用专业技能进行梳理，把它恢复成一个正常人能够理解的样子，呈现在法院、债权人、政府等相关方面前，供他们瞻仰，供他们了解。我们还会遵循法律和债权人的授权，将其身上有用的“器官”移植到其他市场经济主体身上，完成一次转生，破产企业所有有价值的资产，都将被变价偿还或者直接偿还债务，以使其回归市场，充分发挥它们在经济生活中的价值。

无论管理人这个工作是 ICU 的医生还是入殓师，他们陪伴企业走过都是一段关键而又非凡的旅程，我们都需要做得更好，不论是技能上还是情绪上。

让一个生命体能够体面地结束人生旅程，是大部分人的共识，因此依照《企业破产法》第 20 条规定“勤勉尽责，忠实执行职务的义务”的基础上，我努力让自己能够在充分实现债权人利益的前提下，使破产企业以及他们的所有者有尊严的经历这个过程。

一家企业最终走向消亡，其原因各不相同，有发展过快导致的、有跨行发展导致的、有规范缺失导致的，但是不计后果地挽救企业到最后的，往往还是那些企业的所有者。当我了解破产前一两年间企业的所有者为了挽救企业所做的努力时，还是能够感受到他们强烈的求生欲望。他们中的大部分是乘着中国经济发展最为快速的浪潮发展起来的，无论是能力问题还是时运不济，从企业出生到消亡，他们耗费在企业身上的时间和精力，绝对超过养育自己的子女，孝敬自家的老人。可能他们创办、经营企业的时候不曾想过，但是这些企业主和企业确实在客观上为国家缴纳过不菲的税收，为社会提供过不赖的产品，为个人提供过不少的岗位。事到如今，虽然凋敝了，还是不要太过苛责他们最后几年的错误了吧？我总是提醒自己，在和他们交谈、询问的时候使用敬称且语带尊重。即便最后关头，他们欺骗亲友，失信妄为，但纵是如此可恨，最终查实将融得钱款供个人挥霍的确实少之又少，大多只是拆东墙补西墙于事无补而已。

我只叹息，中国经济兴旺近40年间，企业沉浮迭代之快，直如《桃花扇》中所言“眼看他起朱楼，眼看他宴宾客，眼看他楼塌了”。一家企业一两年前还是“看上去还是活的，还很漂亮”的企业，不料市场形势风起云涌，转眼间就不行了。其实，越来越多的人从实体经济中退出的时候，越来越多的人抱着看笑话看热闹的心态，冷眼看待这些与企业一起陨落的企业所有者的时候，我们应当为他们激荡着热情和活力的岁月接近尾声而感到遗憾。

惨淡地过完余生，对于这些破产企业的所有者来说是大概率事件。以目前的破产案件的承办规模以及缺乏个人破产制度配套的客观现实看来，希冀通过破产程序缓解债务危机而重新上路的企业微乎其微，那些企业的所有者几乎无法像现任美国总统被传说的那样，多次破产仍然得以东山再起、家财万贯，重攀人生巅峰。他们很大程度上处在一个万劫不复的深渊，不是身陷囹圄妻离子散，就是背负了连带之债，有生之年估计都无法清偿。如果我的记忆没有出错的话，所有的民营企业在进入破产程序的时候，其股东或者实际控制人往往已经为企业的债权融资中的大部分提供了担保，所谓公司制度中伟大的“有限责任”安排在中国的实际操作中并未落实。这既有制度上安排上不够完整的原因，也有大量企业操作不规范，导致整个市场对于法人主体独立性的不接受。在当今中国没有个人破产制度配套的情况下，这些企业的所有者们必须在有生之年背负破产企业无法偿还的那部分债务，数额之巨令人咋舌，基本上可以说是了无机会了。几乎每一个破产案件，清退的不只是一家家的僵尸企业那么简单，更有可能意味着一群在经营管理上颇有建树的经营人才的退出，想来还是不胜惋惜的。最理性的解释，应该是他们不再适合这个市场环境了吧？

其实，这些企业的所有者又何尝不知道最后阶段的挣扎无异于饮鸩止渴。高利融资直接导致了更大的灾难，加速了企业和自身的陨灭。犹如一个溺水的人，企图抓住并按下周围任何可以触及的东西，挣扎着浮出水面喘一口气。自救的本能让他们把至亲好友都拉上了即将倾覆的轮船，让他们的形象变得悲哀，变得讨厌，可是那是本能吧，良知很少能够战胜本能的。很多人看待鲑鱼洄游产卵的场景时的感慨，反正都是死，为什么那么用力呢？而真正了解内幕的人，会知道这是一场向死而生的过程。

破产对于一家企业和他们的所有者来说是不幸的，但对于一个律师的成长来说，却是蕴含着丰富营养。

破产业务存在很多的未知和意外的因素，在繁复的工作中，很是考验临场应变和决策能力。我们既不能一味退缩，把决策的权利推给债权人、法院和政府，也不能独断专行不考虑债权人、法院和政府在案件办理中的作用。这个时候，协作的重要性体现无疑，往往需要我们将自己在信息搜集、风险防范、商务谈判、战略分析方面的优势能力穷尽之后，与有关方面充分沟通，参考他们的意见，或者将自己的搜集和分析结论，作为他们的决断的依据。这让我的思维境界和全局观念变强了。

管理人履行职务期间，需要使用多个视角来分析和解决履职过程中遇到的问题。当我们接管破产企业的时候，我们需要用收购方代表的视角全面完整的接收企业的资产、人员、印鉴、证照；当我们审查申报债权的时候，我们需要用法官的视角来适用法律，并且识别出与客观事实不符的申报；当我们管理破产企业的时候，我们需要用保守的经理人的视角来执行债权人会议决议的每一项议案，在员工雇佣、资金使用、资产管理方面谨慎行事；当我们融资借款的时候，我们需要用财务总监的视角，来与投资人周旋，力图展现破产企业资产最为优质的一面；当我们重整房产公司的时候，我们需要用开发公司项目经理的视角来跟踪施工进程，推进各方协作；当我们接待债权人的时候，我们需要用基层公务员的视角，体察他们的困难和情绪。视角的变化有助于帮助我们看清一个复杂事务的本质。

破产业务即使在律师的各项业务中，都堪称复杂。从律师本身的业务分类来看，管理人的业务属于非诉讼业务，但是它与律师诉讼业务之间有存在着很多的相似之处，不仅每一笔债权审查都相当于完成一次判决，而且《企业破产法》实质上更多的是一部关于破产业务办理的程序性法律，这就要求管理人在工作过程中，时刻关注并运用各种程序性的规定。而与同样需要全局视角综合复杂法律关系解决问题的非诉讼律师投融资业务的区别在于，管理人需要告诉委托人和第三方的是企业失败的程度，而非企业是如何符合成功的条件。总之，管理人履行职务的过程，既需要非诉讼律师信息搜集、行业研究方面的功底和能力，又包含诉讼律师在司法程序、商务谈判方面的熟稔和技巧。

相信所有体会到这些视角变化和角色模拟的管理人，都会感受到自己在给客户提供建议时思维层面的变化，更加充分的分析案情和更加全面的体会情绪，使我们不论是在提供顾问服务还是在实现争议解决的过程中更加从容地作出正确的判断。

最后，引用电影《入殓师》里面的台词概括我的管理人工作：

“在这里待的越久，我就越是相信，死亡，就是一扇门啊，它不意味着生命的结束。而是穿过它，进入另一阶段，其实就是门，我呢，作为守门人，送很多人穿过那扇门，对他们说声，路上小心，我们后会有期，把他们送走。”

恩，这就是我做破产业务的感受，希望某种程度上与在新岗位上的你产生共鸣。

此致

祝工作顺利。

王振翔*

2017 年 2 月 10 日

* 浙江六和律师事务所破产业务团队的专职律师。参与办理和负责办理破产案件，经办的破产案件中包含了制造业企业和房地产企业的清算和重整项目。

破产是为了更公平地分“蛋糕”

债权人张老先生：

来信已收悉。您来信说木森森公司进入破产程序已经一年有余，您多次围堵“王老板”讨要说法，到政府相关单位反映情况，都没有得到明确的答复，无奈之下才写信给我。如您所述，您借给木森森门业公司的钱是您和老伴多年的工资与积蓄，是您养老的依靠、后半生的保障，多次催讨分文未付。您焦虑、急迫的心情我完全能够理解。第二次债权人会议上，您突然得知管理人欲以总价 4500 万元将公司厂房、土地整体出售给台湾客商。经过测算，您的债权的清偿比例不足三成，与您之前的预期相差甚远。这消息于您无疑是晴天霹雳，使您不由怀疑木森森公司是否有心借助破产制度欺诈逃债，想“讹您的血汗钱”，在信中甚至将破产法比作帮助破产企业地遁逃债的“宝典”，是“十恶不赦”之法。

在这里，我要向您说一声抱歉，木森森公司破产案件审理了两年，让您和众多债权人忍受了一年的等待与煎熬。我作为案件承办人，虽然着急，尝试了多种方案，迟迟没有找到合适途径令企业起死回生。第一次债权人会议后，您和其他债权人一样，只了解公司的基本债权债务关系，但对企业企业破产方向、战略投资人招募情况知之甚少，难免产生焦躁和埋怨的情绪。您在信中对我和管理人工作的建议诚恳合理，使我获益匪浅。

您信中说您无法理解一个亿元企业最终只卖了4500万元。在第二次债权人会议上，您果断行使了您的投票权，在《重整计划草案》的选票中画了大大的“红叉”。但《重整计划草案》最终还是以各表决组超90%的赞成率高票通过了。您为什么不静下心来仔细想想其中的缘由呢？木森森的厂房，2006年确实投入了近1.1亿元，破产后的评估价也有7000余万元，“青山”仍在，您也因此有了较高的希望。实际上，木森森公司进入破产程序前，已经进入“半停业”状态大半年之久，厂房老旧，机器设备没有及时更新，部分已经为市场淘汰。因为是实木门定制行业，成品、半成品都有固定尺寸、色泽、花纹没有转手再利用价值，400万元的存货实际上是一堆废品。加之市场不景气，有价无市，想要通过司法网拍，价格一降再降，一拍二拍都以流拍告终。而数百位债权人联名上书（您也在其列），急切地想要得到清偿，木森森不能待价而沽。管理人接洽过数位外地客商，大多出价在3800万元至4800万元之间，还附加了各种严苛的条件。最终决定将公司以4800万元整体出售给台湾客商，这已经变现最快、出价最优、清偿率最高的方案了。您想想，如果没有进入破产程序，各个债权人争相行使债权，那将多么混乱，您的清偿率真的会比现在还高么？

接下来回答您的第二个疑问：“就算只卖了4500万元，我90万元的债权怎么可能才分到30万元？”我知道4800万绝对能清偿很多个90万元。但破产制度一直追求的“公平清偿”，是按照法定的顺序清偿。做一个不恰当的比喻，如果说破产企业的所有资产是一个“大蛋糕”的话，进入破产的是为了更好、更公平地分“蛋糕”。所有的债权人按照各自的债权类型列队按顺序发“蛋糕”。4800万元在清偿设有特定财产抵押的优先债权外，必须先支付企业破产的费用、共益债务，支付职工工资，清偿税款，担保债权，然后才轮到您所在的普通债权梯队。这样才能确保同一顺位的债权人能够得到相同分量的“蛋糕”，真正实现债权的公平保护。

您一定又想问：“凭什么先把钱给他们，我的钱难道不是钱吗？”债权并没有高低贵贱之分，破产费用和共益债务是为了保证破产进行，职工债权关系劳动者的切身利益，税款涉及国计民生，优先清偿是应当理解的。而您把钱借给公司，是一种投资行为，投资是有风险的，现在公司破产了，风险也只能自担。

说了这么多，也许你还有木森森公司假借破产逃债的怀疑，我也不能完全否定说不可能。破产法实施以来，确实不少企业股东都想钻法律的空子，但就木森森案件来说，概率是极低的。在破产程序中，您有个忠实可靠的“盟友”——破产管理人。进入破产程序后，管理人对木森森公司股东出资情况进行核查，确认全部股东已经足额履行了出资义务，但王总本人在 2011 年买城西别墅的时候挪用了 100 万元，已经追回。管理人还审计木森森公司自 2006 年成立以来的财务会计账簿、银行资金流水、购销合同等，两份虚假购销合同也已经做无效处理，公司名下的小汽车被李副总占用也被拿回来了。管理人还多方奔走，催收公司的外债，成功要回将天林公司欠的 146 万元模板款。对于债权人自身也享有破产撤销权，对个别清偿行为、偏颇性清偿行为、放弃债权等行为，在法定期限内，可以“一票否决”，要求原物返还，重新分配。前期通过几个债权人的申请，管理人的审查，追回了王总无偿转让的 3 台旋转喷涂机，价值 70 万元。木森森公司想逃债，就必须逃过众多债权人的眼睛，躲过管理人审核，越过法院的监管，成功逃债的概率微乎其微。

这么多年，破产法帮助危机企业重焕生机的例子已经很多了。尽管出于种种原因，制度设计中有些许缺失，逃废债的方法也是逐步升级（更隐蔽性、更有表面合理性）。但法治会不断进步，信用体系会不断完善，破产法也从未停下脚步。希望您能和我一样，怀抱着对破产法的期许，及时调整心理预期，若还有其他疑虑，我必登门拜访，一一为您解释清楚。

愿身体康健、顺心！

关耳 *

2017 年 1 月 20 日

* 郑燕，现就职于浙江省江山市人民法院，任职法官助理，江山法院破产审判团队成员，协助破产法官办理破产案件，从事破产工作一年有余。

党和政府不会亏待你们

福祥老伯：

您好！

值此新年佳节来临之际，收到了您的来信，读后甚是欣慰。我也很想念我们一起同甘共苦的工友们，回想过去，往事历历在目，不知道马黑牙、曹应录、张志义、李毅、王祥和他们还好吧？接到您的来信，我十分高兴，好像又回到了从前。您在信中说您的退休工资达到 4300 元，取暖费达到 4800 元，医保费用全家人都用不完……看到这里，我不禁想起 1997 年我们砖瓦厂破产时的日日夜夜——

县砖瓦厂，一个历经沧桑的国有企业，对 ×× 县这个国家贫困县的基础设施建设，起到了举足轻重的作用，但是由于企业多年负债，加上国家环保对黏土行业的限制，企业生存十分困难。当时我受县上指派前去该厂当厂长，据查 ×× 县砖瓦厂职工 17 名，占有土地 100 亩（国有划拨土地），破厂房 20 间，设备一套，银行贷款 78 万元，多年逾期利息 125 万元，欠薪达到 33 万元，企业处于半停产状态。我上任后看到的情状，是工人们都不在厂里，了解情况以后发现，大家出去打工挣钱养活妻子儿女，当时您就去邻近的一个建筑工地看大门，当我找到您时，您哭了，您说“我们是国有企业的职工，现在给别人当狗（意指看门）”，后来我一个个找到我们的工友，大家都在别处干活挣钱，对企业已经失去信心。面对现实，我彷徨了、后怕了，但是我也看到了另一条途径，依法破产。

当我提出破产砖瓦厂的想法时，大家都蒙了，七嘴八舌，说什么的都有，国有企业谁敢破产？破产了我们怎么办？谁给我们发工资？谁来养活我们？生病了谁给我们看病？等等。记得整整一个月，好在那是冬季，砖瓦厂停产，所以我们有时间专门讨论破产问题。

您是众多工友中最支持我的。我问您为什么理直气壮地支持我时，您告诉我，当时也不知道为什么，只是我谈起破产时说了一句，“党和政府不会亏待你们”，您就信了。

我记得砖瓦厂是 ×× 县第一个申请破产的企业。我把破产的理由和破产以后的打算向县领导汇报时，招来了县领导的一顿臭骂，说什么共产党的企业你也敢破产？你是不是党员，你给我写检查，写得不深刻再写。当时我不知道该怎么办，跑来跟您商量，您就说认准的事就胆子放大了做，不要怕！您给了我力量和勇气，我不但没有写检查，反而去找更高一级的县领导汇报破产事宜，得到县委书记的支持，但书记告诉我一定要把职工的善后事宜处理好。

我拿破产方案时，对 17 名工友的系列问题当成头等大事来做。首先，对欠付的养老金 22 万元如何上交的问题，我考虑破产以后把 100 亩土地变现以后解决；其次，拖欠的职工工资 33 万元怎么办？我当时答应你们，破产以后首先支付你们的工资，钱从哪里来？设备和房屋变卖以后基本能解决；最后，职工未来的出路怎么办？我答应你们接近退休的 6 名老工友（您是第一个破产后退休的）每月发基本工资到退休，当时大家怀疑我的能力，不相信，您也是第一个站出来支持我的，现在想起来很是甜蜜。后来我兑现了我的诺言，在 3 至 5 年间你们都顺利退休，领取了县社保局发放的退休工资，您领到第一个月的工资后还请我吃了干炒面片，您笑得很灿烂，至今记忆犹新；还有老曹、老张他们 9 人距退休还有 8 年多，我联系了县政府办公室、县畜牧局、县卫生局、县建筑公司、县农业局、县水利局等单位的领导，给他们安排了门卫工作，基本解决了交付养老金和吃饭的问题，这些工友们现在全部退休，工资都在 3500 元以上。有一次我还遇到了马黑牙，他高兴得合不拢嘴，从漏气的双唇间说了一句话："老了老了还拿上了工资，药费也能报上了，烤火费也给了不少。"说话间我看到他眼睛里的泪花在打圈圈；最后还有杨凤仙、李克明 2 人距退休年龄很远，对他们的情况我向县领导专题汇报，县领导高度重视，一人安排到县教育局工作，一人安排到县经贸局工作，拖欠他们的工资和养老金一次性进行了处理，至今他们还在工作岗位上。有一次我还看见了杨凤仙，她告诉我现在工作很顺利，已经考取了教师资格证，工资也提高了许多，她说破产以后的生活、工作均比以前发生了翻天覆地的变化。

您问我，到现在还不知道我从哪里搞来了那么多钱？既解决了你们欠付的工资、交了多年欠交的养老金，还付给你们一次性生活补助。这个可以告诉您——

当时，县砖瓦厂面临两难选择，要么破产重生，要么僵在那里。我选择了前者，对于一个严重资不抵债的企业，工友们发不出工资，企业无法正常运转，银行借款无法按期偿还，主要设备破旧不堪，无钱更新，税务局欠税累计达到 20 余万元无法缴清，以上情况符合 1986 年《企业破产法（试行）》依法赔偿还债的规定。法院受理我们的申请后，立即进入破产程序。至于您说的钱从哪里来？我当时和县畜牧兽医技术服务中心联系，他们有一个国家投资 500 万元地方配套 300 万元的养殖业项目，我瞄准这个项目后，把我们的 100 亩土地依法转让给他们，他们把县砖瓦厂欠付的职工工资、欠交的职工"三金一险"、拖欠的税金及职工生活补助全额支付，最后县砖瓦厂顺利破产，你们也顺利进入县社保局等待退休。

回忆过去，思绪万千，现在看来当时的做法和选择是正确的，没有当时的依法破产，绝没有今天的好日子。如果和县砖瓦厂一同挣扎，企业已经成为僵尸企业，没有人交"三金一险"费用，退休后一分钱也没有人给您，因此，我当时给你们说："一定要相信党和政府、相信法律，党和政府不会亏待你们"，今天看来，我们的选择是正确的。

最后，祝您身体健康，生活愉快，家庭和睦，晚年幸福。

敬上。

冶有贵 *

2017 年 1 月 7 日

* 青海沙利亚律师事务所主任，经济学研究生，农业经济师。

资本在破产业务中的春天

老同学：

自上次同学聚会一别，经年有余。你身处资本圈，我身处法律界，平时各自埋首不同领域，所幸所做之事还有些许交叉，聚会时对资本与法律如何“缠绵悱恻”、“情意互生”的讨论历历在目，不知老同学是否还记得？这些年我从事破产审判业务，算是循着法治之道，在实务中继续体会着那次讨论。

近日走在南国的街头，看到枝头上压不住的杜鹃花，原来是立春已至。想着企业破产法已走过十年，破产重整这一困境企业拯救制度经过一载孕育，亦似逢万千春风，让人欢喜以期。不禁让我又想起上次的讨论，资本未来在破产重整中的故事，也如这杜鹃花之于深圳的春日一般必不可少——不禁提笔，想如几十年前同学少年一般，与老兄再议一次。

上次你笑称，搞司法工作的人总是两耳不闻“窗外”事，是啊，司法作为最后一道保护合法利益的屏障，对经济形势的变化似乎是后知后觉，但有时候又是“春江水暖鸭先知”——至少对于资本未来可在破产重整业务中“大展拳脚”这股立春的风算是先感受到了。去年 9 月杭州 G20 峰会上，《中美元首杭州会晤中方成果清单》中承诺“中方高度重视运用重组和破产重整、破产和解、破产清算制度和机制依法解决产能过剩问题。在解决产能过剩问题中，中方将通过继续建立专门的破产审判庭、不断完善破产管理人制度及运用信息化手段等方式推进破产法的实施”，这还是最高人民法院作为中方谈判代表参与谈判的。而在之前一年，党中央提出推行供给侧结构性改革和推进“僵尸企业”处置，大概更是早早预示着破产业务的“立春”即将到来。老同学，以前我常说自己整天办“破”案，但是现在来看破产制度的发展完善已经是被盖章为国家战略和重大国际问题了。破产业务已成为一个热门的社会性话题，与破产有关的研讨会、研究会轮番召开，东北特钢、二重重装、广西有色等重大的破产案件不断涌现，浙江省、温州市、泉州市等地方政府相继出台政策支持破产审判工作，广东高院、北京一中院、厦门中院、德阳中院等地方法院相继成立了专门的破产审判庭，全国的破产业务和破产工作蒸蒸日上。直观地举个例子，早在 1993 年，我所在的深圳中院就成立了破产审判庭，而 2007 年企业破产法的实施又是添柴加火了一把。2008 年至 2015 年，深圳中院新收破产案件 412 件，其中 2015 年新收 131 件，涉及资产 247.22 亿元，2016 年新收又超 220 件。“破”案越来越多，至少说明企业破产制度正逐步被社会所认知和接受，他的价值和活力也在被激活。

也许你会问，何以见得这股春风也能吹来资本在破产业务中的春天呢？其实，多兼并重组，少破产清算，是中央清理“僵尸企业”的整体思路，而反映到破产制度上，就是要我们多破产重整，少破产清算。破产重整的路径是通过债务的清理和重组，最终实现股权和资产的重组，其结果是企业的主体资格或者企业的主营业务、主要资产得以保留，企业恢复持续经营能力，是一个融合了资产、债务和股权重组的综合性法律制度。但是其有效和规范地运行尚需其他社会配套资源的支持，其中之一就是社会资本。在重整期间，相当一部分企业有继续经营的需要，以便维持供销关系和职工队伍的稳定，为后续重组方的引进及恢复持续经营和盈利能力创造条件。对于上市公司而言，前期有相当一部分为清算型重整，重整的目的是保留壳资源。随着存量的困境上市公司逐步重整完毕，目前重整的上市公司和非上市公司多为再建型重整，企业在重整期间需要继续营业，重整结束后主营业务仍继续保留。

然而重整的企业基本都是陷入债务危机、资金链断裂的企业，其自身缺乏继续经营所需要的现金流。而且，由于重整企业信用下降、社会对重整程序认识不足等原因，企业对外融资能力也急剧下降。重整期间融资难，是重整企业普遍所面临的问题，重整企业对资金的渴求不言而喻。所以就目前的破产重整实践来看，资本对相当一部分案件起着至为重要的作用，而重整也为资本提供了获取丰厚回报的契机，只是目前两者的结合尚处于萌芽和刚刚起步的状态，未来两者的合作是有广阔想象空间的——所以这应该算是“阳和启蛰”了吧。

我也明白资本总是要考虑风险的，对资本收益和风险的谨慎也是你走过资本市场风风雨雨的原因吧——是啊，本来重整企业已经风雨飘摇、凄凄惨惨了，破产程序对于清偿债务顺序还有个“三六九等”的划分，新入资本万一“鸟飞蛋打”，谈何春光有多美？所幸的是，目前重整制度对此还是有合法保护的。实践和理论将重整期间的融资定性为共益债务，这已经是较为普遍的认识。共益债务在重整中具有较高的优先等级，仅劣后于破产费用和有财产担保债权，但优先于职工债权、税款债权和普通债权。所以，只要共益债务小于重整企业的全部资产扣减掉担保财产后的剩余部分，共益债务的全额清偿还是有保障的。除此之外，企业破产法还规定，重整期间为继续营业而借款的，可以为该借款设定担保，相当于为重整期间的融资安全加了个双保险。和你们平时投资收购的一些项目相比，破产重整的优势还是比较明显，子丑寅卯地至少能说出三点吧——

一是交易程序是法院主导下的、管理人和重整企业等各方参与的司法程序，交易对手通常为管理人且有法院监督，管理人依法取得管理人报酬，但并不会直接从交易中获益，能够确保交易信息公开、透明，能够有效杜绝虚假的和不实的信息。你上次提到在其他资本投资中往往还需要“斗智斗勇”、“掘地三尺”尽职调查，这在破产重整中是不需要了。

二是债务清理最为彻底。债务清理是重整程序的核心功能，清理方式主要包括两种，由管理人委托独立的审计机构进行审计，以及持续整个重整期间长达数月的债权申报工作——重整企业的所有负债情况基本是无处遁形。

之后重整计划会对所有债务的清偿作出安排，方案清偿完毕后，不足清偿的部分重整企业不再承担清偿责任。

三是股权重组具有价格优势。重组方的收购价格虽然根据《企业破产法》的规定应当不低于企业资产在清算状态下的评估值，但是却可以低于企业资产的持续经营评估值，企业收购过程中“讲故事”等溢价因素基本是被挤干了，重整企业极具价格优势。

至于资本如何参与到破产重整程序中，我可以简述一二。司法重整中，破产企业获取新资本的方式，主要包括内部融资和外部融资两种。内部融资是指股东、债权人等重整参与人提供融资。重整程序一般由一方主导，或为股东，或为主要债权人，为了推动重整程序的进行，主导方往往会提供融资，这是实践中较为常见的融资模式，此种融资模式也带有一定被动性。而外部融资，指的是由重整参与者之外的主体提供融资。与内部融资相比，外部融资对重整参与权和控制权的需求降低，更多的是追求安全稳定的收益——这也是我想和老同学你重点讨论的。过去囿于信息的不对称和不公开等原因，实务中一般通过信息的个别流通来寻找外部融资，东奔西走未必能把最合适的资金方找来，“众里寻他千百度”，那人却未必会在灯火阑珊处。但是近一两年，已经有个别地区尝试在资本市场上募集重整资金，比如浙江金融资产交易中心就通过发行共益债权投资收益权的方式，为重整企业募集资金。据我所知，该中心已在舟山中恒置业、安吉丰华置业、长兴莱茵河畔等五个重整项目中发行了共益债权收益权。而中恒置业投资收益权产品第一期 2500 万元 15 分钟售完，第二期 2500 万元 20 分钟售完，上和国际共益债权投资收益权产品年利率 7%，3000 万元在 1 分 20 秒内售罄，这些应该都是社会资本对重整融资认可和热捧的体现吧？在外部融资的重组安排中，引入重组方进行股权重组，是重整程序的核心事项。目前相当一部分重整案件是引入外部重组方，由重组方支付对价并获取相应比例的股权。在重大的重整案件中，股权重组所需的收购资金动辄几亿元、数十亿元。就实践而言，实业 + 资本是一种较为理想的股权重组模式。*ST 钛白、*ST 超日，以及深圳中院审理的 *ST 新都、水指实业公司、万基药业公司等重整案中，都有资本的身影。在

*ST 钛白重整案中，财务投资人以 3.3 元 / 股的价格受让股份，至 1 年的锁定期届满后，*ST 钛白的股价已上升至 9 元左右，这就是资本获得丰厚回报的契机啊。

当然，对于有意参与股权重组的资本而言，介入和退出必然是你们要考虑的事项。资本的介入首先是信息的获取，现在公开的渠道日渐增多，包括最高人民法院建立并力推的“全国企业破产重整案件信息网”、管理人发布的重组方招募公告以及相关的新闻报道等。你可以特别关注一下“全国企业破产重整案件信息网”，这个网站上汇集了全国经过司法程序整理的、具有投资并购价值的企业信息，在去年 10 月还新增了投资意向维护，可以查看投资人在信息网发布的投资意向，并且可以自动去匹配适合的债务人企业案件。资本对接的主体包括受理重整案件的法院、管理人、债务人以及股东、主要债权人等重整工作的主导方等。获取信息匹配后，具体介入的方式可以是股权投资，也可以是债权投资。

资本的退出主要包括上市、资产证券化、协议转让、债转股等这些你们比较熟悉的方式。比如我们深圳中院受理的“迅宝系”三家公司重整案，重组方取得债务人的股权后，将债务人资产注入退市上市公司深中浩，并相应取得深中浩的股票；深中浩取得营运资产并恢复盈利能力后，择机恢复上市，相关资本可通过此种路径实现退出。不过重整中股权的重组往往意味着原有股东的出局，资本不能依靠原有股东退出。在一些由地方政府主导的重整案件中，地方政府也不会为资本的退出提供保障。因此，资本只能依靠其自身力量退出，或者依靠新任的其他股东退出。

对了，上次你分享投资的“那些事儿”，对于项目运作与当地政府政策的处理也是让我们这些“外行”听得颇有感触。其实在破产实践中，由地方政府介入并主导一些具有重大影响力的重整案件是较为常见的现象。但依我之见，虽然如上所述地方政府不会保障资本的退出，但资本仍可和政府开展合作。这种合作可以是单一项目上的合作，资本可就重整企业收购过程中的优惠政策与地方政府协商，并可进一步约定后续经营过程中因投资和税收增加等所可享受的优惠政策。此外，双方亦可协商一并出资收购重整企业；也可以是多点但定点的合作，资本收购重整企业的，地方政府再向资本提供其他的具体项目，如由资本承接地方债的发行等；更可以是多点和全面的合作，资本以收购重整企业为契机，与地方政府达成全面、广泛和持久的合作关系，重整企业的收购反而退居末席，资本对某一地区的长远布局和规划才是首要的——这些应该和你上次分享的投资界的“趣事”有相同之处吧。

闲暇之余，我这几年也是关注起老同学你说的资本圈的“窗外”之事来。这几年国内资本市场新兴金融工具、投资方式方兴未艾，但是鲜有专门针对陷入财务困境的企业的投资工具。但在发达国家却似乎早已司空见惯，在美国的次贷危机中，市场哀声遍野，但是相关的“秃鹫基金”却赚得盆满钵满。当然，美国的秃鹫基金所投资的对象包括陷入困境的企业和国家债券，并不限于重整企业，这是不是也揭示了一条投资路径，即投资陷入困境但仍有前景和成长性的公司，能够获得超额回报呢？目前中国专注于危困企业投资的思维和基金处于起步阶段，随着中国经济步入新常态及破产案件的增多和破产业务的繁荣，个人认为还是有理由相信这将是一处富有想象力的市场，先知先觉的资本将有机会开拓出另一个可期待的利润增长极。老同学你是否认同呢？

絮叨一番，突然期待与你烹茶赏赏这春光，论论这“窗外”事了。可惜相隔千里，只能凭这封简信谈谈我躬行之时的感悟了。盼你闲暇之余，能复几笔与我探讨。

顺祝

万事胜意，丽象开图！

武永庆*

2017 年春

* 深圳市中级人民法院公司清算和破产审判庭庭长、深圳市中级人民法院审判委员会委员。西南政法大学毕业，曾任深圳中院房地产审判庭副庭长，现任公司清算和破产庭庭长。

当被执行人资不抵债，破产程序好处更多

尊敬的申请执行人：

你好！

不知最近信访效果如何，甚是挂牵。如信访局还未给出明确答复，烦劳你再听我将事情和你说一遍。

被执行人小熊公司自去年起由于转型不力，债务激增，资不抵债，现法院无法联系到该公司法定代表人或实际控制人。其债权人纷纷依据判决书、裁定书或公证债权文书向法院申请执行，其中涉及工人工资案件 23 件，涉及案款 50 余万元；涉及抵押债权人案件 5 件，涉及案款 130 余万元；涉及无担保债权人案件 20 件，涉及案款 340 万元。你所申请的 40 万元即属于无担保债权。

首先，我向您解释为什么申请执行人张某能获得全额执行标的的原因。执行程序属于个别清偿程序，执行程序依据生效的法律文书而启动，注重效率，依据当事人申请执行的先后顺序进行办理。张某申请执行小熊公司案件是我执行局第一起涉小熊公司的执行案件，当张某申请执行小熊公司时，由于只有此一起案件，且小熊公司账户有足额存款能够覆盖此案，执行法官通过网上查询、冻结、扣划程序，不到一月，便将案款 20 万元扣划并发还

申请执行人张某，此案执行完毕。而那时包括你在内的其他债权人尚未申请执行，这也是为什么你一直不理解，为什么张某也是普通债权人，却获得了法院全部清偿的原因。

此后，23 名员工申请执行工资，我院意识到了小熊公司的问题，迅速查封了小熊公司的账户和其公司设备。后其他申请执行人陆续申请执行，不排除以后还有其他人申请的可能。

经过法院的积极执行，本院共扣划小熊公司账户资金 12 万元，5 辆车辆（抵押物）评估值为 100 万元，公司设备、办公用品评估值为 50 万元。无其他财产可供执行，依据现有财产数额及申请标的情况，扣除执行费用，根据《最高人民法院关于人民法院执行工作若干问题的规定（试行）》（以下简称《执行规定》），被执行人为企业法人的案款分配，有两种程序：第一种是不符合《执行规定》第 96 条规定条件的，扣除相关费用并清偿优先权后剩余案款按照执行措施的先后顺序清偿，即普通分配程序；第二种是符合《执行规定》第 96 条规定条件的，扣除相关费用并清偿优先权后剩余案款按照各个案件债权额的比例进行分配，即参与分配程序。《执行规定》第 96 条规定，被执行人为企业法人，未经清理或清算而撤销、注销或歇业，其财产不足清偿全部债务的，应当参照本规定第 90 条至第 95 条的规定，对各债权人的债权按比例清偿。本院依据参与分配程序，预估普通债权人的受偿比例为 3% 左右。

包括你在内的普通债权人得知如此低的受偿比例后真的是炸开了锅，有人提案款分配异议，有人对之前张某的受偿提起撤销之诉，有人认为小熊公司管理层涉嫌欺诈，还有人如你采取的信访途径。可是不论维权的手段如何，在法院依法运用执行权的情况下，此债务风险，我想最终会由债务人承担。

然而，事情又发生了戏剧性的变化。在参与分配方案迟迟得不到全部债权人同意的时候，最高人民法院公布了《关于适用〈中华人民共和国民事诉讼法〉的解释》，其中第 516 条规定，对企业法人，如其财产无法负担全部债务，在当事人不申请破产的情况下，对于债务人的财产，普通债权人依控制财产先后顺序依次清偿。由于你申请执行较早，法院依据你的申请查封了小熊公司的两台车辆，你主张对此资产，变现后要首先受偿。你的要求并没有突破法律的规定，但却造成了申请执行、控制财产在后的当事人的不满，于是他们向法院提出了对小熊公司进行破产清算的申请。

关于此事，你也反复问过我，难道整个执行程序走完又要走破产程序吗？到底何时能获得应得的财产？面对被执行人资不抵债，有多个债权人申请执行的情况下，我认为相比于执行程序，破产程序对普通债权人也许好处更多，可以概括为三点：更稳定、更全面、可追责。

更稳定指的是在破产程序债权总额的稳定性，从法院受理破产案件后，最长三个月是债权人申报债权的时间，债权人如果未按时申报债权，此前已进行的分配，不再对其补充分配。这种在规定时间申报债权的方式，最大的优点就在于能够明确债权总额，合理确定分配顺序和分配比例。而执行程序中，如果参与分配就必须制作参与分配方案，而如果这期间又出现新的案件参与分配，则之前的分配方案作废。如此反复，不仅案款不能及时分配，而且会造成新案件甚至虚假诉讼的出现，使参与分配的数额不断扩大，严重损害申请人的利益。

更全面是指在破产程序中，管理人接管债务人的破产财产的全面性和处理方式的全面性。不同于执行方式的外部调查，法院受理破产申请后，会指定管理人，管理人的职责即梳理企业的债权债务，资产账目情况，从而在内部了解企业的实际价值。通过了解，可以判断企业是通过破产清算的方式偿还债务更合理，还是通过重整或和解的方式处理。而在执行程序中，仅仅能够依靠执行法官的外部调查了解企业的资产情况，这一调查更多的集中于房产、车辆、设备、账户等资产，很多时候不能涵盖企业的全部财产，且处理方式也较单一，多为拍卖一种变现形式，且一般不能整体处理，对于仍有运行价值的企业来说有可能造成较大损失。

可追责指的是在破产程序中，企业的董事、监事或者高级管理人员都有可能面临罚款、拘留等处罚，管理人如果不能尽到勤勉义务，也有可能会面临相应的处罚。而在执行程序中，法定代表人等其他公司高管虽也有可能面临限制高消费等措施的限制，但在无法全面了解公司账目，明确相关人员责任的情况下，限制高消费措施很难执行。

执行程序其出发点是单一生效法律文书，更多的是对单一“借债—还贷”模式的解决。而现代破产程序，则是在债务人不能清偿到期债务的情况下，在法院的主持下重组资源或公平清偿债权人财产的程序化的商业安排，在保护债权人利益的同时，要考虑资产的最大化，以保护债务人的利益，最大限度地使双方当事人的利益得到满足。其出发点是多个债权债务关系，对多个“借债—还贷”模式的解决。现在法律的规定是尊重当事人两种程序的选择权的前提下倒逼资不抵债的企业在执行程序中转入破产程序，选择通过执行转入破产程序对你的执行案件进行进一步处理有可能更为有利。

祝，一切安好！

孙学博*

2017 年 2 月 5 日

* 中国政法大学法律硕士毕业，现工作于北京市大兴区人民法院。

三份虚假的"收货单"绝对不能使用

大伯：

您好！

今天上午收到您的来信，放下手头的事儿就给您回信。

您说，三天前接管红光公司的破产管理人，已通知三叔30日内清偿8年前从红光公司取走的150万元借款，否则将依法强制执行。您亲自向破产管理人说明此借款已由借款人向红光公司提供铜板偿还。管理人的回复是：红光公司账面所收铜板均支付了相应对价，没有财务记账凭证能证明该150万元借款已清偿。得知此情，三婶儿让您找公司已退休材料员制作几份两年前的铜板收货单，再让三叔凭收货单向管理人申报债权并主张抵销在公司账面上的150万元借款债务。此法万万不可行。

我知道，8年前您是真心要资助150万元给我三叔买房，也是感谢他多年来对奶奶的悉心照料。只因当时手头没现钱，就让公司出钱，会计说要办手续才打了张借条，形成了红光公司长期挂账的150万元应收款。现在法院要强制执行三叔的财产，您会自责自己因公司破产害了三叔一大家子。

您说，您对公司材料员老王有过救命之恩，他家里就有当年使用的空白收货单，老王也认为您作为公司的老板，当时给三叔

150 万元是很正常的事情，破产管理人要追偿此款实在不近人情。前天下午老王已为您填写了三份显示两年前红光公司收到三叔提供铜板 28.5 吨的收货单，并说此事他一人做事一人当，让您只当不知此事。现您拿着三张“收货单”心中恍惚，问我能不能交给三婶儿？

大伯能给我来信，说明大伯是理智的。侄儿知道大伯多年来是全家的顶梁柱。没有您的鼎力支持和帮助，三叔、小姑和我们家都不可能有今天的好日子。红光公司的破产确属事出有因，也是我们经过反复斟酌为化解公司债务危机选择的最佳途径。红光公司破产的最低效果，也能使我们依法摆脱至少 9000 万元债务的纠缠，并使我们可以重新开始。你能果断的选择破产，说明你有壮士断腕的果敢，又有依法维护自身权益的理智。

王大爷制作的三份收货单绝对不能使用。我国《刑法》明确规定，让企业承担虚构的债务严重损害债权人利益的，对其直接负责的主管人员和其他直接责任人员处五年以下有期徒刑或拘役，并处或单处 2 万元以上 20 万元以下罚金。如果我们虚构债务欺骗债权人，就与我们申请破产时选择的化解债务重新开始的目标背道而驰，走上违法犯罪的邪路。即使暂时不被发现，也是给我们今后的生活埋下了定时炸弹。王大爷几十年清白做人，应很清楚虚开收货单的严重性，他完全是出于报恩而奋不顾身。如果事情败露，首先牵连的就是王大爷一家，也毁了老人的一世清明！再说红光公司管理人也绝不会仅凭三张“收货单”就认定红光公司仍欠三叔 150 万元货款。认定这笔债权还必须有红光公司的材料账、材料卡、出库单、材料盘点清单和相关当事人签字相互印证。如果让三叔向红光公司管理人出示这三张“收货单”，我估计十有八九是自投罗网！况且这 150 万元对于现在我们各家都不是过不去的大问题，即使三叔眼下有困难我们各家也都可以帮助解决。况且三叔已无偿使用这 150 万元 8 年多了。您不要把所有的事情都想自己扛，您已经为大家庭扛得够多了。这 150 万元也不是您能扛的事，更何况这是用你的人格、信用甚至人身自由在赌博！

大伯，我们生活在当今社会，作为一个从事生产经营的市场主体，能够在陷入债务困境时选择破产或重整，实在是享受现代法律制度对市场经营者的保护。我国的破产法律制度，为在市场经济环境中面对变幻莫测风险的经营主体，在陷入债务泥潭的情况下，设计了一条化解债务重新开始的生路。况且目前的红光公司还未必最终关闭，如果我们和香港刘先生就重新启动红光公司的谈判达成一致，并在 4 月 15 日前向法院递交重整方案，红光公司还完全有可能起死回生。破产法要求，要达到破产自救的目的，破产债务人必须充分展示自己为维护全体债权人利益所做的真诚努力。我们按照破产法寻求自我保护的每一步都离不开全体债权人的理解和配合。任何损害债权人现有利益的行为和态度，都将有损于我们依法维护自身合法权益的实现。所以我们每走一步都要以实现债权人利益最大化为前提，绝不能再损害债权人的利益。

说到底，通知三叔归还 150 万元借款既符合欠债还钱的常理，也是法律规定的明确要求。白纸黑字的借条，哪有不还之理？我国法律规定公司的所有收入，只要不是公司章程规定的分红或报酬，股东个人使用都必须归还，更别说亲戚朋友使用。公司的财产是公司经营者对外承诺债务的物质基础，保证公司财产的安全性、独立性、完整性是社会信用体系的基础，更是保证一个国家经济健康发展的基础。一个不能保证自己公司财产独立性和完整性的债务人，就没有资格在陷入债务危机的情况下向债权人主张破产并承担“有限”责任。我们要享受现代法律制度对我们的保护，首先要做现代法律制度的维护者、执行者。我国法律之所以要严惩侵占法人财产的行为，不是因为侵占者占了小便宜，而是因为这种侵占行为动摇了市场经济公平交易的经济基础，甚至会诱发社会的信用危机。

大伯，侄儿不是在给长辈讲大道理，是侄儿心中不安；也不是侄儿胆小，是侄儿目睹的惨痛事例太多。有公司总裁的儿子因用父亲公司的材料建房被判盗窃罪入狱，有持企业股份 90% 的董事长因侵占公司财产获罪服刑。这些在十几年前不可思议事情，已是今天法庭上认定的事实。侄儿高兴的是，我这个一直在大伯眼里的小屁孩，时而被大伯已尊称为“年轻人”，并有兴趣听我讲些书本上的事情。大伯处事是冷静的，否则绝不会为三张“收货单”给我来信。大伯就是太看重亲情，其实大伯已感觉到越过法律底线的亲情会害人、害己、害亲朋。

大伯应尽快把三张收货单退还给王大爷并销毁。告诉他您已咨询律师，说这样做既不能解决问题还会给大家造成无法挽回的损害，也是被法律严格禁止的。三婶儿那边我今天就会直接与她联系，问是谁给她出的那种害人的主意。三婶儿一向是胆小怕事的，我的话她会听的。如果三婶儿家里资金眼下有困难我可以帮他们解决。你一定不要再为这 150 万元债务分心！你和大娘都要保重身体。

祝好！

侄儿：明明 *

2016 年 3 月 5 日于郑州

* 王家伦，河南千业律师事务所破产重组部律师。

公司为什么会破产

老同学：

毕业 2 年多了，好久不见，甚是想念，我现在做破产业务，今天和你聊聊公司为什么会破产吧。

在生活中，我们会修辞性地把没钱或者欠钱戏称为破产。破产，从字面上看，破，破败，用一个更常见的词就是倒闭。产，资产，更直接地说就是钱。破产，就是公司倒闭，欠了一屁股债，没钱还。简单地说，破产就是公司资不抵债，无力清偿债务。

公司经营到了资产不足以支付对外债务的情形，也是挺无奈的。人有生老病死，公司也有。20 年以上的公司，在中国还真不多，这可以从侧面反映出达到破产条件的企业，真不在少数。就我的从业经历来看，一个公司会走到破产，大概会有以下几种路径：

第一种，在经济浪潮中被淹死。站在时代的风口上，猪都能飞起来，同理，逆趋势而行的企业，也会死得很惨。比如，2008 年美国的次贷危机，深深地扯动了所有的经济链条，本指望出口订单讨饭吃的中国企业，死伤无数。也有很多企业意识到了大浪来了，但是无力掉头，只能眼睁睁地看着自己被狂风袭击，毫无还手之力。

第二种，技术革命中被拖死。科技的发展，日新月异，实验室里的想法，很快就可以变成现实中的产品，或者军用技术解封，走向大众市场。经济周期或许可以预测，但是技术的发展，一旦取得重大突破，就会对既有的经济格局产生巨大的冲击。比如，传统的制造业，刚上一套新的生产线，就遇上了技术革命，更高级的生产线出现了，生产成本一降再降，产品价格也随之一降再降。最让我感到价格明显变化的就是手机和电视，跟20年前比，现在简直就是白菜价。

第三种，关键人物离开，公司也一起死亡。因为魅力而受万人宠爱，也可能因为魅力而遭受伤害。系于一点，则生死于这一点；系于一人，则成败皆在此人。中国的民营企业，第一代创始人的个人魅力、业务能力可以撑起整个公司，一旦这个人离开了或者去世了，公司可能就会乱，甚至遭到毁灭性的打击。

第四种，饮鸩止渴，被利息捏死的。后期债务的不断爆发，是压死骆驼的最后一根稻草。有许多公司，为了渡过难关，无奈之下，高息借贷。如果只是短期的资金困难，这还好解决。一旦出现了巨大的窟窿，就中国许多行业的利润率来说，借钱就是加速死亡。中国的金融体制，对中小的民营企业，已经没有怜悯。有很多的公司高层为了帮助公司渡过难关，把自己的身家性命都赔上去了，甚至是老婆孩子。银行或小贷公司要求公司的高管做抵押或者连带保证，也无可厚非，把公司和公司的高层紧密地联系在一起，可以让公司的高层更加小心谨慎的利用资金，最起码，不敢卷款跑路。

以上几种还是属于正常的破产，第五、第六种就真的有问题了，而且涉嫌刑事犯罪。

第五种，真逃债，假破产。破产也分真假的，有许多公司是真的破产了，比如上述的因为金融危机、技术革命或者关键人离去。但是也有许多企业是假的破产，最典型的就是，集团公司把不良资产转到某个子公司，然后任由子公司破产，以一个比较低的清偿率来应对债权人。另外一个经典的做法，就是骗银行的钱，通过造假、贿赂等手段，制造形式上合格的文件，假装通过审查，从银行把钱套出来。然后，该分钱的分钱，留一个空壳给银行，接着，银行的不良资产就噌噌地涨，这个故事几乎每天都在上演。

第六种，公司高层通过关联交易掏空公司，破产被当成了债务豁免的手段。有的公司高层可能为了公司的利益而押上自己的身家性命，也有公司高层是想方设法地从公司捞钱，不管公司的死活，极其不负责任。这里的高层可能是董监高、股东、实际控制人。比如，某个老板手里有几件不值钱的艺术品，通过倒手、宣传，然后借他人之手，将这几块不值钱的艺术品卖给自己的公司，迅速的套现。再有，公司的高层，把优质资产和关联方进行置换，损公肥私。

第七种，僵尸企业。僵尸企业还不同于破产企业，僵尸企业可能不存在债务。僵尸企业是那些还挂名在工商系统里的，被列入非正常经营或者被吊销营业执照，尚未注销，已经很多年不经营的企业了。这些企业空有其壳，实际上没有了正常运转和有效财产。这些企业存在巨大的商业风险，现在政府有计划清理这样的僵尸企业，为实体经济的发展扫除障碍。

以上是我接触过的破产企业的总结，每一个都是失败的教训。以人为镜，可以知得失，公司的运营应居安思危，上述的大坑小坑，希望你以后开公司的时候不要掉进去，更不要自己冲进去。

祝好！

冬冬*

2017 年 1 月 9 日

* 林冬冬，江苏冠文律师事务所专职律师，从事破产清算业务。

如何通过重整并购中国企业

尊敬的贾斯汀先生：

很高兴在上周的中国投资项目会议上认识您，当时您要求我向您详细介绍一下如何通过中国的破产重整程序来抄底一家中国境内的企业。我十分赞同您这一独特的投资视角，作为国际投资者除了并购运营正常的企业外，重整破产企业的确有可能是一种很有效的抄底型投资，我将在本信正文中详细向您介绍这种并购方式。

如您所知，中国目前对“僵尸企业”的处置方式首推破产，一般而言，在中国法上企业破产是由中国法院监督，在债权人会议和破产管理人主导下完成的。破产企业经历破产程序后一般会面临三种结果，通俗讲就是第一种破产清算并被关闭；第二种破产和解，即破产企业与债权人和解并继续经营；第三种破产重整，即由新的投资人代替破产企业的原股东，对破产企业进行重整，从投资的角度看，第三种方式正是我们的机会所在。

您可能首先要问投资者能在破产企业中找到合适的并购标的公司吗？尊敬的贾斯汀先生，说句玩笑话，进入破产程序的企业原来都是大企业或大公司，小企业或者皮包公司都是进不了破产程序的，因为小企业老板基本没有固定资产和难以立即变现的资产，企业撑不下去了，很可能就直接卷包袱走人、关门大吉，根本不会进入破产程序。而进入破产程序，特别是申请破产重组的企业，往往有较多的土地、房产和机器设备等固定资产，其主营业务规模也较大，在行业中仍占有一定的市场份额，其品牌也具有影响力。这种破产企业的破产原因不一定是主营业务的亏损，完全有可能是因为某笔巨额投资项目的失败，或是没有注意风险控制，陷入了担保泥潭，现金流断链。我相信凭借您的投资敏感度，完全可以在这些破产企业中找寻到和您的投资方向、行业需求以及战略定位一致的投资对象。

其次，我猜您肯定还会问破产企业债务那么多，投资者会不会陷入债务泥潭？您其实不用特别担心，以为企业在破产重整过程中管理人已经把所有债务进行清点，也会把所有资产进行排查，投资人可以清楚看到资产和债务的情况，投资人支付的并购该破产企业的对价，一般会成为归还债务的主要来源，在支付完毕后，法院的法律文书会确定债务归还结果，即使清偿率只有 15%，未清偿完毕的债务也不会要求投资人或者新生的破产企业再支付了。但是需要提醒您的是，有些债权人可能会在破产程序完成后再来申报债权，这时候需要按照原清偿率清偿。

排除了您的上述担心以后，我想来和您谈谈投资破产重组企业的好处。其实最大的好处就是“抄底”，在您多年的投资经历中，您肯定会有这种感受：您看中的好企业，不是要价太高，就是人家根本不打算出售股权。特别是大型企业，股权改造、引入新的投资人的机会并不太多。这个时候，您就可以去看看破产重组的企业了，您会发现，您并不需要用太多的资金量就可以买下一个企业，而且通过破产重组，原来的债务被剥离，企业得到了重生，您如果能使其恢复经营，重新盈利，就等于用很低的价格购买了一个大型企业。虽然恢复经营和重新盈利需要花不少精力和时间，但是您投资正常企业也一样是需要进行管理整合和经营磨合的，对吧？我给您列举两个成功案例，顺风光电重组无锡尚德，目前无锡尚德正常经营并盈利，江苏协鑫重组 ST 超日并更名为协鑫集成，重组完成后重新上市，曾创下上市首日涨幅 986.07% 的“神话”。

那么您应该如何取得企业破产重组的信息，如何介入呢？告诉您一个好消息，您可以参看法院的相关网站，比如“全国企业破产重组案件信息网”。如果您锁定了目标，您就可以和管理人或者法院接触，开始了解企业情况，特别要了解破产重组方的选择流程，在合适的时间点进入。

我记得您上次还问我，您在中国设立多年的行业投资公司，是否可以参与中国企业的破产重组程序。我个人认为是可以的。我理解您的行业投资公司，和现在市场上专门的 PE 相比，不是单纯的财务投资机构，而是更加着眼于一种实业的投资，您看重和选择的企业在业态上、行业分类上，都和您在英国本土的所正在进行的实业或投资有着同一性或和互补性，一般都是同行业或上下游产业。您可以对照《外商投资产业指导目录》最新版，来确定您意向投资的破产企业是否属于对外商禁止或者限制的行业。我粗略看了一下您在英国的企业情况，基本都不属于中国禁止和限制外商在中国境内投资的行业，所以不要有太大的担心。同时您的投资公司还持有行业中先进的技术、品牌和管理经验，这对于破产企业而言也许正是他们缺乏的。您在成为破产企业最终的重组方前，可能还要和其他意向投资人进行竞争，除了愿意出具的价格高低外，上述优势也是对竞争成为破产重组方的有利因素。

最后我再唠叨一句，您要完成一个成功的破产重组，您还是需要聘请中国境内熟悉业务的会计师和律师来协助您，除了破产管理人本身做的资产清查和债务登记工作外，您自己聘请的会计师和律师也可以从投资角度开展尽职调查、参与谈判、争取政府优惠政策，特别是参与制定可行的破产重组方案，分析债权人构成和诉求，准确确定报价。

以上是我要向您展示的破产重组作为并购投资手段的一些介绍，期待您来上海的时候，我们还有机会就此事深入探讨。

顺祝商祺！

杭东霞

2017 年 1 月 16 日

* 上海均瑶集团有限公司法务总经理，原为无锡尚德太阳能电力有限公司法务负责人，参与无锡尚德破产重组过程。

法院破产工作是保护诚信企业家的程序

尊敬的企业家朋友：

您好！

首先，衷心感谢您多年来对我们工作的理解和支持！向您对泉州市经济社会发展做出的贡献表示崇高的敬意！自改革开放以来，泉州经济社会快速发展，取得了有目共睹的成绩。这些成绩离不开广大人民群众的努力，离不开企业家的诚信守法经营。随着经济社会发展和产业转型升级，开展破产工作，清理“僵尸企业”，已成为构建市场经济，建设法治社会的必然，更是党中央国务院供给侧结构性改革的重大决策部署的要求。您对目前在我市开展企业破产重整工作表示赞赏，但是对某些企业可能通过破产重整程序 “逃避债务”表示担忧。这里，我谨代表泉州市中级人民法院向您致谢！谢谢您对我们工作的关心与支持！

正确认识破产工作是开展这项工作的前提。正如您所知道的，有交易，就有债务，欠债还钱，天经地义。然而有些企业主在企业资不抵债时，选择“跑路”，甚至在“跑路”前大量掏空企业资产，据为己有。此举损害了大量债权人的利益，损害了社会诚信，危害了社会稳定。因此，需要有一种公平偿债的制度安排，以保护各方利益，既保护诚信的企业债务人，也保护债权人，维护社会秩序。这就是我们所知道的破产制度。对一些产能过剩企业可以进行破产清算，清理僵尸企业，对一些资源雄厚、有市场前景的企业，由于暂时的困难，可以进行优化重整，促进企业转型升级。总而言之，破产工作目的是保护所有债权人公平、公正地实现债权，保护诚信的企业家，不受即将破产企业的持续拖累，保护社会经济不受即将淘汰企业的拖累。通过破产来实现适者生存、劣者淘汰、优者发展。对于目前商业环境、法治建设、社会稳定发展，具有重大现实意义，对泉州经济社会有多重利好。总之，法院破产工作是保护诚信企业家，打击不诚信企业家，维护各方利益的一种公平公正程序，而不是像某些人声称法院是逃避债务的避风港。

当然，合法免债是破产制度的应有之义。破产法中的债务人“债务额相对免责”，说的是在破产程序结束后，对于符合法定免责条件的诚实的债务人未能依破产程序清偿的债务，在法定范围内，予以免除继续清偿责任的制度。相对于强制执行中的个别受偿或私下偿债，依破产法程序的清偿份额可能会少一些，但是破产程序是一种其他途径无效的情况下采取的司法救济程序，它保障了所有债权人的公平、平均受偿。按破产程序处理之后未能偿还的债款，是债权人应当承担的经营风险。破产法的债务免责规定是一种法律设想，有人会意图利用这个法律设想逃避债务。因此，法律对这方面也有所规制，故意逃避债务者，将要付出人格、权利、财产责任甚至刑事责任的代价，避免有人意图通过破产程序“假破产、真逃债”，维护法律的公平正义。

一是权利义务的约束。我国《企业破产法》规定，自人民法院受理破产申请的裁定送达债务人之日起至破产程序终结之日，债务人的有关人员承担下列义务：妥善保管其占有和管理的财产、印章和账簿、文书等资料；根据人民法院、管理人的要求进行工作，并如实回答询问；列席债权人会议并如实回答债权人的询问；未经人民法院许可，不得离开住所地；不得新任其他企业的董事、监事、高级管理人员。《公司法》规定，“担任破产清算公司、企业的董事或者厂长、经理，对该公司、企业的破产负有个人责任的，自该公司、企业破产清算完结之日起未逾三年，不得担任公司的董事、监事、高级管理人员”。

二是财产责任的约束。《企业破产法》规定，人民法院受理破产申请前一年内，涉及债务人财产的下列行为，管理人有权请求人民法院予以撤销：无偿转让财产的；以明显不合理的价格进行交易的；对没有财产担保的债务提供财产担保的；对未到期的债务提前清偿的；放弃债权的。此外，《企业破产法》还规定，债务人为逃避债务而隐匿、转移财产的；虚构债务或者承认不真实的债务的行为无效。债务人的董事、监事和高级管理人员利用职权从企业获取的非正常收入和侵占的企业财产，管理人应当追回。《公司法》规定，“公司股东滥用公司法人独立地位和股东有限责任，逃避债务，严重损害公司债权人利益的，应当对公司债务承担连带责任”。

三是刑事责任的约束。《刑法》规定，“公司、企业通过隐匿财产、承担虚构的债务或者以其他方法转移、处分财产，实施虚假破产，严重损害债权人或者其他人利益的，对其直接负责的主管人员和其他直接责任人员，处五年以下有期徒刑或者拘役，并处或者单处二万元以上二十万元以下罚金”。还有其他相关方面的刑事责任，这里就不一一列举了。

四是司法方面的约束。法院在立案时，要严格审查关联企业债权的合法性和真实性，防止利用破产程序达到帮助债务人逃废债务的目的。对于债务人有巨额财产下落不明且不能合理解释财产去向，或者债务人存在先行剥离企业优质资产，另组企业而后申请破产等“假破产、真逃债”行为的，要依法裁定驳回破产申请或者将有关线索移送侦查机关侦查。对于在破产案件审理中有“逃废债”嫌疑的，法院在审理过程中可以采取以下措施：传唤债务人的法定代表人、控股股东、实际控制人以及其他主要责任人员，就债务人的资产与负债情况作出明确的说明并提供相关的证据；依职权调查取证；根据管理人的申请或依职权对债务人的全部或者部分财产采取保全措施；视情况对债务人的法定代表人、控股股东、实际控制人以及其他主要责任人员采取罚款或限制出境等强制措施；协同工商、税务、公安、海关等相关政府部门联合查处债务人的逃废债行为等。经查实，债务人企业若确实存在通过隐匿财产、承担虚构的债务或者以其他方法转移、处分财产，实施虚假破产，严重损害债权人利益或者其他人利益的行为的，应及时通报侦查机关，对其法定代表人、控股股东、实际控制人和其他直接责任人员依法追究刑事责任。因此，破产审判不是恶意避债者的避风港，破产审判只对诚信经营者提供司法保护。目前在市委、市政府的关心支持下，我们不断地完善打击逃废债机制，加大逃废债打击力度，在破产案件及时向公安机关移送查处涉嫌恶意逃废债线索，如对某电子有限公司法人代表执行逮捕。除了以上措施，我们还将进一步探索完善破产审判工作机制，加强拒不执行判决、裁定犯罪案件审判工作，加大破产审判审级监督、纪律监督，确保破产工作的公平与正义。

期待您为法院破产审判工作话诤言、献良策，共同维护泉州的诚信经营环境，促进产业转型升级，保护健康市场经济秩序，维护社会稳定，共同为泉州的美好明天谱写出锦绣华章！

致敬

骆志鹏

2017 年 2 月 20 日于泉州

* 现为福建省泉州市中级人民法院金融庭法官，中国政法大学学士，华东政法大学硕士，厦门大学法学博士。

就债务人欺诈问题答复债权人

季布满债权人：

你的信收到。你说：“凭什么我 1000 万元借款，最终分配清偿了 200 万元，其他的 800 万元就算打水漂了？”你的情绪激烈和认为债务企业的法定代表人一定转移或隐匿了大额财产，心情可以理解，其推测“肯定藏了不少钱！”却下不了结论。我所能答复你的只能就破产法和相关法律向你释明。

破产程序是债务企业在丧失清偿能力时，法院强制对其全部财产清算分配，公平清偿债权人。那么，这种程序是怎样的呢？就如你经历的安尼房地产公司（以下简称“安尼”）破产清算，“安尼”欠了包括你在内的 400 多人的 5 亿元债务，可它的资产不到 3 亿元，而且众多的债权人向它催债。“安尼”在法院受理前几个月就已经是一个债权人的钱也还不了。这你天天坐在“安尼”要债是知道的。你哭过、坐在公司不走，都拿不到钱，你绝望了。因为，有几个打官司的已执行收回了欠款；你又听说有“面子”的人也抵到了房子。之后，一些债权人向法院申请对“安尼”破产清算。你也来申报债权了，还不断问管理人什么时间能拿到钱。

法院召集了第一次债权会议，你晓得了“安尼”到底欠每个人多少钱，每个人作为债权人先要去申报债权。管理人审查后，还要债权人会议核查，最后对无异议的债权由管理人提供法院裁定认可。这样，作为债权人对“安尼”拥有多少债权心里才算踏实。搞清“安尼”总的欠了多少人的钱，其中还要分有没有用“安尼”财产作抵押，你现在知道有财产抵押的钱有优先偿还权。同时，管理人要清点“安尼”的所有不包括现金的财产，对这些财产要把它也变为现金就存在如何卖，因价格的高低关系到你和所有的债权人能分到多少钱的问题。所以，管理人在作市场调查、征求你们意见的基础上，要制订《破产财产变价方案》，然后按你们同意的方案来变价出售其财产变成货币。有了钱怎么分？管理人也是按照破产法规定，制订《破产财产分配方案》，这些方案都要在债权人会议上讨论通过，才由法院监督管理人实施。可以看出，破产程序的公平和尊重债权人的意志，又避免了单个诉讼执行可能会浪费社会资源的竞争和肢解债务人资产出售造成对所有债权人来说价值的损失。

对了，你和其他债权人提出的有“面子”先得问题。管理人对“安尼”在法院受理破产申请前一年内，把店面登记在大股东的同学名下，把好几套房子很低价地卖给了熟人，还有用房屋抵借款的；“有面子”的没到期一催就还掉了，最近半年也还过好几个人。这些在破产法上属“偏袒性清偿债务”可撤销的情形，已追回近 5000 万元，管理人在债权人会议上报告过的。你知道后，还对我说：“法院真公正！”其实，破产是有发现逃废债功能的。正如你指出的“安尼”老总亲家没有 500 万元那么多借给“安尼”的，最后查实，虚构的 300 万元欠条是无效，200 万元是真实的可以认定。另外管理人经过审计，“安尼”的几个股东还有 900 万元尚未完全履行出资义务的，也都缴纳了；董事、监事和高级管理人员利用职权从“安尼”获取的非正常收入和作为个人用的每人一辆车也追回了。

20% 的清偿比例，法院指导管理人已用了“洪荒之力”。当然，对于损失了 800 万元的你来说心痛和难以接受，我理解。《企业破产法》也是考虑周全了，虽然有需要修改的地方，并非你咒骂的“该死的破产法”。第 123 条规定，破产程序终结之日起 2 年内，发现有“应当追回的财产”和“破产人有应当供分配的其他财产”的，债权人可以请求人民法院按照破产财产分配方案进行追加分配。这个案件经管理人审计还 8000 余万元“亏损”账面反映不出原因，但也查不清资金流向，已涉嫌非法吸收公众存款罪移送公安侦查了。如果不是真实亏损而是隐匿转移了，不但构成犯罪，追赃部分也可以分配给债权人的，只是要立案侦查后的事了。

最后，顺着你关心的事要再向你说的，我最近正在看《世界银行自然人破产问题处理报告》，你提的情况在破产法已实施了百年的国家也还存在，但在你体验第一个破产案件就关注到，这确实是个问题，而且问得很好。书中提到的“债务人可能通过各种方式隐瞒欺诈，包括谎称自己的财务状况，或隐匿财产收入。另外，应关切防止破产救济制度被欺诈债务人滥用的问题，该问题没有简单或完美的解决方案。管理人和债权人的审慎监管是减少债务人欺诈的唯一有效方法。”相比较，我国的法治建设有个完善的过程，社会管理手段、诚信建设也在加强。短期或者较长期，你说的债务人欺诈不能否认其存在。所以，你推测和怀疑，我从内心里承认你怀疑的合理性，只是我目前也没有好的办法和肯定的说法向你回答。但这书上有个回答：“另一方面，人们不应过分强调这种欺诈所代表的危险。对许多现行破产制度的实证观察已反复证明，真正的欺诈行为的可能性微乎其微（大约是所有的案例的 1% ~ 3% 左右）。”虽然针对的是自然人破产案例，但企业破产制度设计时更容易纳入适当的保障措施，以检测和阻止债务人以及其他人的欺诈行为。

不知这样答复是否能令你满意，如解释还清楚，希望通过你的口也向其他债权人传达，使不理解者有所释怀。

此致！

徐根才 *

2017 年 1 月 15 日

* 大学毕业，浙江大学法学理论研究生结业。现任浙江省江山市人民法院副院长，四级高级法官。国家法官学院浙江分院、浙江法官进修学院兼职教师。

06 忆往

洗尽铅华：漫话特区破产往事

清兄：

你好！许久没有给你回信，新年前这一段时间实在太忙了，法院同仁人人在加班加点忙结案，我当然不能例外。

今年是《企业破产法》实施十周年，你在信中一再嘱托我谈谈这么多年来从事破产审判的感悟以及立法、司法方面的困惑和问题，并借此向读者展示破产法的缤纷世界，这实在难为我了。相较于其他法律领域，在我国破产这个专业实在太“小众”了，前些年受“待见”的程度不够，问题当然也就特别多，解决起来难度很大，其间的酸甜苦辣可想而知，要说和想说的确实不少。但从何说起才能不辜负为兄的嘱托，一时竟有些茫然了，这也是我迟迟未给你回信的另一个原因。

把改革开放以来我国破产法发展的辛酸史梳理一遍，显得有点啰唆，还是就近聊聊我熟悉的深圳吧。众所周知，深圳作为全国改革开放的窗口和试验田，一开始就是大陆市场经济孕育发展最早、最充分的地方。与其他市场经济发达国家和地区一样，极少数先知先觉的深圳法律人最早意识到了被称为市场经济“小宪法”的破产法的重要性，他们分别在20世纪90年代初就着手开展真正市场经济意义上的破产立法和司法工作，并最终于1993

年修成正果。这一年，深圳迎来了破产法发展的两大标志性事件：年轻的深圳市人大制定通过了《深圳经济特区企业破产条例》；同样年轻的深圳市中级人民法院在全国率先设立了专业的破产审判庭。自此，这座城市在取得举世瞩目的经济成就之外，才有了一束不为专业人士所知意义同样非凡的光环——市场化破产一枝独秀！

弹指一挥间，这个全国首家设立的破产审判庭已经走过了二十五个年头。如今她不再孤独，因为就在去年，借助中央提出的供给侧结构改革和清理“僵尸企业”的需要，全国各高级人民法院和中级人民法院的破产庭如雨后春笋般设立起来了。但是，她在默默走过的这二十五年里，从“开先河”到“立标杆”，边探索边实践，在这个当时未受关注的领域里深耕细作，将抽象的破产法条文诠释在一个个生动案例中，首尝了一系列的全国第一：先后审理了中国跨境破产第一案（广国投破产案）、首例证券公司和最大证券公司破产案（大鹏证券和南方证券）、最多上市公司重整案（深信泰丰等 6 家上市公司和金田实业等 4 家退市公司）、首例民办学校清算案（华茂学校）、首例实施实质合并清算案（汉唐证券及其 46 家关联公司）等一批重大、复杂、新型案件；大胆尝试了股票资产的实物分配、待决债权的记账式提存、母子公司合并式重整、上市公司的网络投票表决、复杂公司的预重整等一系列的新型审判方式；创新了管理人援助资金、入册专业能力测试、分级分类动态管理和考核、简易破产程序、执行转破产、“一登记两审查”、“两集中一回避”等一整套新制度；进行全方位的理论探索和研究，公开出版了《破产重整·困境上市公司复兴新视野》《破产前沿问题研究》《企业破产与重整案件法律适用关键词与典型案例指导》和《破产审判手册》等多部理论和实务专著；开展了《个人破产制度研究》等前瞻性调研……今天，破产园地中春意盎然，年轻的破产庭亦已步入壮年，但她悄悄为拓荒阶段这片园地增添的片片绿色永远令人铭记！

这样数说特区发生的破产法事件，你是不是觉得太抽象、太枯燥了，那我就拣几个你关心的问题，说说其中的故事吧。先谈谈你一再问及的援助资金问题。经过几年的累积，目前我院的管理人援助资金规模相对还是比较大的，自提部分已经达到了600余万元，财政每年预算计划近300万元，你可能很惊诧也很羡慕我们拥有这么一笔充裕的资金用于“无产可破”案件。但在2008年以前，我们和你那里一样，“无产可破”案件的破产费用只能寄希望于债务人股东或申请人垫付，无人垫付时只有驳回破产申请。被这个问题困扰久了，大家就开始想辙，最后觉得“抽肥补瘦”比较可行，也最容易见效果，于是就有了从管理人报酬中提取的想法，并随后在当年的《破产案件管理人管理规范（试行）》中作了规定，这构成了援助资金最初的一部分。

2012年6月，世界银行与国家法官学院在北戴河举办“破产法目前存在的问题与挑战”专题研讨班，我有幸作为深圳法院的代表参加了讨论和学习。在互动过程中，世界银行的专家介绍了欧洲发达国家（英国）在解决“无产可破”案件费用时，采用的是“肥瘦搭配”模式，即由法官在指定管理人办理某个资产数额较大的案件时，要求其搭配办理几个“无产可破”案件。我觉得很有趣，原来破产法文化最发达国家，是采取这么原始的方式解决问题，中国法官可没这么大的自主权，于是就向大家简要介绍了我们已实行多年的管理人援助资金制度，没想到受到了与会外籍专家的大力赞赏，称我们此举圆满地解决了这一领域的“世界性难题”。受其鼓舞，回来后我们即着手考虑如何扩大资金的规模，使其更稳定。

那些年党委、政府特别重视司法建议，我们决定以此为契机，写了一份能动服务市场经济、解决困扰市场主体退出的援助资金的司法建议，同时报了一份给政法委。政府领导作了批示，政法委领导更是高度重视，专门召集我们研究。有趣的是，在我们按常规套路向他汇报援助资金的必要性和意义所在的时候，他直截了当地点明了要害，这让我们非常惊讶。一打听，原来这位领导就是前面所说的少数先知先觉推动并亲手制订《深圳经济特区企业破产条例》的法律人之一，我们有幸攀上了破产法的前辈！谈话后，他专门安排一位处长负责我们与财委的对接与商谈。

接下来的谈判可远非你想象的那么一帆风顺了，财委的同志完全从财政资金的安排和使用原则出发，要求我们提供文件和依据，并表示没有依据他们无法安排。这可难为我们了，因为这件事本身就是深圳的创新，国家没有这方面的文件，国内其他地方根本没有类似做法。这一次我们才真正体会到隔行之间的沟通，是多么困难的一件事，有一位内行的领导是多么难能可贵！在说到政府究竟该不该管这件事的时候，我们甚至只能通过打比喻来说明，说一个企业的市场退出相当于一个自然人死亡，自然人死了，没有子女，尸体烂在大街上，政府能不管吗？财政拨款这部分援助资金就是这么艰难谈下来的。

接下来说说你特别想了解的破产程序启动难、能否通过立案登记制破解的问题。新破产法施行至去年，全国法院受理的破产案件每年也就2000余件，深圳稍乐观一些，2015年已达到131件，去年是216件，约占全国案件数的近4%。与庞大的工商机关吊销营业执照和法院执行不能企业数相比，确实不对称。究其原因，当然是多方面的，但我觉得更多的是申请难而非受理难。司法始终是被动的，如果当事人没有申请动力，何来法院受理？这从每年的破产申请数上可以得到证明。所以，我认为要从根本上解决问题，杜绝"僵尸企业"的存在，必须从源头上解决：

一是立法上要规定董事、高管和股东在企业濒临破产困境时启动自行清算或破产的义务，否则必须承担严厉后果，包括但不限于市场禁入和实施经济制裁等措施。

二是司法的界限必须清晰，不能将社会稳定、员工安置等社会问题一股脑儿丢给法院，否则，像《人民法院报》报道的宇庆法官那样，刮台风时要去破产企业修围墙、下雨时要帮困难员工修屋顶，法院能担当得起吗？

至于破产案件是否适用登记制，则不单单是个理论问题，必须考虑中国当下的现实。事实上，我们在起草《立案规程》后期，适逢中央提出立案登记制，为此，规程的制订曾不得不暂时停顿下来，按领导要求专门对此问题作出回应。但我以为，《企业破产法》对这个问题的规定其实是比较明确的，分别体现在第2条、第7条和第10条中：

一是企业进行破产清算或重整必须具备破产原因，这显然需要法院进行实体审查。

二是债权人提出破产申请的，法院应在受理之前通知债务人，并听取其意见。这与民事诉讼法规定法院受理原告起诉后才通知被告答辩有明显区别。

三是受理破产案件使用的文书是裁定而非民事诉讼规定的通知书。众所周知，裁定书是要履行一定程度的实体或程序审查经过合议庭评议后才能作出的。

四是决定是否受理的最短期限为 15 天，比民事诉讼法规定 7 天要长，这显然是为破产立案审查的特殊性而准备的。

如果破产案件适用登记制，破产申请来了就登记立案，还怎么听取债务人意见、进行实体审查和评议呢？更为重要的是不容忽视的现实问题，破产立案会产生一系列的重大法律后果——诉讼和执行中止、债权债务停止清偿、债务人财产和营业事务被接管等，这对一个正常经营的市场主体打击不可谓不巨大。在中国这样一个市场诚信度不高的经济环境当中，一旦被竞争对手利用，其破坏力可想而知。正是基于以上考虑，我们在《立案规程》中对此作了比较机智的规定，即前面所说的“一登记两审查”制度：立案庭负责破产申请的形式审查，经审查材料齐备的，予以登记并编立相应案号；破产庭负责实体审查，经审查符合法定要件的，裁定予以受理。这样做虽然当时尚存争议，但值得高兴的是去年 7 月最高法院已通过《关于破产案件立案受理有关问题的通知》予以采纳和肯定。

你在来信中还谈了诸多对破产法实施现状的不满意，作为业内人士，我深有同感。有些问题并不复杂，但呼吁多年，就是无人解决。

比如，破产案件受理后兄弟法院不按规定解除保全措施、不中止执行现象普遍，个别法院甚至在明知其他法院已裁定受理破产案件后，仍明目张胆强执行。对此，法院系统内部一直强调通过协调方式解决，耗费了大量人力、物力和时间，有的案件一协调就是十年，办案法院实在不堪重负。但其实想起来，这种行为不就是明显的违法办案吗？启动违法审判责任追究予以问责和纠正不是最简单最便捷的解决之道吗？

再如，全国各地一直在呼喊破产企业注销难，但对这个问题，破产法其实是有明文规定的，即由管理人持人民法院终结破产程序的裁定向原登记机关办理注销登记，但登记机关硬是凭其内部规章和注销网络流程，将该项法律架空了十年。通过我们努力，深圳地区本来已于 2012 年初步解决了内资企业注销难的问题，却没想到国家实行“三证合一”、“五证合一”后，没有税务机关出具的破产企业清税证明，注销问题又只能搁置了。其实，稍稍有一点破产法知识的人都知道，税款债权属于优先债权，经过破产程序后，能够清偿的破产企业均优先清偿了，不能清偿的也依法彻底免责了，何须纳税证明？这不是典型的不讲法嘛。类似的不可理喻事情，不胜枚举。前两年在办理一起证券公司破产案件过程中，需对其持有的一基金公司 5% 以上的股权进行拍卖过户。由于法律对持有基金公司 5% 以上股权的股东有资质要求，故我们在拍卖之前商请证监部门对参与竞拍公司的资质进行预审查，拍卖成交后，竞买人按规定办理股权过户。意想不到的是，有关部门不是审查该竞买人是否符合相应资质，而是要求必须由该基金公司提出过户申请。这意味着只要该公司其他股东不同意，任何竞买人想进入都是不可能的，即原股东想让谁进就让谁进，想以什么样的价格拿到该部分股权就以什么样的价格拿到，实际上将法院的拍卖行为架空了。就这么一个明显的道理，可就是协助执行不下来，你说法院怎么向买受人交代？以上种种奇葩问题，一方面当然与法院自身有关，但更多的是法院太弱势了。

青山遮不住，毕竟东流去。值得庆幸的是，在中央供给侧结构改革的东风吹拂之下，中国的破产法迎来了春天。我等“破产法律共同体”的全体同仁当以此为契机，携手努力，荡涤一切妨害破产法实施的制度障碍和行为障碍，以实实在在的行动来拥抱这个春天吧。

清兄，你信中谈及的问题还很多，但显然我无法在一篇回信中一一作答，有些问题我亦未考虑成熟，只能留待以后再聊了。

顺祝

近祺！

立弟 *

2017 年 2 月 9 日于深圳

---

* 慈云西，深圳市中级人民法院公司清算和破产审判庭副庭长，一级法官。长期从事破产审判工作，有丰富的破产审判经验，承担过多项破产相关调研工作。

星星之火，可以燎原

尊敬的陈教授、许律师：

喜闻“破产法信札”正在征稿，作为一名破产老兵，内心不免欢呼雀跃！在此特以“星星之火，可以燎原”为题，与大家分享从事破产工作以来的点点滴滴。

本人自 1996 年毕业后即进入深圳中院从事破产审判工作，20 年的破产审判经历是本人最大的财富，可以说感慨颇多。深圳中院敢为天下先，在全国其他地区对破产审判均属一片空白的情况下，早在 1993 年就成立了全国第一个破产审判庭，至今为止审理了南方证券破产案、大鹏证券破产案、广信深圳公司破产案、深中华重整案、新都酒店重整案等一系列在全国具有重大影响的破产案件。深圳中院率先提出管理人由中介机构担任的模式，并且在全国范围内首创管理人分级分类管理制度、管理人援助资金制度等破产审理规范，敢于“定标准、立标杆”，走在破产审判的前沿。也正是因为深圳中院的坚持不懈，近几年破产问题得到了全国的重视，2015 年 12 月召开的中央经济工作会议把“去产能”列为 2016 年五大结构性改革任务之首，明确当务之急就是处置“僵尸企业”，破产清理工作迎来了盛放的春天，全国各高级人民法院、中级人民法院纷纷成立破产审判庭，以便指导、审理破产案件。

可以说，深圳中院的这把星星之火，终于燃起了全国的破产热潮。作为一名从事破产工作的老兵，内心的激动和澎湃是难以言表的。

从事破产审判期间，本人印象最为深刻的莫过于经历了两次非银行金融机构（信托公司和证券公司）的破产风波。1999年，广东国际信托投资公司爆发破产危机，最后决定由广东高院和广州、深圳、珠海三个中院采取“一拖四”的模式，审理总公司和下面四个子公司的破产清算案件，深圳中院审理广信深圳公司破产案的合议庭里面就有本人的名字（只不过本人当时还是个书记员，后来本人在2005年才作为承办人审理后续事项，此是后话），在办理案件过程中，本人可谓是：南征北战、风餐露宿、拼劲十足，应该说，大家对本人的表现还是“蛮认可的”，本人也凭借优异的表现在2002年首次立功嘉奖，在当时来说还是“蛮高兴的”。而广东高院在审结这个案件后更是及时总结审判经验、记录办案历程，推出了《公正树丰碑》一书，详细记载了案件办理的点点滴滴。

当然，本人心中认为最值得聊聊的，还是证券公司的风险治理问题。2004年开始，证券公司因挪用客户保证金、违规操纵股票等问题在全国范围内集中爆发风险，深圳地区也有南方证券、大鹏证券、汉唐证券三家公司被国务院、证监会实施治理，本人有幸参与了全部三个案件的审理工作，其中南方证券破产案更是作为承办法官全程参与了整个过程。

南方证券是本次证券公司风险治理的巨无霸企业，挪用客户保证金的缺口超过80亿元，风险程度最高、债权债务数量最大、法律问题最为复杂，所申报的债权数额超过300亿元，堪称风险治理中的集大成者，按照某位领导说的：这个案件有可能是民国以来标的额最大的民事案件了。当时的南方证券可以说是“内忧外患”，内部由于个人债收购等问题尚未落实，能否进行破产清算尚不得而知，外部则发生了山东绝食事件、辽宁赴证监会上访事件等群体性事件，正是危急紧张之时。

本人有幸以特派员的身份，在行政清算阶段先行介入了解案件基本情况，为南方证券案顺利进入破产清算程序，奠定了坚实的基础。自2006年7月份法院正式受理，至2012年12月顺利终结破产程序，历时6年5个月，经过艰辛而卓越的工作，案件的办理得到最高法院的嘉奖以及社会的广泛好评。本人也凭借6年多时间持续的辛勤耕耘、勇于创新，荣立个人一等功，所谓"天道酬勤"也！本人归纳出的案件审理经验及值得推广的做法大致包括如下四个创新：

1. 实物分配，创新破产分配新模式

因南方证券操纵"双哈"股票（哈飞股份和哈药股份），持有该两上市公司流通股达到90%的比例，如果按照通常做法，先行处置股票，则很可能严重影响股市。本人和其他的老、小伙伴们经过反复论证，决定采取分配股票的方式对债权人进行清偿，一举解决了困扰多时的股市震荡以及提高清偿率两大难题，获得了债权人的高度认可和社会各界的一致好评，此后的证券公司破产案，如闽发证券、汉唐证券等，纷纷效仿南方证券的做法，均取得了良好的效果。

2. 合并清算，创新壳公司管辖新原则

南方证券有两个壳公司，分别注册在上海和南京，与公司实际系一套人马、两块牌子，纯属买卖股票、操纵价格的平台，并无实际经营，但主要的股票资产均投放在该两个壳公司名下，如何妥善处理南方证券与两个壳公司的关联关系并理顺司法管辖问题成为本人面临的首要任务。思量再三，经报请最高法院同意，在本案中采取了合并清算的方式并由深圳中院统一管辖，最终壳公司的股票资产纳入破产财产，统一分配给所有债权人，保证了债权人的清偿比例。

3. 创新存疑债权提存新模式，账面提存浮出水面

破产程序要求对所有债权同等清偿，暂未确定或诉讼中的债权要按照其所能分得的现金或实物进行足额提存，按这一理论，由于南方证券正在诉讼中的债权额将近80个亿，如全额提存，则股票不能一并处理，未来股市波动将可能造成债权人实际清偿比例的不公平，无法达到实物分配股票的效果。基于对诉讼中债权的理解和后续财产变现的信心，本案中首创了账面提存的方法，大胆将所有股票资产先行分配给确定之债权人，而未确定债权待其债权额确定后再以后续变现的财产予以清偿，解决了实务中困扰多时的难题。

4. 创新债权申报新办法，实现行政清算与破产清算无缝衔接

行政清算阶段，债权人已从全国各地飞赴深圳申报债权，破产清算期间要求债权人重新向破产清算组申报。如果机械化办案，债权人由于尚未受偿本来就有意见，要求再飞深圳申报必然怨声载道，效果不佳。基于债权人利益最大化的原则，我们创设了债权申报衔接的流程，通知债权人可以选择不重新申报，而将行政清算阶段的申报转为已向破产清算组申报，再由破产清算组逐一进行审核。由于考虑周全且确系为债权人着想，取得了非常好的效果。

当然了，案件办理过程中还有很多东西值得分享，受篇幅限制，这里就不一一道来了。办完上述案件后，本人也觉得如释重负，深感用心办好案件之不易并引以为豪！虽然并无诀窍，然倾注了本人全部心血，也算是有所安慰了！

仅以此短札与大家分享，相信“破产法信札”会给予众多从事破产工作之人更多的启发和受益，在此特祝“破产法信札”尽快出版并大力推广。

此致

敬礼！

林捷好 *

2017 年 2 月 9 日

* 深圳大学法律系本科毕业，吉林大学民商法硕士毕业。曾任职于深圳市中级人民法院，长期从事破产审判工作，现任广东汇森律师事务所高级顾问。

慕尼黑之秋

夏红兄及各位破产法同仁：

来信收悉，邀稿之事，令我受宠若惊。回国整整五年，亲身感受了“破事”从鲜人问津，发展到几近为一“显学”。每每遇上“破事”盛会，与“破人”畅谈，往往惭愧自己“不务正业”，但作为“破人”为“破事”鞠躬尽瘁之心未变。

时光回溯，为了以破产重整作为博士论文研究主题，我从哥廷根辗转来到慕尼黑。还记得曾经花 3 小时去读 4 页德语文献，疑惑不知是我的悲哀还是德国人过于严谨；还记得从 1985 年德国破产法草案的讨论，到 2010 年破产重整制度改革的启动，过了 25 年，德国人又回原点，而我又不得不从原点开始，研究德国人为何锲而不舍又回原点；还记得慕尼黑之秋满眼是秋雨朦胧，遍地落叶，叶落处是迷茫和思念；还记得相隔千里，落叶作明信，那寄回的思念和憧憬。一路走来，美好的不仅是鸟语花香，亦是从低谷荆棘丛中走出的喜悦，因为希望永在。我想这就是“破人”的信念。

破产并不意味着消亡，希望永在。劳斯莱斯也曾经历破产重整之旅，美国三大航空公司都曾经历过司法重整。在破产重整制度的发源地美国，破产重整业已成为危机企业凤凰涅槃的策略性工具。实际上，为数不少的企业在陷入危机时仍处在十字路口，选择正确的道路才是关键所在。危机企业不应惧破产之“恶名”，而应及时正确使用各项重整工具。这不仅拯救的是危机企业本身，而且亦使得与危机企业息息相关的企业员工、商业合作伙伴，乃至一地经济避免陷入困境。从此角度而言，破产法构建的不仅是企业退出机制，亦是企业拯救机制；其谋求的不仅是债权人利益的最大化，而更应是企业价值的最大化，乃至社会整体利益的最大化；其不仅应具有重整促进功能，而且可具有经济稳定和促进之功能。尽管在特定文化背景下，提出破产重整申请乃一艰难抉择，并有可能“失之毫厘，谬以千里”，将企业引向消亡。但毫无疑问，破产重整是拯救企业的有效方式，偏见和恐惧并无助于问题的解决，只会使问题恶化。

庭外重整往往是理想很丰满，但现实很骨感。破产重整则往往看似费时耗力，但犹如孙悟空的“金箍棒”，可大可小，擅用之，则简便轻巧，却威力无穷。破产重整亦是一味药，用对了就是起死回生草，用错了就是情花之毒，让你越陷越深，直至消亡。破产重整制度也并非万能药，并非所有的危机企业都应重整或能重整成功，但并不能因噎废食。破产重整不仅应回顾历史，立足当下，更应展望未来。且此未来为债权人、债务人、投资人、商业合作伙伴和员工而来，而且亦应在法院审视之下由重整参与人来评估规划。破产重整程序不仅是债务人竭力自救的程序，亦是一谈判合作、利益协调、合作共赢和风险共担的协商妥协程序。

依美国破产法，债务人利益居于优先地位，司法重整程序应在最大程度上确保其可以重获新生。在 20 世纪 80 年代，德国破产法改革委员会在破产法改革文本中将破产重整程序的规定置于破产清算程序规定之前，并以此体现破产重整的优先性。但 1994 年德国破产法改革并未采用这一立法体例。德国立法者认为，破产清算、转让性重整及存续性重整应等同视之，由此通过所有变价方式的竞争来发现最佳的破产财产变价方式，从而实现债权人利益最大化的价值目标。换言之，债权人利益最大化才是德国破产法应然之使命，即便是维系企业经营、工作岗位保留、资源优化配置和确保就业的经济政治考量在破产法的框架下仍无法撬动债权人利益最大化的价值目标。但不可否认的是，通过维系企业的继续经营亦可实现债权人利益最大化，由此破产重整中相关主体的共同利益显然在于实现债务人企业的继续经营价值。如若从社会整体利益最大化的宏观视角出发，尤其考虑到经济发展及就业岗位，破产重整无疑从经济和政治考量上要相较于破产清算居于更为优先的地位。“多重组，少清算”的更准确表述应为“重组优先，清算置后”。“重组优先”意味着面对任何一个危机企业，都应判断其是否具有继续经营可能。

破产重整制度效用发挥的首要前提是破产文化的塑造，只有从文化层面追根溯源，才能对症下药，治标亦治本。然而无法否认的是，在众多国家，“破产”仍是一个贬义词。相较于美国成熟前卫的重整文化，中国的重整文化尚处于启蒙阶段。可喜的是，仅仅在一个十年里，中国的破产从业者们就已积累了大量的实践经验。法律制度的运行效果亦能反作用于人们对“破产”的理性认识。某些重大重整案例的良好示范效应促使市场开始真正认识到破产重整的效用。但文化理念的转变仍值得期待，破产重整制度完全可以被理解为一个有效的拯救企业工具，乃至一种经营策略。于此方面，学术引导和媒体宣传的作用必须发挥。

毫无疑问，破产重整法律制度亦应供给侧改革，应为重整参与人的利益诉求而改革，应顺应市场需求而改革。破产重整法律制度不仅应为重整参与人提供程序引导，而且亦应为重整提供行之有效和种类繁多的重整工具。如此方能高效而低成本，方能实现多方共赢，方能实现资源的优化配置，方能实现整体利益的最大化。不可回避的是，制度设计者和法律实践者有可能被滥用错用防止之考量所绑架。如何在重整促进与滥用防止之间有效平衡，乃立法者和司法者必须面对的难题。2016 年我的《庭外重整与破产重整的衔接路径及制度设计》一文在商法学研究会年会上荣幸获奖。拙作提出：预先包裹式重整虽是应对破产重整高费用和不确定性的良策，并显然能在降低破产负面效应的同时有效提高重整成功可能性。然而于当下中国，仍需要在制度设计方面加以创新与完善。德国的重整准备程序应是可借鉴之举。通过在统一破产程序框架下设置重整准备程序，不仅可为预重整提供一缓冲区，缓解制作重整计划草案的时间压力，化解适时进入破产重整程序的难题，进而确保预重整的持续性及连续性；另外，通过这一缓冲区亦可达到考察的目的，从而防止滥用或错用重整，并便于人民法院根据实际情况作出裁决。简言之，重整准备程序这一制度设计可达到促进重整及防止滥用的双重目的。重整准备程序中重整申请受理的相对宽松及债务人自行管理批准的常态化亦能吸引债务人尽早启动重整程序，避免债务人企业因恐惧丧失控制权而在庭外重整中垂死挣扎，并最大程度上降低破产负面效应。

夏红兄，另一妄加推测的是，由于众多跨国公司的存在，有朝一日破产（重整）法律制度的竞争或将成为必然。相关主体必然会选择效率高、成本低的重整法律制度来推进重整。从此角度而言，法律乃竞争产物的论断亦将再次得到证实。这一论断曾在美国和欧盟公司法中得到印证。不管破产重整法律制度改革是在谨慎中慢慢前行，还是勇闯夺命岛，我贸然以为，破产重整法律制度的理性竞争显然应以效率竞争为核心，但令人担忧的是触底式的非理性竞争。改革与前行之路漫漫。尽管现实仍然会很骨感，但风儿会夹着细雨，透过无尽的黑夜告诉你我，“破事”盼着你我。我们一起面对“破事”的难，即使真的很难。

此致

破产法同仁的敬礼！

旺翔 *

2017 年 2 月 15 日于宁郊

* 何旺翔，德国慕尼黑大学法学博士，南京财经大学法学院副教授，兼职律师。长期从事公司法及破产法研究，获 2016 年中国商法学研究会“中青年优秀论文二等奖”。

我经历的一些破产案件

小吴同学：

自从上次见面，已近半年之久。上次你提到，希望我稍闲时能给你写信，讲讲我经历的一些破产案件的难忘之事，既能将自己职业生涯的一些事情记录下来，也有助于你的研究生的学业研究。如今近半年，居然一字不见，甚愧，见谅。

几年前，我们公司以风险投资形式投了中西部地区一经济欠发达省份的一个矿业公司。前后几次，一共投了3个亿，这个矿业公司将其矿权抵押给了我们。后来，我们了解到，除我们公司之外，该公司还欠了很多的民间高利贷。因为投进去的钱被挪作他用无法偿还，于是我们申请其破产，法院受理了破产申请。去年，法院召开了第一次债权人会议，现在，我跟你讲讲这个“一债会”（第一次债权人会议的简称）前后发生的一些事情。

在讲这个“一债会”的事情前，我给你介绍一下这个矿业公司的债权债务情况。这个矿业公司总欠债约16亿元，我们公司是最大的单个债权人，我们的借款本息等近4亿元，该矿业公司的矿权抵押给了我们。目前，该矿业公司唯一值钱的就是这个矿，其他诸如房产，不多，也全部抵押给了当地的一家银行。另外，该矿业公司向几十个自然人借了大量的高利贷，总额据说达到10

个亿，矿业公司无法偿还这些人的高利贷，其大股东及法定代表人被这些人逼得很急，甚至被劫持至某地，要求还钱，否则撕票，最后应该是凑钱还了一些，人是平安被放出来了，但这么大的窟窿他们根本无法弥补。据了解，矿业公司借的钱，根本就没那么多，据估计也就不到2亿元，后来变成10个亿，全是高利贷。在申报债权阶段，我们查看了他们的一些借条，非常离谱！比如，有借条是这样写的："今收到某某某现金6000万元，用于公司生产经营，定于某年某月某日前还清。此据"，还有其他一些借据，内容与上述都是大同小异，都只有借条，没有任何转账、提现等记录。该矿业公司在当地有一定知名度，本来发展前景很好，但因为民间高利贷，导致其不能翻身，所以，当地的人都说，该矿业公司是被这些民间高利贷给逼上绝路的。

关于申请破产，也有一段故事。一开始，我们公司是提起破产清算申请的，因为该矿业公司是当地的一个大型企业，收到我们破产清算申请，当地政府和法院立即给我们做思想工作，让我们撤回，我们坚持；政府和法院于是劝说我们不要提破产清算申请，让我们提破产重整，经过考虑，我们同意了。后来我们撤回破产清算申请，向法院提起破产重整申请，但意想不到的是，法院让这个矿业公司直接向法院提起破产和解申请，法院于是直接裁定受理破产和解申请了。我要说，这个破产和解，比起破产重整对我们更有利，因为根据破产法规定，重整期间我们是不能行使抵押权的，但和解期间我们的抵押权行使则不受限制。后来我们了解到，这个法院之前没怎么审理过破产案件，这方面的审理经验及人才应该是匮乏的，他们实际走的是破产重整之路，但程序走的却是破产和解的程序，跟没有深刻理解破产重整与破产和解的区别有关。

好了，现在回到"一债会"的事情了。"一债会"之前，管理人跟我们沟通，告诉我们政府找了第三方公司来重组（我们称为"接盘公司"）该矿业公司，由该接盘公司按大约30%的偿还率承担所有的债务偿还。但是，我们了解到，这个接盘公司仅是和矿业公司签订一个意向性的协议，内容就是该接盘公司有接盘的意愿，其他更多更具体的内容就没有了。我们认为在矿业公司和接盘公司未签订正式协议之前，就将和解协议草案提交债权人会议讨论根本不靠谱。为此，我们对管理人的这个安排非常不解。另外，矿业公司明知道我们是矿权的抵押权人而不跟我们商量和解的具体事情，我们也感到非常奇怪，要知道，这个引入第三方接盘的事情，如果没有我们这个矿权的抵押权人认可，则接盘公司要成功接盘运营可没那么容易。

重重疑惑，无法解答。而当时，我们更关心我们的债权申报情况，离“一债会”开会前一周，我们要求管理人将确认的债权表提供给我们以便我们审核确认，但管理人表示债权表还没有最终确定，先给了电子版的债权总额的统计表，说最终的债权额基本上跟这个差不多，但也可能会做一些微调。开会前一天，我们仍要求管理人提前给我们会议资料，特别是债权表，但管理人拒绝了。“一债会”的前一天，我和我们公司的陈总到达矿业公司所在县城。本来是我一个人去的，后来，考虑到本案的复杂性及矛盾的尖锐性，公司不放心我一个人去，安排陈总同往，两个人相互有个照应。当天一大早我们赶到法院，人很多，都在法院门口安检排队。安检时，被告知因债权人太多，大约有400人，因此一债权人仅能一人入场，我们抗议，因为之前管理人并没有告知仅能一人参会，后来我和陈总两人同时都进入了会场。

会场很大，应该能容纳五六百人。会场座位后面贴上了债权人的名字，各债权人按名字就座。因为没有序号，座位编排也没有按照债权额来编排，所以很乱，以为大债权人应该坐前排，但发现并非如此，只能凭运气找到座位，于是一大帮人在会场里转悠找座位，一片乱糟糟的景象，让原本的忧愁又多了一份焦虑。

会议开始。本案的主审法官，居中而坐，两旁分别是债务人矿业公司、债权人会议主席、管理人及书记员等。我认为法官居中而坐是不对的，债权人会议是债权人的自治组织，应该由债权人会议主席居中而坐才对，法官应该坐在两旁，对会议进程及内容如有不合法，及时进行纠正，但会议的进程应由债权人会议主席主导。但后面发生的事情，都是法官主导的，法官是主角，其他人都是配角，法官用司法力量强力推动整个会议进程。

在核查债权阶段，现场工作人员发放债权表，可能是印制数量问题，坐在后面的一部分债权人没有拿到债权表，包括我们。后来，会议中途休息，我们向管理人索取了债权表。让我们吃惊的是，我们的债权本来都是抵押债权，包括借款本金及利息等，法院的判决已经很明确，但管理人制作的债权表却显示，我们的借款本金是抵押债权，但利息等却确定为普通债权。后来，我们查看同样作为抵押权人的某银行的债权，发现情况与我们相同，都是将本金定为抵押权，利息等定为普通债权。我和陈总都感到很愤怒，突然明白为什么我们一直要求管理人提供债权表给我们而不允的原因。另外，我们发现，与开会前一周给我们的债权总额表的电子版对比，现场发放的债权表的债权总额足足又多了几个亿。还有就是那些仅有一纸借条或借据的民间高利贷债权，全部按其申报金额进行了确认。虽然对此情况我们早有心理准备，但当事实呈现在眼前时，还是感觉到赤裸裸的不公。

在会议中间休息时，我们与管理人及法官沟通债权表及矿权评估等存在的问题。陈总比较激动，当面大声质疑管理人的一些做法，立即招来几个不明身份的人前来团团围住，走出来一位上年纪的老者，说话不紧不慢，说了些我们听不大懂的掺杂了当地方言的普通话，但听得出其意思是半讲理半恐吓，让我们有问题不要现场提，要保证会议能顺利进行。陈总据理力争，说程序存在的问题及矿权等评估存在的问题，突然旁边冲出一男子，推搡陈总，一副要打架的架势。后来，在多方劝说下，大家各自回座位就座。一场冲突算是平息下来。

紧接着，就是表决和解协议草案。在法官主持下，现场发放表决票，现场的债权人，无论是抵押权人还是普通债权人，都收到了表决票，都有表决权。我们公司作为抵押权人居然对和解协议也有表决权（《企业破产法》规定，没有放弃优先受偿权的抵押权人对和解协议是没有表决权的）！更离谱的是，在第三方还未与债务人签署正式协议，仅签署了意向协议的情况下，法院就组织债权人对和解协议草案进行表决，法院如何保证这个和解协议能得到切实履行？！我和陈总举手要求发言，但是法官根本不给任何机会，并表示债权人如有任何异议或疑问，可会后向管理人提出。表决结束，现场很快就计算出表决结果，和解协议草案的表决经三分之二以上的债权人和债权额同意。然后法官当场宣布，和解协议有效通过。

……

以上就是我的一些经历，希望对你了解我国破产法的现状有些帮助。目前，该案仍在进展中。我们仍在向有关方面争取和维护一切合法权利。虽然艰难，但不会放弃。

好了，先在此处搁笔。祝你学业有成，一切顺利。

此致

敬礼！

如风*

2017年2月15日

* 冼科，广州金鹏律师事务所合伙人、律师。现为广州市律师协会企业与公司法律业务专业委员会委员。专注于公司法、企业清算与破产法律事务。

一场人为车祸引发的破产风波

夏红兄：

您好！

厦门一别已有两个月，虽身处两地，但每日关注您在微信群发布的动态新闻和大作，倍感亲切，犹如我们每次见面时，聆听您的真知灼见。上次您向我约稿，让我谈谈这些年在破产服务领域的心得和体会。我回来之后，一直忙于日常琐事，未能及时交复，烦请谅解！

回顾1995年以来，我参与经办的五十余宗破产案件，虽然情况各异，但给我印象深刻的是2005年至2006年承办的一宗横跨新旧破产法两种程序制度转换期间的破产案，我暂且在这里命名为《一场人为车祸引发的破产风波》。

故事要从2005年10月的某一天说起。在南方临近港澳的某繁华都市的快速车道上，一个矮胖秃顶、步履蹒跚的中年男子突然冲向马路中央，被一辆呼啸而过的豪华轿车瞬间撞翻，当场毙命。车祸发生后经双方调解，事故车主给予家属一次性赔偿50万元。制造这起车祸的死者，系邻省某市的一位民营企业家。事后得知，他之所以选择这种了结的方式，是因为其所经营的企业已负债累累，在还债无望、走投无路的绝望情绪驱使下，选择这种极端的方式，是为了给子女、家属留下最后一笔遗产。当企业债权人得知企业主死亡的消息后，原本还带有一丝幻想的期望瞬间破灭，以银行为首的债权人，迅速向法院申请企业破产。

法院受理破产案件后，涵盖民营企业的新破产法虽已颁布，但尚未施行，只能按照1991年颁布的《民事诉讼法》第19章的企业法人还债程序进行审理。可面临的现实问题是，新《企业破产法》虽已正式颁布，但当时管理人制度和管理人名册还是空白的，如何组成清算机构是法院面临的又一道难题。经法院多方调查和比选后，指定我作为破产企业监管组的负责人，并全程处置企业清算事务。面对法院的信任和期待，我毅然地接手了这一疑难复杂且具有挑战性的工作。

我带领团队进驻破产企业后，发现情况比想象中要困难得多：企业没有任何财务账册和凭证；债权构成复杂，既有银行债权又有民间融资，民间融资涉及数百个普通市民；企业的主要财产是位于繁华路段的宾馆，虽然价值可观，但是由于历史原因，没有合法的产权登记手续，而且部分房产有的处于租赁状态，有的被债权人无偿占用；企业主为了融资借款的需要，私刻多枚公章……

面对如此复杂的局面，我们并没有慌乱，反而迫使我们更加冷静理性制定应对之策。一方面，我亲自带领一组人员耐心细致的疏导债权人的情绪，做好说服和解释工作，宣传相关的法律规则。针对企业现实情况，制定了一整套债权申报、受理、审查标准流程，既张贴公示又逐项解释，对极个别乘机起哄的社会闲杂人员，及时报警辖区公安部门处置，避免事态升级失控。另一方面，组织人员对破产企业主的其他关联企业进行调查取证，分析企业破产原因，通过调查排除企业主转移财产和向相关联企业输送利益的可能，得出企业破产的主要原因是因为投资失误，盲目上马未经政府批准的城市宾馆热水输送管网的建设项目，由于高额的民间借贷成本导致企业资金链断裂。

在债权审查过程中，由于企业没有财务账册凭证，加上企业管理混乱，审查难度超乎寻常。我们通过对债权证据形式要件的审查，结合从银行取得的企业流水清单，初步排除了一些想乘机浑水摸鱼的不真实债务。为了保障债权审查的合法性和完整性，在债权人会议上给予了债权人充分的相互审查权，我们对个别民间融资债权人由于自身法律知识的欠缺导致形式要件存在瑕疵、但是债务真实产生的情况，在征得了债权人会议同意后，给予救济权。充分保护了弱势群体的权益。

我清晰地记得当时债权人当中有一名刑满释放人员，此人申报的债权经审查不能确认，情绪激动，并自称当年释放证遗失，十多年没有户籍，并已身患疾病丧失劳动能力，扬言要报复。面对这种情况，我一方面诚恳沟通解释相关法律政策，同时主动和辖区公安和民政部门取得联系，请公安部门核实情况后落实户籍登记，民政部门根据情况给予社会救助。该债权人最终心悦诚服地接受了我们的审查结果。

本案中我们最大的难题是，如何将未取得合法登记手续的破产财产变现处置。经财产组的调查发现，企业财产之所以未取得合法登记手续，主要是因城市行政区划调整，该地段资产原归属县区政府国有资产，经招商引资后，几经转手处置给了该破产企业。我们面对如此现状，以破产监管组的名义向市县两级政府书面报告，经数十次往返协调，终于取得两级政府的批复。政府还针对本案民间融资涉及的数百个普通市民的现实情况，给予了返还补交的土地出让金用于偿债的优惠政策，大大地提高了债权清偿比例，有效地维护了社会稳定和债权人的利益。

最后剩下的难题是如何处理部分还处在租赁状态的财产问题，我们考虑到最大限度实现破产财产的价值，应该解除该宾馆一层门面的租赁合同，否则就会排除潜在的用于自营的意向购买者，不利于实现财产价值最大化。这就需要打破民法中“买卖不破租赁”的原则，由于此时破产案件的进程已进入了新破产法生效实施的阶段，我们监管组已被法院转换指定为破产管理人，经请示法院批准同意后我们解除了租赁合同。在破产财产公开拍卖时，由于该房产位于城市中心繁华地段，经几十轮的轮番竞价最终被某上市公司竞买取得，创下了该地段房产最高价格纪录。该案的破产债权清偿比例高达46.10%。

当债权人取得清偿款的那一刻，有的向我们投以赞许的目光，有的自发燃起鞭炮。一位年近七旬的老太太颤颤巍巍地走过来，激动地对我说：“你们把我们老两口的养老钱要回来了！你们可是活菩萨啊！”说完老泪纵横。

……

回想自己二十多年来的破产案件服务工作，老太太当年的画面始终定格在脑海，终生难忘。我个人体会到，要做一名优秀的管理人，除了专业的职业素养，严谨的工作态度外，更多的是需要把“法、理、情”有机地结合起来。在依法执业的同时，还需要倾注感情，换位思维，才能够圆满履行法律所赋予的职责。

个人浅见，还望夏红兄多多指教！

顺祝：安祺！

北平*

2017 年 1 月 7 日于浔阳

* 左北平，中国注册会计师，会计学研究生，法学学士，江西财经大学会计学院客座教授兼硕士研究生导师。现任北京利安达会计师事务所（特殊普通合伙）合伙人，长期从事企业破产清算和破产管理人业务，具有丰富的实务操作经验。

被逼出来的温州管理人队伍

陈博士：

您好！

非常高兴去年 8 月在北京偶遇，虽然因时间关系没有深入交流，但您对破产方面的动态掌握和对破产法方面的造诣令我钦佩，特别对温州破产案件开展情况的关注和支持令我感动！

由于工作实在太忙又懒于动笔，请我介绍温州破产方面情况的约稿迟迟没有付诸笔头。此次以信札方式约稿甚感盛情难却，故提笔向你介绍温州破产方面的有关情况。

去年 8 月在北京召开的第七届中国破产法论坛，温州中院徐建新院长作为唯一的地市级法院嘉宾，在论坛上介绍温州法院审理破产案件情况和经验，其在总结温州经验中讲到，温州有一支强大的破产管理人队伍，是温州法院能成功办理大量破产案件的原因之一。这是温州法院对我们温州破产管理人队伍所做工作的充分肯定，我作为温州破产管理人队伍的一员感到十分欣慰。温州为何拥有一支强大的破产管理人队伍，是时势所趋，说白了是被逼出来的。

众所周知，近年来我国许多企业，特别是民营企业遭遇了改革开放以来前所未有的经营危机。“辛辛苦苦几十年，一夜回到改革前”，就形象地说明了部分企业家的实际境遇。温州是民营经济的发源地，因此问题暴露的也最早。尽管温州有识之士早已提出“实体经济空心化、金融投资投机化”之问题，温州政府、经济界人士也十分清楚，但凶猛的 2011 年温州民间借贷风波与危机来临之际，还是始料不及，只能仓促应对。温州随之上演了“企业自救、政府帮扶、司法处置”三部曲的大戏。

效果如何？

首先，企业自救谈何容易！经济下滑、资产缩水、抵押不足，首先传导到企业资金链上。“只做锦上添花，不做雪中送炭”的银行，往往早已让企业股东把自己所有财产都拿去，为公司借贷提供抵押担保，即使没有财产也将股东个人拉入保证圈，让股东承担无限责任。企业自救往往是“借高”还贷，恶性循环，苦不堪言，最后还是不堪重负，资金链断裂。

其次，政府帮扶亦难有起色。所谓的政府帮扶，实际上是两个字，即“挡”与“拖”。“挡”就是政府对法院诉讼、执行、财产查封、银行催款采取挡的战术，即要求法院对某些企业起诉不受理、缓执行、不查封，要求银行不压贷、不抽贷，从法律角度来说甚至有违法之嫌。本地的法院在政府的指示下，尚可能照办执行，但外地的法院仍然我行我素，根本不吃这一套。“拖”，政府美其名曰“以时间换空间”，设立政府转贷资金。但转贷资金对于病入膏肓的企业来说，只是苟延残喘，结果是时间换不了空间。最后只有司法处置，才摆脱了温州当时老板纷纷跑路、跳楼自杀、上吊自尽的困局。至此，破产案件的受理就自然而然成为解决温州当时经济困局的重头戏。

从 2012 年开始，通过温州法院的大力宣传，社会公众特别是企业主对于破产法律制度的认识不断深入，“与其跑路，不如破产保护”被广泛接受，温州法院因势利导受理了大量的破产案件，此后一路高歌，突飞猛进。仅 2013 年，温州全市法院共受理 239 件破产案件，而同年全国法院企业破产案件受理数量仅 1998 件，可以说温州法院受理的企业破产案件数量惊人。温州管理人也得益于法院大量受理破产案件，在短时间内办理了大量的破产案件。通过这些企业破产案件的办理，温州破产管理人得到了锻炼，壮大了队伍。仅我们光正大律师所从 2012 年以来就办理了 70 多件破产案件，去年一年就成功办理了三件建设集团公司的破产重整案件，培养了一支近 40 来人的专业破产管理人团队。从这一角度来说，温州管理人队伍在企业破产案件中做出的业绩是被逼出来的。

我从事律师工作三十多年，过去主要是诉讼业务。随着温州企业破产案件量的增加，从而改变了我的业务范围，将主要从事诉讼的律师完全转型为专业破产律师。2012 年 6 月，温州中院选择本市唯一有 340 多年历史的温州海鹤药业公司和温州兴瓯医药公司作为第一个合并重整案件，并指定我所为管理人。此案具有深远的示范指导意义，故法院领导要求我所高度重视，并希望我能亲自担纲办理。为此，过去从未办理过重整案件的我披甲上阵，在温州中院的指导和我所破产管理人团队的共同努力下，终于将温州家喻户晓的温州海鹤药业公司和温州兴瓯医药公司合并破产重整成功，使这个温州唯一的百年老字号企业凤凰涅槃浴火重生。从此，我也与破产案件结下不解之缘，一发不可收拾。有同仁问我舍弃诉讼业务值得吗？我的回答是肯定的，因为办理破产案件与过去办理其他案件不同，其最富有挑战性，最能体现律师的价值，亦最能得到社会的普遍尊重。尽管诉讼律师办理的成功个案也能体现律师价值，也有成就感，但没有重整成功后那种特殊的成就感。与企业破产案件特别是重整案件救活一个企业比较，显然后者律师的价值远大于前者。温州海鹤药业公司重整案成功重整后，社会和谐稳定、职工不失业、品牌不消亡、政府有税收，得到了企业职工、政府部门及社会各界的一致好评，这是律师其他业务所无法比拟的。

陈博士，这几年通过办理企业破产案件的感受体会较多，特别是如何做好破产管理人也有一些心得，我把它作为素材提供给您，或许有用。

一是要准确定位。律师办理其他案件定位明确，谁委托就为谁服务，代表的是委托人的利益。而企业破产案件则不同，律师作为管理人系法院指定，管理人的报酬来自于债务人财产，管理人的工作则需得到债权人的认可与监督。在这种情况下，管理人对谁负责，代表谁的利益，需有明确的自我定位，进而才能确定工作重心。有些管理人在这个问题上认识有偏差，没有自我正确定位。认为管理人只对法院负责，在工作上既没有注意保护债权人合法权益，又没有处理好与债务人的关系，结果债权人与债务人都不满意；又譬如认为管理人只保护债权人利益即可，结果使债务人不满意而极力阻挠。上述情况均可能造成工作难以开展甚至陷入僵局。我认为破产管理人要准确定位，正确处理好与法院、债权人和债务人的三者关系，平衡债权人与债务人的利益，实事求是依法公正地处理相关事务，最大限度获得债权人，特别是普通债权人和债务人相关人员的理解、配合和支持。

二是要转变角色。我国《企业破产法》实施以来，法院受理案件甚少，近年来才逐步有所增加，不少律师是第一次接触企业破产案件。特别是诉讼律师过去开展诉讼业务的办案理念与工作方式方法已基本固化，若用诉讼的办案理念与工作方式方法来办理企业破产案件，显然难以适应。因此要注意转变角色，转变办案理念及其工作方式方法。企业破产案件管理人的工作方式方法，与诉讼案件办理的方式方法，有人作了形象化的比喻：开会不是开庭，办事不是办案，谈判不是裁判。这就需要我们律师管理人迅速掌握破产案件办理的特点，及时改变已固化的原诉讼案件办理的理念和工作方式方法，才能做好破产管理人的各项工作，才能办好企业破产案件。

三是要积极配合。律师担任破产管理人与法院关系跟以往的诉讼案件有所不同。法院是破产程序主导者，而破产管理人是破产事务的执行者，破产管理人与法院的关系区别于诉讼业务中的关系。浙江省高院章恒筑庭长有一个非常形象的比喻：法院与破产管理人二者，在办理企业破产案件中的关系是战友关系。我在此提法基础上补充认为，二者是班长与战士的战友关系，法官是班长，管理人是战士。因为破产管理人与法院在办理企业破产案件中目标一致、立场一致。因此，我们要与法院心往一处想，劲往一处使，积极配合法院工作，主动接受指导，并积极大胆提出意见建议。经办法官的办案水平和办案风格不同，有的法官事必躬亲，有的法官强调发挥破产管理人独立性作用，而作为破产管理人要适应经办法官的办案风格，按照经办法官的要求积极配合。

四是要敢于创新。众所周知，我国《企业破产法》中的规定较为原则，与其他法律法规的衔接也存在不相配套甚至冲突的情况，用现有的法律法规去解决破产案件中出现的问题，有时会走进法律死胡同。这无疑留给管理人许多发挥主观能动性的空间。管理人要用其法律智慧，敢于创新，去破解破产案件中的法律死结。当然，要敢于创新破解法律死结也要遵循一定的原则，而不是想怎么做就怎么做。这个原则我把它归纳为“三个有利于”，即有利于法院推进破产案件特别是重整案件的办理；有利于保护债权人的合法利益，债务人股东及其他相对人的合法权益；有利于维护债务人职工利益和社会稳定。舟山中恒置业有限公司破产清算案就是其中比较成功的一例，其通过金融资产交易平台，发售共益债务产品来募集 5000 万元烂尾楼续建资金，来完成工程竣工，从而使债权人的利益达到最大化。这一创新之举，曾被誉为以市场化法治化的思维开创破产企业走出困境的新模式。

五是要勇于担当。在企业破产案件特别是重整案件中，难免会出现一些不曾遇见的难题。如果管理人没有担当精神，难题就无法逾越破解，进而让重整胎死腹中。就拿我所办理的温州海鹤药业公司重整案件来说，当时某银行要求破产管理人提供一定期限内支付其 300 余万元利息款项的保证，作为其同意重整方案的条件。我果断提供了个人信用保证，从而使该银行同意重整方案，使重整方案顺利通过；又譬如该案中债转股出现无人代持股的难题，我又提出由我个人名义代持股，债权人出于对我个人的信赖而欣然接受，从而又跨过了这道难关。总而言之，只有破产管理人勇于担当责任，才能顺利解决企业破产案件中的一些难题。

六是要增强信心。企业破产案件对于温州来说已走过几个年头，对于全国其他一些地区来说也许才刚刚开始，对于刚办理企业破产案件的律师来说是一个全新的挑战。一些律师所刚开始都认为担任破产管理人办理企业破产案件是一块肥肉，跃跃欲试。由于对办理企业破产案件的难度估计不足，办理了几件企业破产案件，特别是无产可破的案件而没有得到丰厚的报酬后，便对办理企业破产案件大失所望。认为担任破产管理人办理企业破产案件费力费时，付出与取得不成比例，吃力不讨好，对担任破产管理人办理企业破产案件没有积极性，有的甚至拒绝办理企业破产案件。这种情况还不是个别的，各地都曾经出现过。我个人的认识恰恰相反，预计企业破产案件在未来的三五年内会呈大幅增长态势，担任破产管理人办理企业破产案件的业务将是律师历史性机遇。我们要紧紧抓住这个大好机遇，增强信心迎难而上，将担任破产管理人办理破产案件的业务作为律师转型业务和新的业务增长点来看，把无产可破的案件作为破产团队学习锻炼的机会，以长远的战略眼光对待担任破产管理人的企业破产案件的办理。

温州管理人已冲出浙江走向全国，尽管在办理企业破产案件方面积累了一定经验，但局限性还较大，特别是办理上市公司、国有大型公司破产案件方面经验不足，要向全国各地的破产管理人学习借鉴。最后，真诚邀请陈博士在百忙之中抽空来温州指导，传经送宝。

盼

在温州相见！

周　光*

2017 年 2 月 12 日星期日

* 一级律师，浙江光正大律师事务所主任，温州市律师协会会长、破产管理人协会名誉会长、法学会副会长；温州仲裁委员会副主任；温州市政府法律顾问。

我们花落无痕的美好年华

致我们：

一纸法院指定通知书，上映无数故事，这些故事或带汗水，或裹灰尘，略带艰辛，蕴含温度。即使岁月流逝，有些故事烙下的印记仍会在心底低吟浅唱，装点你花落无痕的美好年华。

你的情结

穿梭在L公司所在地经济技术开发区的大街小巷，随处可见中、韩两国语言标注的道路指示牌和店面招牌，不难发现L公司当时举足轻重的地位和影响。谁曾料想全国电子百强企业、某省信息产业坚强支柱，仅几年时间就会从辉煌走向没落？！昔日员工的骄傲已随着L公司的陨落慢慢褪色，不舍、不忍逐渐占据员工的内心。初期，员工对我们破产管理人的进入带有一定抵触情绪，不太愿意配合我们接管L公司，犹如孩子守护自己家园一样，即使破败也要捍卫自己的尊严。经过一段时间的磨合，L公司员工发现管理人会和他们一样不惜一切地保护公司财物，守护他们曾经的梦想舞台，才慢慢收起刺猬一样的铠甲，心甘情愿地与我们并肩作战。清点公司财产过程中，公司员工面对每件财产，都会骄傲地向你炫耀一番：这种吸油纸是从韩国进口的，与国内吸油纸相比，不仅韧性好，而且吸油量大；公司使用的钢带是目前最好的材质，这种材料中不仅含镍，且其他厂家使用的钢带的厚度远不及这种……经过两个多月的洗脑，评估工作人员不知不觉地受员工高价值论调的影响，导致评估报告初稿中很多账实不符的财产评估价格明显偏高。几经商议和询价，才将评估报告结果修正到正常取值范围。如果公司的文化没有深入员工骨髓，员工哪有底气骄傲；如果公司没给员工许下未来，员工何以对公司死心塌地；如果公司没有给员工营造家的氛围，员工怎能坚守岗位不依不舍？企业遍地有，能让员工引以为傲的企业不常有。只叹世事无常，L 公司也难逃轮回。

我的温柔

当年，内敛、不善言辞的本人被指派为 L 公司破产清算案件的财产接管组负责人，能让本人调遣的几乎都是杨柳弱袅袅的美少女。然而，L 公司现场不仅有经开区政府部门工作人员、L 公司场地承租方、次承租方、承租方和次承租方各自聘请的装修施工队伍等多方人员，错综复杂的关系已让人头痛不已，要协调好各方关系并尽量避免财产被丢失、损毁等现象，对我们几个女律师而言真非易事。

既然受任于危急之际，奉命于混乱之间，本人只能使出浑身解数，与现场各方力量进行周旋。勤勉、尽责的紧箍咒，将本人变得“嗜财如命”。在现场我单枪匹马与各方力量“较量”，为了不放弃一分一毫财产，本人强行要求工作人员从废墟中扒出几十万的废旧边角余料，顶住压力就经开区政府人员不慎摔坏了几张办公桌而与他们理论，并争取到了经开区领导的重视。现场各方工作人员背后议论，认为本人守护 L 公司财物比保护自己的财产还卖力。本人所到之处，现场人员个个小心谨慎，不敢随意侵犯现场财物半分。每天起得比鸡早，睡得比狗晚，甚至在炎炎夏日免去洗漱回家倒头就睡，睡梦中还在指挥我们工作人员如何“抢”财产。

时光真是把杀猪刀，不仅刀刀催人老，还掳走了本人的温柔。闺蜜经常揶揄我：你现在的眼神带刀，请问温柔娴静的你去哪儿了？经此一役，本人已由柔弱的小女子成长为十足的女汉子。

他的坚守

身材中等略偏矮，温文尔雅的脸上架着一副无框眼镜，这就是睿智、处事沉着冷静、为人谦和低调、爱换位思考、在坚守原则的情况下懂得变通的我们的管理人老大——刘班长。在管理人工作会议上，刘班长反复给大家敲警钟：人有所为有所不为，面对纷扰，仍应我心依旧。

破产资产处置看似简单，实则风险不小。曾有一个债权人参与竞买破产资产，按照法律规定和竞买协议的约定，管理人只需给他提供增值税普通发票，但这个债权人非要求管理人给他提供增值税专用发票。为了实现自己的目的，这个债权人无所不用其极，编造事实博取同情、围追堵截的纠缠、向法院告黑状等。这个债权人见这些招数对管理人毫不奏效，便使出杀手锏——恐吓，他以为这一招一定让刘班长就范。他带着一帮彪形大汉闯进刘班长办公室，扬言不给他提供增值税专用发票，他就要杀了刘班长。温文尔雅的刘班长面不改色地断然拒绝了他的不合理要求。世间善始者始繁，克终者盖寡，这种凛凛豪情不仅需要智慧，更需要坚守底线的那份勇气。

L 公司资产体量较大，每次资产处置对工作人员而言都是一场考验，处处充满诱惑，处处都有陷阱。一不小心，就有可能被外物所役，被名利所困。由于 L 公司案件的特殊性，资产需分批次处置，有的运输成本、保管费用过高的资产需以协议方式处置。那期间刘班长的“粉丝”量不断刷新，有请吃喝的，有请娱乐的，还有一些潜在的买受人承诺给刘班长提供法律顾问单位的，甚至有的多次拎着装满人民币的编织袋向刘班长送礼。面对一沓一沓的人民币诱惑，要做到面不改色心不跳，不是件容易的事；面对一次又一次的诱惑，仍能洁身自好，更是难上加难。然而，刘班长面对诱惑就是能岿然不动！ 那些有小心思的人不得不当面表现出惊讶和无奈！就连以前那些平时爱找碴儿的人，也对我们的工作和态度给予了充分的肯定和赞赏——管理人团队的律师们认真负责、不谋私利，真的值得敬佩！

有一种行为叫作坚守，坚守自我，坚守本心。守住自我正是积极人生中一种不可或缺的信念；坚守自我是一种透彻人生的智慧。社会喧嚣浮躁，洒脱坚守不缺。

花开花落，岁月无痕，故事依旧，印记长存。

陈 宇*

2017年2月14日

* 湖南天地人律师事务所管理委员会委员，重整与清算业务部主任，湖南大学法律硕士，湖南优秀青年律师，湖南省律师协会公司法专业委员会委员。

近两年来的破产故事

陈夏红博士：

您好！

久闻陈博士大名，未曾有机会亲听见解，实属遗憾。得知破产法快讯正在为“破产法信札”征稿后，作为奋战在破产工作一线的法律人，亦想通过这封破产小信，来回顾自己近两年来的破产故事。

记得是在 2015 年 5 月的一个下午，我的电话铃声响起，原来是浙江楷立律师事务所的许律师，电话那头传来的好消息是楷立所摇号摇到了杭州市富阳区人民法院管辖的一个破产清算案，所里正在组建破产团队，问我是否有意加入。曾就有作为代理人参加过债权人会议的我，正对于该业务处于好奇阶段，于是，新进破产小鲜肉，便开始驻扎在这“古今推富春”的山水之城了。

从接案伊始，以沈律师为首的楷立破产小分队就有条不紊地开始了在富阳的各项破产工作。光阴似箭，不知不觉我们已经在这里坚守了近两年的时间，回首过往，在这近两年的破产工作中不仅有着工作经验的积累，还有工作中的趣事及些许对人生的感悟。

债权人“大闹”厂区

破产案件因为涉及的是企业的重生或终结，所以工作内容多且杂，需要管理人尽心尽责，不仅要开好债权人会议，更是要在会前的债权申报、审核及会后的资产处置等整个破产工作中事无巨细。但很多时候，管理人在工作中还是会遇到债权人的不理解或是阻挠。

在我参与的这个破产清算案中，就遇到过一起管理人与债权人的冲突。某次，我与金律师在处置厂区内的部分资产时，中途遇到部分债权人围堵。他们来了大概十几个人，气势汹汹，把我俩围住，说这厂区内的所有东西都是他们的，不能搬走。实际上，虽然他们确实有与债务人签订租赁合同，欲以租抵债，但这份租赁合同的效力还存在问题，之前也和他们沟通过，想不到这次竟直接现场围堵我们。我们心想，这以多欺少的阵势，光靠我俩定是走不出去，于是向我们的人民警察求助，警察同志过来调解无果，最后还是得沈律师出马，经沈律师与他们一番斡旋之后，对方终于愿意让我们将资产先行处置。

这场止步于萌芽状态的冲突，从某一角度折射出破产案件的工作状况，却也让我体会到解决难题之快感。

财务小能手

破产项目其实需要的是复合型的人才，从法律知识来说，首先要了解的是《企业破产法》，然后因为破产项目涉及各种衍生诉讼，就需要懂民法范畴里的《合同法》《物权法》《担保法》《民事诉讼法》等；因为涉及职工债权，就要懂《劳动合同法》《劳动法》等；因为涉及债务人的刑事责任，就要懂《刑法》《刑事诉讼法》等。另外，做破产项目除了法律知识外，还得懂的是财务知识，因为一个企业走到了破产的阶段，必然要对其财务凭证做一个审计，虽然说这是会计师的责任，但作为律师，为了更方便更效率地处理工作，还是需要对基础财务知识有所了解。

比如，在债权审核的过程中，需要初审该笔债权在债务人的财务记账中的数据，首先需要在债务人电子记账软件中查询该债权人的债权金额是否有记账，这个时候“金蝶软件”就派上用场了，如何登录、如何查询，查询后如何读懂，都是技术。在经过债权审核这个流程的洗礼后，各种会计术语如“有借必有贷，借贷必相等”，资产类的是“借增贷减”，负债类的是“借减贷增”，已经是倒背如流。

23省道上的趣事

我们这个破产项目的债务人厂区地址，是在富阳郊镇的一个工业园区，从富阳市区到工业园区，必须要经过的就是23省道。在接案之初，刚接管债务人资产的时候，经常需要跑债务人厂区，这时恰逢该条道路整治与改建，路况实在是不好，到处是坑，设置的临时行车道又变更频繁，如果是刚洗好的车去一趟厂区后，肯定就是满身灰尘。但是工业园区的良好空气算是给了一个安慰，虽说是工业园区，但那里群山环绕、道路整洁，有时富阳市区一片灰霾，开到工业园区就蓝天白云，天高气清。

记得有一次我和孟律师开车前去厂区办事，在23省道回来的途中遇到一个大坑，车子一震，然后两人从座椅上向上跳跃了有五厘米。我往后视镜一看，貌似发现有什么东西飞出去了，我俩对视后无果，便把车停在路边检查了一遍。绕车一圈没发现情况，再绕一圈，发现前轮两个轮毂有差异，定睛一看，原来是轮毂上的装饰盖跑丢了，两人哈哈一笑后，便开始一路后退寻找，这路也实在是差，到处尘土飞扬，感觉不一会这尘土就能把轮毂装饰盖给淹没。经过近五分钟的搜索，终于在中央隔离带中发现了它。心想还好它自己滚到了隔离带，要是在马路上的话，莫不是真要被尘土淹没，又或者是被大货车给无情碾轧。

现在的23省道已经焕然一新，全新的双向六车道，再也不会有如此之事发生，正如破产企业在管理人的辛勤劳动之下，终会重生或终结。

破产之感悟

近年来，经济形势不好，又逢传统产业转型升级，企业的融资成本高、担保链风险巨大，导致许多企业债台高筑，甚至厂门紧闭，人去楼空，企业家们也经历了人生之滑铁卢。我有幸参与到破产工作之中，亲身经历一个企业的破产程序，感触颇深。

破产企业就像是病入膏肓的人一样，而我们管理人就像是他的医生，要给他号脉诊断，如还有救活的希望，就帮助他破产重整；如实在是命数已尽、无法救活，就破产清算。我参与拯救的这个病人，成立六年，应该还是个少年，在我们第一次看到时，虽身躯庞大，但五脏六腑几乎都已停止工作。于是我们开始给他做全面的检查，发现他并不是无药可救，所以决定在维护脏腑现有状态的情况下，适时准备进一步的手术。

另一方面，在企业破产时，它的职工、债权人往往受损最为严重，情绪激动，这时，作为管理人的我们应该理解他们，比如在债权申报过程的接待中更加亲和有理，这也许能给本已受损的债权人一丝安慰，浇灭他们心中的无名之火。

破产企业的管理人，既是债务人的医生，也是债权人的倾听者，我们望做好每一个破产案件，待破产企业春暖花开或安享晚年！

敬祝

安好，健康！

蔡旭栋 *

2017 年 2 月 10 日

* 浙江大学民商法学硕士在读，浙江楷立律师事务所律师。

07
域
外

美国破产法律援助纪事

关心中国个人破产制度与个人破产立法前景的朋友们：

我曾经有幸在美国威斯康星大学法学院（University of Wisconsin Law School）担任《破产法》课程的课后辅导员（after-class discussion leader）、教学助理，并经授课教授推荐加入了威斯康星州麦迪逊市设有办公室的法律援助机构“Legal Action of Wisconsin”的破产法项目。由于 Legal Action of Wisconsin 是旨在为社区大众尤其是低收入公民提供免费法律服务，因此前来咨询洽谈的客户，基本都因财力欠缺而无力聘请私人律师提供法律服务。我的任务是配合援助律师审阅客户信息档案、通过电话或面谈方式接洽客户，并初步判断客户是否属于适格的破产债务人，以及申请破产对客户而言是否符合其最大利益。我们会将初步判断结论提交给后台，并由后台工作人员为那些适格且有必要申请破产救济的债务人安排援助律师具体代理其案件。

持续至今约六个月左右的法援工作，让我对个人破产制度的现实操作面有了一些基本认识和感悟。我想借信札将我觉得重要的体悟与思考分享给大家，愿它们能给中国未来的个人破产制度设计与立法事业，提供有益的参考。

请让我从一起援助案例谈起。

“很遗憾，先生”，我压低了嗓音，好像生怕有更多人会听到我必须直言的坏消息，“我们已经审阅过您的材料。加上您刚才陈述的信息，我们相信申请破产在眼前不是个好主意。真抱歉，我们无法帮到您。”对面坐着的白人男子沉默着。我略有些尴尬地向坐在身边的援助律师发出了求助的眼神——这名破产法老兵已经在麦迪逊市独立执业达三十余年——他最清楚此时该如何应对。“我想我们已经说得很清楚了，先生，今天就到这儿吧。”说着他迅速起了身，伸出右手。

握手的动作打破了沉默。“哦，谢谢你们，谢谢，我知道……你们当然是行家，不是吗？你们当然知道怎样对我最好。我知道……谢谢，谢谢你们……你会跟雪莉（另一名破产法援助律师）谈谈，对吗？” 获得肯定的答复后，债务人又回过身来与我握了握手，“谢谢你，谢谢”，然后一言不发地迅速离去。

我对债务人的书面材料与当面陈述并不抱什么怀疑。债务人之前数年的遭遇虽然坎坷，但并不离奇，也不算复杂。已经六十岁的他如今依然在一场离婚诉讼中挣扎，——之前他丢了工作，之后卖掉了私家车。与他对簿公堂的女人是个厉害角色，——据他所说，她卷走了家中几乎一切值钱的财产，并坚持要求离婚。两人曾经同住的拖车住房（mobile home），早因为无力保养维修而丧失了居住价值。如今，债务人不得不与父母同住，除了政府福利救济之外没有其他收入来源。他的债务数量并不惊人，种类也很寻常：几笔各自数百美元的信用卡欠款以及一些数额也并不高的医疗账单，或许还会加上从离婚判决中产生的一些金钱债务。

假设案子进了破产法院，是再普通不过的第七章清算案件——没人会幻想债务人能奇迹般地获得一份稳定的好工作，这意味着第十三章债务整理程序毫无意义（债务人自然也不会申请债务整理）。因此，在一次例行公事的债权人会议（俗称“341 条款会议”，但少有债权人会为了这种案件而出席）后，如果没有债权人或代表政府的联邦托管人提出异议，约莫六个月左右，债务人就会获得法院下达的免责令，告别破产。排除少见的意外，债务人就能在破产法的帮助下“重新出发”（fresh start）了。

但我们并不建议这位债务人申请破产救济。至少有一个原因很显然：在州法院进行的离婚程序终结前，债务人破产财团的范围与数额将很难确定；而债务人承担的债务种类与数额，也同样会取决于离婚诉讼的结果。夫妻二人的紧张甚至近乎仇视的关系，则会让家庭财务记录的获取与财产清单的确定难上加难。更糟糕的是，如果此时在联邦法院启动破产程序，在不同法庭之间同时进行而又交互影响的两套司法程序，在联邦法院启动的破产程序并不会冻结在州家事法院进行的离婚程序，对当事人与律师而言都会是一场噩梦。考虑到债务人目前的财务状况与夫妻二人紧张关系造成的伦理障碍，找到一名乐于承接这种麻烦案件的破产律师的概率，实在微乎其微。

援助律师一句点明，“了结离婚诉讼，才是解决问题的第一步，也是一个好的开端”。

但没有点破的，却恰恰是问题的死结：如果债务人要尽速了结离婚诉讼，他必须要先找到一名离婚律师，来代理并保护他的个人利益。而这笔聘请离婚律师的费用，对处于目前境况而言的债务人来说，无疑是难以负荷的负担。没有获得启动破产程序之前，债务人几乎没有希望累积其足够财富聘请离婚律师；而无法了结离婚诉讼，又将不断拖延其申请破产的时机。债务人看似有多重选择，但在窘迫的财务境况下，他又似乎毫无选择。

哪怕保持原状、听之任之的态度，似乎都比申请破产了结债务，显得更合理。由于债务人的收入水平符合政府福利救济的要求，其在威斯康星州法下将豁免于司法扣押或其他类型的强制执行程序（除了子女抚养费等特别类型债务的追偿执行）。换言之，至少在法律上，尽管债务人将面对债权人或追偿机构持续的追讨，但其并不至于暴露在司法强制执行的风险之下。与之相对，约300美元的破产申请费（尽管法院可酌情减免或允许债务人延期支付）与破产律师费（即便是最诱人的律师广告也至少会要求债务人预付600~900美元的律师费），对债务人而言则是一笔不菲的开销。那个“重新出发”的许诺固然美好，不过在现实之中，能过幸运地摘下这份承诺而改变命运的债务人，或许比我们想象的要少太多。

我之所以对这起援助案件印象深刻，是因为在加入Legal Action of

Wisconsin 之初，我始终认为这种“不适救济”的案例只在少数。毕竟，在破产案件数曾达百万规模之巨的美国（其中大部分是个人破产案件所贡献），一种先入为主的直觉是，针对那些饱受贫穷困扰而身负重债者，破产法正有用武之地。但之后 6 个月的工作，让我意识到我错地多么离谱：在我所有亲身接触与近距离了解的咨询案件中，真正被律师们认为适合申请破产救济者不曾过半，或仅有三四成。在这些“不推荐申请破产程序”的案例中，有相当一部分都与之前介绍的这个案例有类似特征：债务人往往面临较为复杂的法律难题，而不得不需要法律专家投入相当精力才能解决，债务人的个人收入与财产极为有限，以至于在州法下并不面临被强制执行的紧迫风险，但有限的财务资源也往往导致债务人无力承担必要的法律服务费，以在最大程度上获得破产救济。

真正能走进破产法院并最终有机会“重新出发者”，或许只是负债者中的一批“幸运儿”。他们要么财产状况与债务关系简单明了、只需要凑齐破产申请费用与支付最基本的法律服务费用，即可获得破产救济；要么则在申请破产之际拥有价值不菲的财产或保有稳定的收入来源，可以承担相当数额的法律服务成本而获得更为精细（自然服务价值也更高）的破产法律规划与服务。而那些陷得“最深”（因而也似乎最“值得”救济）的债务人，一方面卷入复杂而风险较高的法律难题，另一方面则生活困窘财力极为有限，却最容易在现实中被拒之法院门外。

这幅多少有些残酷的图景，逼迫我重新审视自己对个人破产制度的根本想象。原本似乎应该“帮助”困窘债务人的律师们，包括法援项目的律师们，实际在扮演着个人破产制度“守门人”的角色。法援律师与纯粹私人职业律师都在筛选债务人，其差异只是前者更关注债务人是否有能力撑过破产程序（即援助案件的“成功可能性”），后者则更关注从代理债务人案件中取得的预期收益。这种守门人角色与筛选机制的存在，并不证明律师的贪婪与无情，而只是证明：任何一项需要法律专业服务介入、需要司法资源投入的法律制度，都会有不菲的成本；而能否承担这一成本则是当事人是否真的能从这一制度中获益的关键因素。在这个意义上来说，任何不考虑制度成本、支持制度运作的资金来源以及目标受益者能否承担这一成本能力的个人破产立法设计，都可能在实际运作中带来制度设计者未能预想的问题与后果（例如，债务人缺乏兴趣、破产法律服务缺乏质量或未经法律训练而只求短期套利的中介横行）。因此，谁来提供服务、谁来承担服务成本、谁是制度主要受益者，怕是任何个人破产制度的设计论证与辩论中都不得绕过的三个重要问题。

我坚信，未来中国个人破产制度设计与立法事业的推进，将受益于这种基于现实与效益的严肃讨论。实际上，如果认真追溯历史，我们就会看到，破产法的脸孔之所以从肯认债务监狱甚至债务奴役的“野蛮”，进化为允许债务人不被债权人骚扰、免除无力清偿债务的“文明”，其背后原因并非“人道”二字可论足。相反，社会变迁所带来的新政策需求，才是推动破产制度演进并最终以解放债务人为目标的动因。套用钱穆先生的话，破产制度朝向更加“人性化”的变革，是制度迁就于现实的结果。相应地，中国个人破产制度的证成理由也不能止于“树立救济债务人”的破产文化或社会氛围，而必须立基在现实的政策需要与制度回应需要的能力之上。从这个意义上来讲，相较于当年以改革者姿态主张废除债务监狱、主张债务人免责制度的欧美立法者而言，中国立法者与建言者们所面临的任务是少了激情，多了算计：基于个人破产程序可能牵涉的复杂的社会问题，与几乎无可避免地制度成本，我们必须在债务人适格条件、服务者收费方式与标准、案件受理与审理机制等关键问题上，做出谨慎而严谨的决定，我们也必须探究个人破产制度与民事执行、债务催讨、社会保障等制度机制之间的关系，并厘清个人破产立法在当前妥当而合理的救济目标与救济方式。

说到底，当有朝一日我们终于能兴高采烈地庆祝个人破产法通过时，希望我们不至于在五年或十年之后仍需回头反思为何“新法遇冷”或“鲜有人问津”，也不至于困扰于个人破产案件质量良莠不齐、案件处理的压力与负担过高等问题，更不至于一起背上纵容“秃鹫”的恶名。

王之洲*

2017 年 2 月 15 日于西雅图市，华盛顿州

* 华盛顿大学法学院亚洲法中心研究员，密歇根大学法学院“格劳秀斯”研究学者。

俄罗斯破产法的来龙与去脉

小郭弟弟：

你好！

十分抱歉我刚刚从莫斯科回到北京，近期不能与你在莫斯科见面了，上次在莫大的见面比较匆忙，只是简单地向你介绍了我博士论文的选题，是关于俄罗斯破产重整制度的研究，没有详细说明我的研究角度和基本写作思路。但是，在与你聊天的过程中，我发现你最感兴趣的是俄罗斯破产法的发展史，其实我的博士论文中就有一部分专门介绍俄罗斯破产法史。我不直接给你发我的博士论文了，内容对你来说也很晦涩，我在这里向你介绍一下俄罗斯破产法独特的发展历史，有助于你进一步了解俄罗斯法律文化。

俄罗斯破产制度的形成与发展可以分为三个时期。第一时期是沙俄破产制度萌芽期，第二时期是苏俄破产制度发展时期，第三时期是从 1992 年 6 月至今的现代破产法发展阶段。

第一时期又可以分为三个阶段：

第一阶段是从古罗斯到彼得一世改革这段时间，是破产制度在俄罗斯萌芽期，直到 15 世纪破产制度发展才渐渐加快，破产制度的发展取决于这一时期经济的发展水平，俄罗斯在彼得一世改革前经济发展十分落后，缺乏破产制度演进的基础。早期俄罗斯破产制度主要是个人破产，1649 年颁布的《会议法典》规定，不能按期偿付债务的债务人，必须拍卖其个人财产偿还债务，它还规定了偿债顺序，一般贵族有优先权，这时的优先权取决于债权人的身份，可见到底什么样的债权人拥有优先权是根据社会发展不断变化的，并非一成不变。此外，它还规定了债务豁免，例如因不可抗力产生的债务，酗酒、赌博等非法活动产生的债务等。古罗斯早期破产制度处处有罗马法的影子，在立法上受罗马法学文化影响较大，国家本身没有产生自己的破产意识。因此破产制度的出现和发展比欧洲其他国家晚和慢。

第二阶段是从彼得一世改革到 18 世纪末，彼得一世改革后俄国资本主义飞速发展，经济结构发生变化，债权人保护制度需求开始高涨，国外的破产理念引起国内立法者重视。18 世纪下半叶破产法律理念在俄罗斯快速传播和发展，1740 年 12 月 5 日颁布的《破产条例》是俄罗斯历史上第一部破产法，《破产条例》首次规定了优先受偿范围：所欠税费、欠教会、学校、孤儿的债务，有优先受偿权。1753 年、1763 年俄国参议院通过《破产条例修订案》，这为 19 世纪的改革创造了较好的意识环境和理论基础。

第三阶段是从 1800 年到 1917 年，破产研究在俄罗斯快速发展，特别是 1800 年沙皇颁布了新的《破产条例》，重整制度首次在该条例中出现，立法开始关注债务人的复兴，规定债务人和债权人可以在任何时间达成和解协议，使债务人免于破产清算。在破产中如果有人愿意提供担保，债务人暂时免于破产，但是如果债务人不能按照承诺偿还债务，担保人承担偿债义务，这就是财务恢复制度的萌芽。当时俄国还是农奴制，农奴不具有破产资格，《破产条例》仅规定商人和非商人破产之间的差异，身份不同破产程序不同，主要有两种程序：一是商人的破产，二是贵族和官员的破产。1832 年第三部《破产条例》中增加了破产欺诈的条款，该条例一直沿用到 1917 年。1845 年 8 月 15 日又出台了修正案，1866 年和 1885 年重新修订了法典，增加了许多破产相关的法条。沙俄时期的破产制度主要还是执行债务人的财产清偿债务，重视保护债权人的利益，从破产制度在俄国的发展可以看出，债务人的复兴被立法者关注和重视，但当时经济和制度比较落后，没有破产重整快速发展的基础。

1917 年以后，俄罗斯结束了沙皇统治，进入了苏联时代，破产的法律概念随之消亡。脆弱的市场经济被国家计划经济和全民所有制所取代。经营亏损的企业，有国家公共资金支持，债务也会获得国家的减免。在苏联新经济政策时期，破产制度曾短暂的出现过。

1992 年苏联解体后，破产制度立法进入了快速发展阶段，1992 年 6 月 14 日第 623 号总统令《有关国有企业破产程序应用和整顿措施》，1992 年 11 月 19 日出台《俄联邦企业破产法》，1993 年颁布的第 926 号政府决议，决定俄罗斯联邦国有资产管理委员会设立俄罗斯联邦破产办公室，主要目的是防止企业破产清算对其进行财务恢复，该办公室就是后来的联邦财务整顿和破产事务管理局的前身。

1994 年 10 月 21 日出台的《民法典》（第一部分）规定了法人破产清算制度，《俄罗斯联邦民法典》规定了清偿顺序：（1）人身损害赔偿之债；（2）职工的退休金和工资、著作权酬金；（3）有担保的债权；（4）所欠税费；（5）普通债权人的债务。

1997 年末，俄罗斯政府由于无法偿还 1000 亿美元的到期债务，卢布大幅贬值，引发金融危机，导致大量的商业银行陷入经营危机。为了避免商业银行连锁倒闭，俄罗斯央行紧急采取停止支付、债务重组和托管破产银行等措施。1998 年 1 月 8 日俄罗斯总统叶利钦签署了第二部《破产法》，在《破产法》第 5 章中第一次规定“托管制度”，这是现代俄罗斯重整制度的雏形。俄罗斯企业托管程序参与者主要包括：破产仲裁法院、被托管企业、受托管理人及债权人会议，这也是俄罗斯破产法发展的特色之一。

俄罗斯企业重整从托管制度、到外部管理和财务恢复制度，一步步完善。1999 年 2 月 25 日俄罗斯颁布《信贷企业破产法》规定俄罗斯金融企业托管制度的程序和要件，加强对破产银行财产保全，追究导致信贷企业破产的出资人和管理人员的刑事责任、行政责任和民事责任，全方位保护债权人利益。2002 年 10 月 26 日俄罗斯第三部《破产法》，这部破产法正式确立俄罗斯企业重整法律制度。第三部《破产法》包括总则、破产预防、调查程序、财务恢复、外部管理、破产清算、和解协议、几种特殊类型的法人破产、公民个人破产、简易破产程序、结束条款等章节。财务恢复制度的产生是破产法发展的规律，是俄罗斯历史、经济和社会发展的必然结果。

小郭弟弟，你可以从破产制度在俄罗斯发展的历史中，体会到俄罗斯的法律文化的变化脉络。一直以来，俄罗斯的立法观念一方面受当时国外法律文化的影响，如早期受罗马法的影响及后期受欧美的影响，另一方面受到当时俄罗斯的经济政治文化的影响，如沙皇统治与苏联时代截然不同，政治不同导致的经济体制的不同，与经济紧密相关的法律制度当然就不同。

就聊到这里，希望你尽快完成自己的博士论文和公司产品设计，3 月产品发布会见。

顺祝商祺！

美女姐姐*

2017 年 2 月 15 日

* 刘冰，中国政法大学经济法博士，俄罗斯莫斯科国立大学访问学者，北京时代九和律师事务所律师。

日本破产法启示录

夏红兄、许律师台鉴：

感谢二位给予小生分享愚见的机会！我在这里想借镜日本破产法的发展经验，谈一下对我国破产法的所见所想。

日本早在江户时代的立法中，就有关于破产程序的规定，但直到明治时期才出现近代化的破产法典，即明治 23 年（1890 年）的旧《商法》“破产编”。尽管当初日本政府是将该法起草工作委托给德国人海尔曼·罗斯勒 (Hermann Roesler)，起草者参考的却是《法国商法典》。

正是由于旧《商法》“破产编”采用了法国法的商人破产主义、惩戒主义等理念，在财团债权、撤销权及取回权等内容方面存在缺失，因而一经公布便遭到批判。于是，没过多久当局便着手修法，并于明治 35 年（1902 年）公布以旧《德国破产法》为蓝本的旧《破产法》草案。在此基础上，经过一系列的讨论并汇集了多方的意见后，日本于大正 11 年（1922 年）正式公布旧《破产法》。同年日本还正式公布了《和议法》，该法在起草阶段借鉴了当时最新的立法即《奥地利和议法》。

此后，日本在昭和 13 年（1938 年）的商法修改中创设了公司清理和特别清算程序。其中，公司清理程序是借鉴英国法，即通过在法庭外清理中引入法院的监督，从而谋求股份有限公司之再生。特别清算程序同样以英国法为参考，但却是仅适用于已经通过解散决议并进入清算程序的股份有限公司等主体为适用对象，因而属于特别的破产清算程序。

第二次世界大战后，日本的立法活动受到美国的较大影响，例如，在昭和 27 年（1952 年）正式公布了旧《公司更生法》，即适用于股份有限公司的重整程序，并于同年修改旧《破产法》引入免责制度。至此，日本的现代破产法体系正式确立，俗称“倒产五法”。

“倒产五法”在稳定运行了半个世纪后，随着 20 世纪 90 年代泡沫经济的破灭，日本的经济形势发生了剧烈的变化，要求从内容和形式两方面全面修改破产法制的呼声日渐高涨。在此背景下，日本当局从 1996 年开始启动破产法制的修改工作。

其中，建立新型重整程序的工作最先启动，其成果就是 1999 年正式公布《民事再生法》作为破产重整程序的一般法。翌年该法施行后，原先的《和议法》同时废止。《民事再生法》的立法背景在于，当时严峻的经济形势使大量中小企业濒临破产，一方面，《和议法》要求和解条件须得到全体债权人的同意，这对于债务人来说门槛过高；另一方面，《公司更生法》又无法适用于非股份有限公司的中小企业。正是由于民事再生程序最初是设想主要以中小企业为适用对象，因此原则上采用 DIP 型程序。

紧接着，日本在 2002 年公布了新《公司更生法》，作为破产重整程序的特别法，相对于旧法而言，新公司更生程序的显著特征在于，更加迅速、合理，而且强化了公司的再建手法。

在完成了对破产重整程序的修改后，日本开始着手修改破产清算程序。2004 年，日本率先公布了新《破产法》，作为破产清算程序的一般法。新《破产法》除了对旧法中的若干具体制度做出了修改与完善外，还从结构上改变了旧法将实体规定与程序规定分开的做法，其理由在于：旧《破产法》借鉴旧《德国破产法》，在第一编与第二编分别规定了实体规定与程序规定，这种做法在理论上无疑是精湛的，但容易导致程序在整体上缺乏明晰性，这一问题在实务中备受诟病；而且，《公司更生法》自旧法以来一直采用按照程序的进行将程序规定与实体规定配套的方式，《民事再生法》也借鉴了这种做法。

最后，日本在 2005 年将《公司法》从《商法》中独立出来时，一并修改了特别清算程序，换言之，《公司法》中有关特别清算的规定乃是破产清算程序的特别法。如此，日本便在世纪之交完成了对破产法制的全面修改，形成了清算型与重整型、一般法与特别法相结合的复数程序型破产法体系。

近年来，随着破产实务的发展与破产法学理论的深化，日本同行也不断提出在下一轮破产法修改中应列为处理事项的各种课题并展开了积极的讨论，例如，如何完善法庭外清理，如何衔接好法庭外清理与上述四种破产程序，是否有必要将破产法体系由复数型程序改为单一型程序，如何从破产法的角度回应这一轮民法的百年大修，如何使别除权、抵销权、取回权、撤销权、双方未履行双务合同等破产实体法的规定更趋合理，如何使各种债权的调查与确定、利害关系人的程序参加及相关信息的公开等破产程序法的规定更有利于保障程序的公正、实现程序的迅捷。可以预见到，在不久的将来，日本破产法必将迎来新的变化。

我国自 2015 年中央经济工作会议提出供给侧结构性改革与依法实施市场化破产程序以来，破产法律实务空前活跃，破产法学的发展迎来了新的高潮，实在是让人欣喜，但我们所面临的任务依然艰巨。

对比日本，我国的艰巨任务主要表现在以下两个方面：首先，从日本的破产法沿革来看，其破产清算程序是以德国法为母法，而破产重整程序则以美国法为母法，日本破产法制的最初建立采用了法律移植的方法，这一点与我国的情况类似。但不同点在于，每一次日本在修订法律时，都在充分考察外国法的基础上，吸收了当时国际上最先进的法制，而且努力进行了本土化的尝试，而我国则有所不及。例如，在破产清算程序方面，日本旧《商法》“破产编”最初为了保持商法体系的统一而选择了法国法，然后旧《破产法》转而选择更为先进的德国法，最后新《破产法》又从完善程序、便于利用的角度按程序的进行重新编排实体规定。不仅如此，在此过程中，日本同行所进行的比较法研究更让人叹服，即不仅要明确外国法的现行规定，而且要梳理具体制度的来龙去脉及学说状况，最后才决定是否可资借鉴。反观我国，尽管在日本公布新《破产法》几年后才出台自己的《企业破产法》，却使用了许多日本旧《破产法》的用语，其中比较具有代表性的就是“破产宣告”。这一术语不仅带有过强的惩戒主义色彩，已被日本新《破产法》用“破产清算程序的开始”所代替；而且日语中的“破产”仅指破产清算，在旧法时代也只有开始破产清算程序时法院才作出破产宣告，我国《企业破产法》照此仅在第十章“破产清算”中规定“破产宣告”，不禁让人困惑——为何同为破产程序，在适用第八章“重整”开始程序却不需要“破产宣告”？因此，努力克服各方面条件的限制，准确把握各国破产立法、判例与学说发展的最新动态，并致力于本土化的研究，乃是吾辈“破人”的艰巨任务。

其次，日本自 20 世纪初制定旧《破产法》起，历次破产法的制定与修改都在起草成员中加入了实务界的人士，而且一旦新法公布后，一方面学者十分注重从理论上对实务问题加以诠释，另一方面律师、法官等实务界人士也会积极从实务的角度推动解释论的深化，两者会建立起良性互动。这使日本的破产立法在制定当初便能满足实务的需求，即便此后实务发展过快，解释论也能从很大程度上解决实务中的难点。与此相对，目前我国破产法律实务界与学术界的交流才刚刚兴起，如何逐渐提升交流的水平，解决理论与实务中出现的各种问题，并最终实现依法实施市场化破产程序的目标，亦是艰巨任务。

任务虽然艰巨，但《破产法信札》即为吾辈共同努力的美好开端！

刘　颖*

丁酉年如月于东京

* 日本中央大学法学部助教，日本中央大学民事法博士，中国政法大学经济法博士。主要研究领域为民事诉讼法、破产法、比较法。

韩国破产法新进展

尊敬的吴守根教授：[①]

您好！2010 年我开始参加“东亚破产再建协会”研讨会，很荣幸认识您，非常高兴。您对破产法研究的严谨，为完善韩国破产法所做出的努力，我们东亚各国破产学界、实务界是有目共睹的。您不仅培育了众多韩国国内的破产法梯队人才，您还关注中国破产法的发展以及学术交流，让人感佩。

在您的关照和鼓励下，由大成律师事务所的郑志斌律师企划，我和张婷律师主编《东亚金融机构破产风险处置法律评论》，其中根据您的《企业结构调整促进法条文对比》一书，在中国首次翻译介绍韩国庭外重组制度，亦即《企业结构调整促进法》。同时，与金杜律师事务所的赵坤成律师一同成立了“东亚企业并购与重组法制研究中心”，共同研究“韩国法庭内外重整（组）制度”，感谢您作为中心的顾问给予大量的支持。

我最近在拜读您的大作《破产法变革（1998–2007）》，[②]结合韩国破产法的最新修改状况简单做了总结，麻烦您再做指导。

韩国破产法的重要变革

我于 2010 年开始参加“东亚破产再建协会”研讨会，该研

① 收信人吴守根教授系韩国梨花女子大学法科大学院院长。——编者注

② 吴守根：《破产法改革（1998–2007）》，Doosol 出版社 2007 年版。

讨会已经举办了7届，这7年以来，在中、日、韩三国，我们尤其可以感受到韩国破产法在不断发展，每年在研讨会中都会有部分修改内容崭露头角。1997年的韩国金融危机是促进韩国破产法发展的重要的契机。大企业、金融机构的破产、中小企业的破产、大规模的重组，在经济以及社会价值方面带来急剧的变化。在这一变革中破产法占据着重要的地位。

1998年以来韩国大力改革破产法，直到2007年可以称为韩国“破产法改革的时代”。1998年开始，韩国大修破产法，直到2005年制定《债务人重整以及破产清算相关法律》，[①] 2006年4月1日开始施行。此外，2001年开始作为法庭外重组制度，又制定《企业结构调整促进法》。韩国致力于完善法庭内外重整制度，这10年来韩国破产法急速发展。

韩国破产法比中国破产法的实施早一年，不同的是实施之后一直未停止破产法修改工作。以下我重点介绍2016年韩国破产法在法定重整以及法庭外重组中的修改内容，不当之处，恳请吴教授指正。

一、2016年《韩国破产法》修改的主要内容[②]

2008年全球金融危机爆发后，经济持续不景气，资不抵债的困境公司调整并重组债务成为常态，因而破产法需要顺应债权人及债务人的要求，确保重组程序的公正、效率。为此，韩国修改了重整程序。为了确保债务人在重整程序中灵活地得到新的资金，《韩国破产法》通过强化投入新资金债权人的权限，引导对债务人投资；强化了重整程序中的供应商债权人的保护，由此达到债务人公司在重整程序中持续性商业交易，确保资金以及营业的持续性。为了提高事前计划草案的有效利用度，《韩国破产法》认可债务人提交草案的权利，新设书面决议视为同意的特殊规则。同时，扩大了债权人参与重整程序的程序参与权，并提高了债务人重整可能性，如具体新设了债权人意见提示权等。《韩国破产法》还规定，达到一定规模以上的法人债务人的重整及破产清算案，由首尔中央地方法院集中管辖。管理委员会委员的资格

① 韩国破产法的名称，本文以下简称《韩国破产法》。

② 出处：法务部综合法律信息，法令。2016年5月29日法律第14177号“债务人重整及破产清算”相关法律部分修改，2016年8月30日起实施。

欠缺事由中包括限定监护人等。细言之，《韩国破产法》改革以及补充主要内容如下：

（一）确保灵活的资金

1. 对于提供新资金的债权人，赋予其在重整程序中对重要事项提出意见的权限，同时有权要求管理人提供资料（《韩国破产法》第 22 条之二新设的规定）。

2. 新提供的资金使用用途明确时，债务人、管理人、保全管理人除向法院提交报告事项之外，还应追加新资金的执行事项（《韩国破产法》第 39 条之二第 2 项第 3 号 da 目）。

3. 在重整程序中选任调查委员时，意见交流阶段应追加债权人协议会，重整程序开始之后根据对债务人提供新资金者的邀请，经调查委员的调查，在必要的资金借入范围内，允许向债务人提供信息（《韩国破产法第 87 条第 1 项、第 6 项）。

4. 申请重整程序之后，允许债务人借入新的资金时，把法院听取意见的对象变更为债权人协议会，法院在批准新资金的借入方面，参照债务人与债权人之间的交易情况、债务人的财产情况、利害关系人的利害关系等所有情形（《韩国破产法》第 179 条第 2 项）。

（二）强化保护供应商债权

1. 申请重整程序前的 20 日以内，债务人持续性正常营业所得到供应的物件，相应的对价请求权作为共益债权（《韩国破产法》第 179 条第 1 项第 8 号之二，新设）。

2. 基于重整计划批准要件中的平等原则，在不违反平等原则的事由中追加了“作为债务人的供应商的中小企业的重整债权，如果判断会显著阻碍债务人企业的可持续性应优先于其他重整债权偿还”（《韩国破产法》第 218 条第 1 项第 3 号，新设）。

3. 法院在批准重整计划之前，在重整债权偿还批准事由中，作为债务人的供应商的中小企业所持有的小额债权，如果得不到偿还，“有可能显著阻碍事业的可持续性”时修改为“有可能阻碍事业的可持续性”（《韩国破产法》第132条第1项）。

4. 法院在批准重整计划之前，在重整债权人批准事由中，“认定不偿还重整债权有可能对债务人重整造成显著阻碍的”字句，变更为“认定重整债权的偿还对债务人重整所必要的时候”（《韩国破产法》第132条第2项）。

（三）韩国式预重整制度的创设

1. 债权份额达到债务人负债的二分之一以上的债权人，或得到这类债权人同意的债务人，在申请重整程序之后开始到重整程序开始之前为止，可以提交事前计划草案（《韩国破产法》第223条第1项）。

2. 提交事前计划草案的债权人之外的债权人，根据《韩国破产法》第240条第2项在法院规定的回信期间前日为止，可以书面作出同意事前计划草案的意思表示（《韩国破产法》第223条第3项）。

3. 提交事前计划草案者，应在重整程序开始之前为止向法院提交债权人目录、《韩国破产法》第92条第1项各号规定书面记载的内容，以及大法院规定需提交的书面资料（《韩国破产法》第223条第4项）。

4. 提交事前计划草案者如提交了重整债权人、重整担保权人、股东、持有股权人的目录时，其目录参照《韩国破产法》第147条第1项（《韩国破产法》第223条第5项）。

5. 提交事前计划草案者提交债权人目录的情形下，在作出重整程序开始决定时，无须规定债权人目录提交期间（《韩国破产法》第50条第1项第1号）。

6. 提交事前计划草案之后，重整债权、重整担保权、股份或出资股权的申报期间开始之日为重整程序开始决定之日（《韩国破产法》第50条第1项第2号）。

7. 事前计划草案用书面作出决议的情形下，无须规定执行日（《韩国破产法》第240条第2项）。

8. 重整计划草案用书面作出决议的情形下，法院在批准之前，在作出是否批准重整计划草案时可以听取相关利害关系人的意见（《韩国破产法》第242条之二）。

（四）扩大了债权人参与的范围

1. 对于主要债权人赋予构成债权人协议会时的意见提示权限（《韩国破产法》第 20 条第 4 项，新设）。

2. 选任管理人时，对债权人协议会赋予管理人候选人推荐权（《韩国破产法》第 74 条第 7 项，新设）。

二、韩国庭外重组① 制度变革

韩国于 2001 年制定《企业构造调整促进法》（以下简称《企促法》）作为暂行法，实施到 2005 年 12 月 31 日为止，为的是促进金融机构主导的企业构造调整。但是，债权金融机构之间自律性地达成一致协议调整企业结构，并未得到市场化的效果。为了迅速并灵活地促进企业结构的调整，2007 年又重新制定并暂时实施到 2010 年 12 月 31 日。之后，在促进法庭外重组的过程中，为强化企业的自律性，完善保护反对债权金融机构之间的协议的债权金融机构以及小额债权金融机构的权利，2013 年 3 月 1 日韩国重新制定《企业结构调整促进法》，于 2015 年 12 月 31 日再次失效。但是，以弱势行业为中心进行法庭外重组的需求依然在增加，而该法失效后，韩国尚未找出替代方案，因而出现因无法迅速进行法庭外重组，企业没能迅速进行机构调整，给国民经济带来巨大负担的可能性。本次修改的主要内容：以前企业结构调整法的主要对象是大型企业，但本次修改将适用范围扩大到所有企业；基于该法参加的法庭外重组程序的债权人范围也是从债权金融机构扩到所有金融机构，最终通过企业结构调整改善金融市场的稳定与并为促进国民经济的发展为目的，将该法的有效期限暂时延长到 2018 年 6 月 30 日。《企促法》之所以多次被规定为暂行法，是因为 1997 年亚洲金融危机与 2007 年雷曼兄弟破产后经济长期不景气，债权组之间存在协商不足与利益冲突，不通过法律，仅通过单纯的法庭外重组，不能解决企业结构的调整，通过法制化来解决问题的必要性显著增加。

以上理解不知是否正确？最近，我们“东亚企业并购与重组法制研究中

① 关于韩国庭外重组部分参见拙文陈景善：《韩国法庭外重组制度》，载王卫国、郑志斌主编：《法庭外重组制度研究》，法律出版社 2016 年版，第 377~388 页。

心”也在整理近8年以来的中、日、韩三国破产法术语，同时在整理中国政法大学商法所胡丽玲老师根据韩国破产法2014年英文版翻译的韩国破产法条文，近期内应该会收录到《东亚金融机构破产风险处置法律评论》第2辑。望吴教授今后继续支持，也期待今年第八届“东亚破产再建协会”研讨会上再见到您。

祝您2017年收获满满，身体健康！

陈景善* 赵坤成**

2017年2月16日

* 教授、早稻田大学法学博士、博士生导师。中国政法大学东亚企业并购与重组法制研究中心主任。

** 金杜律师事务所（深圳分所）高级合伙人。中国政法大学东亚企业并购与重组法制研究中心副主任。

发展中的法国困境企业法

亲爱的先生：

很高兴读到你的来信。你对目前在 Assas（巴黎第二大学）硕士阶段学习进展情况都满意吗？完成学业不是那么轻松，特别是对于像你这样的外国学生。但我相信你能应付得来。你来信中提到你的祖国破产法发展方兴未艾，你也希望围绕破产法比较申请做博士研究，这是一个很好也很有勇气的想法。

谈到破产法，我们还经常会使用其他术语如“集体程序”“困境企业法”“不能支付法”。虽然名称不同，但研究的内容都包括破产保护程序、司法重整程序和司法清算程序等。称呼的不同，反映了对于该领域的认识存在不同认识。理解这些不同认识，离不开对历史的了解。

法国破产法有很久远的历史，怎样才能向你提纲挈领地介绍呢？

我想，可以把 1967 年 7 月 13 日法律看作一个分水岭。它的立法主旨和之前的破产立法相比，出现重大变化，其制度设计对当代法国破产法的发展又有重大影响。所以我们以 1967 年法律为参照，把法国破产法的发展分 1967 年法律前后两部分进行介绍。

1967 年 7 月 13 日之前的法律，破产法的发展史源远流长。只要存在贸易，总会有债务人和债权人。债务人在某个时间段不能清偿债务的现象也不可避免。追溯历史，我们发现最初人们处置债务人不能偿债问题完全出于债权人角度。比如罗马法有 manus injecto 的规定。根据该规定，债权人取得对不能清偿债务的债务人的人身支配权，可以依照自己的意愿让债务人成为自己的奴隶，或者卖掉债务人。债务人的所有财产被债权人取得，并在法庭任命的管理人（le magister bonorum）监管下出售。债务人的财产在债权人之间按照债权数额的比例平均分配。受到刑事处罚的债务人还会被从他的行业中除名，他的摊位（banca）被打翻（rota）。“Banca”和“rota”两个拉丁单词后来结合起来成为法语中的“banqueroute”一词。“banqueroute”一词在当代法语中的意思仍然是破产罪。该罪名的犯罪主体一般是自然人，如果是法人的话，法人法律上和事实上的领导者以及他们的共谋者，都会成为调查对象。经法庭调查发现破产企业领导人存在隐瞒、转移财产等损害企业或者债权人利益的行为时，将被处以罚金和监禁。我们从词源上能找到一些关于破产法特征的线索。不能清偿到期债务的债务人被称为 failli，这个单词的词源是意大利语的 fallo，含义是“欺诈”。在当时债务人存在不能清偿到期债务的事实，就意味着对债权人的欺诈，会被同行排斥并受到刑事处罚。

清偿债务是问题的核心，因而有必要在专门人员的监管下集中债务人的所有财产并出售，然后在所有债权人之间按比例分配。1536 年佛朗索瓦一世法令、1560 年查理九世法规、1673 年科尔波特法规等古代法国法，延续了罗马法关于破产的概念和规则。上述法规均规定破产案件由王室法官处理。但根据 1715 年 6 月 10 日王室法令，破产案件改为由商事法官负责处理，这一做法一直延续到今天。

1807 年商法典远不如 1804 年民法典受人称道。在破产法领域，1807 年商法典并没有太多引人注目的革新，其特征仍然是对债务人的处罚。债务人必须在自不能清偿到期债务之日起三日内提交资产清单。自停止支付之日起，债务人所有的财产行为无效，债务人丧失处分自己的不动产、动产及其他一切财产的权利并会面临监禁等刑事处罚。债权人推举其中一人作为管理人（syndic），管理人负责召集债权人会议，调查、出售债务人财产并将出售所得价款在债权人之间分配。1867 年 7 月 22 日法律取消了对不能清偿到期债务的债务人人身自由进行限制的规定，这是法律第一次考虑改善债务人的处境，但其余规定没有太大变化。1889 年 3 月 4 日法律专门针对善意债务人规定了新的程序，这是值得关注的突破。因为在此之前不能清偿到期债务，被认为是对债权人的欺骗，所有不能清偿到期债务的债务人均被认为是恶意的。该法律对债务人负债审查、清理作出了相关规定，不再像之前法律一样不加区别地对债务人进行惩罚。债务人负债清理工作在债务人财产司法清算程序（la procédure de liquidation judiciaire des biens du débiteur）中进行。司法清算程序由法官主持，对债务人财产进行登记、出售并用以清偿债务。针对公司特别是有限责任公司以及股份公司，大量增加并在经济生活中发挥越来越重要作用的情况，1935 年 8 月 8 日的法律将公司纳入破产法的适用范围，并修改了之前的法律。

1955 年 5 月 20 日的法规，往往被看作是 1967 年法律的基石。该法规首创了困境企业法（droit des entreprises en difficulté）的司法和解程序（la procédure du règlement judiciaire）。司法和解程序的目的是债权人和债务人在法官主持下达成有司法效力的和解协议。债务人做出偿还债务的保证和具体清偿计划，债权人免除债务人部分债务。如果法官认为无法达成协议或者协议未被履行，司法和解程序将立即转换为司法清算程序。该法规在规定司法和解程序、司法清算程序的同时还规定了第三种程序，亦即破产程序（la procédure de faillite）。破产程序适用于有欺诈行为、重大过失行为的债务人破产处置。债权人区分普通债权人和有担保权的债权人。普通债权人适用债权产生程序（la procédure de production de la créance）等一系列规则，必须按照法律要求申报自己的债权。负责债权申报的破产机关仍然是管理人（syndic），经管理人审查认为债权合法有效后才能参与清偿。债权产生程序逐渐发展为当代破产法上的债权申报程序（déclaration de créance)。有担保权的债权人，可以行使担保权而不必申报债权，我们可以说法律保留了有担保权的债权人通过单独诉讼实现债权的权利。显而易见有担保权的债权人处境大大优越于普通债权人。

把对债务人的处罚作为优先考虑的因素，是贯穿旧破产立法的一个特点。因为立法者认为，不履行债务的行为损害了经济和社会的平衡，甚至会对后者构成威胁。

这种观点听起来似乎夸大其词，但事实上，只要关注现实经济情况，就能发现它并不是没有道理。经济、社会公共秩序的目的，在于确保市场经济的稳定运行，因而必然要求不能履行到期债务的破产企业退出市场。但是人们逐渐认识到，将所有困境企业都清理出市场也是不合适的。因为这些企业的设立创造了就业岗位，这些岗位会随着企业的倒闭而不复存在。

1967 年 7 月 13 日的法律，被称为“关于司法清理、财产清算、个人破产和破产犯罪的法律”。从该法的命名、结构和程序设计上，我们能明确地感受到立法者优先考虑企业重整的意图，这是一个比较重大的变革。从 1967 年法律开始，后续的立法都坚持了这一立法思想。

以重整企业、挽救企业为目标的司法清理程序被置于所有程序之首，适用司法清理程序已不再如同之前是个别情况，而变得越来越普遍。1967 年法律区分负债企业和其领导者，经营行为有过错的企业的领导者仍然要承担个人责任，但这不妨碍对企业进行重整。只有在重整没有可能的情况下，才适用财产清算程序。1967 年之前的破产法只适用于商自然人和商法人，1967 年法律将法律的适用范围扩展到私法上所有的法人。破产程序不再限于商事主体。另外普通债权人在司法清理程序中的作用受到限制，不再参与破产程序的所有阶段，而是仅参加和解协议的投票。后续出台的多部法律不断完善 1967 年法律所规定的制度。1967 年 9 月 23 日的法令修改了财务和经济重整程序，针对虽然存在财务困难但有和解可能的负债企业创设了暂缓诉讼程序（la procédure de suspension provisoire des poursuites）。债务人在管理人（curateur）协助下在三个月的期限内制订本企业的财务和经济重整计划草案和债务集体清偿计划（le plan d’apurement collectif du passif）草案。上述草案提交法院而不是债权人进行审查。如果法官认为可行，则通过司法认可的方式赋予其效力。1973 年 12 月 27 日法律对 1967 年法律所规定的职工债权保障制度，作了进一步的规定，明确了职工债权保障机构（AGS）的性质、构成和职权。

1981 年 10 月 15 日的法律扩大了检察机关在破产程序中的职权以更好地行使维护公共利益的职责，检察机关自此成为破产机关。

1967 年法律的立法思想得到了多数法学家的肯定，其设计的重整制度和司法清算制度也不断被后续的法律所完善和发展。但是在司法实践中，最经常适用的仍然是司法清算制度，成功适用司法清理程序的案件增加远不如预期。针对司法清理程序耗时、费用大的弊端，1984 年 3 月 1 日企业困境预防与和解法，强调尽可能早地发现企业存在的困难并设计了和解程序。1985 年 1 月 25 日的企业司法清算和重整法，在此基础上对之前的破产立法进行了更大规模的修改和整合。挽救企业和维持就业成为优先考虑的目标。

立法思想的变化必然体现在具体法律规定上。比如，在重整程序中由法院批准企业出售方案而无须征求债权人同意。决定负债企业活动是否继续考虑的首要因素，是是否有利于企业本身的存续，而不是是否有利于债权人利益的实现。

管理人制度在这一时期也有较大发展，旧的管理人制度被新的司法代理人制度所取代。1985 年 1 月 25 日出台的一部法律，详细规定了司法代理人（le mandataires de justice）的法律地位和职责。根据职责的不同，司法代理人被分为司法管理人（l' administrateur judiciaire）和清算人。司法管理人的职责是挽救企业，而清算人的职责是变现债务企业财产并分配。

立法者进一步扩大了破产法的适用范围，手工业者、农业生产者以及自由职业者破产均适用本法规定。实现债权不是 1985 年破产法立法者所优先关注的问题，这被认为是该部法律的缺陷并受到很多批评。牺牲债权人的利益越多，债权人面临财务困难甚至破产的风险越大。其结果很可能会是不仅无法挽救负债企业，而且享有债权的企业因得不到清偿经营也难以为继。这种以牺牲债权人利益为代价进行的重整制度在实践中没有达到让负债企业起死回生的制度设计目的，近 90% 的破产程序是以司法清算程序结束。因此，有学者提出，1967 年及 1985 年破产法所创设的挽救困境企业制度是无效的。对破产立法思想和制度设计的争论始终没有停止。

10 年后，1994 年 6 月 10 日的法律将企业重整和债权人特别是享有担保权债权人利益保护的平衡，作为优先考虑的问题。1985年法律为了扩大重整程序的适用规定重整程序是清算程序的前置程序。法官在裁定受理破产案件时必须首先启动重整程序，经审核重整无任何可行性才能转化为清算程序。因此，在实践中，法官对于不具备任何重整成功条件的破产申请，不得不几乎在同一时间，作出破产重整程序启动和重整程序转换破产清算程序两个裁定。1994年法律不再坚持这一刻板的规定，允许法官对于重整无望的破产申请直接适用司法清算程序。1994年法律实施过程中，适用清算程序多而重整程序效果不理想的问题依旧存在。立法者不得不再次修改法律，制订了2005年7月26日法律。该法律和与之衔接的2005年12月28日法规内容经过法典编纂，成为《商法典》第六卷“企业困境”第L-610-1条、D-611-1条、R-611-10条和后续条款。在制定2005年法律时，立法者希望坚持1985年和1994年立法目的，完善已有程序并增加其实际效用，提高人们对适用破产法制度解决债务问题的吸引力。在完善司法处置程序的同时，重视非司法程序的作用。2005年法律还创设了破产保护程序（la procédure de sauvegarde），并被命名为“企业保护法”。随后的相关立法如2008年12月18日第2008-1345号法规、2009年2月12月第2009-160法令对破产保护程序又作了进一步的规定。

法国困境企业法始终处于发展中，希望你有兴趣进行深入研究，并从中找到可供中国破产法借鉴的因素。

保持联系！

巴黎第二大学教授 François Lécuyer[①]

① Hervé Lécuyer是作者在法国攻读博士学位时的论文指导导师，而François Xavier Lucas则是巴黎一大教授，法国破产法知名专家，曾参加过作者的论文答辩。这个署名为这封信的作者种林*结合两位法国破产法大咖姓名虚构而成。——编者注。

* 山东政法学院副教授，教研室主任，巴黎第二大学法学博士，山东省法学会经济法学研究会副秘书长、中国欧洲学会欧洲法律研究会常务理事、中国法学会比较法研究会理事。

西班牙经济危机和破产法

盛夏先生：

您好！

非常感谢您的来信。您信中问及西班牙经济危机和破产法的相关问题，我简要回答如下。如有不足之处，还望您批评指正。

首先，请允许我简单介绍西班牙商法体系。西班牙民商法体系参照法国民商法体系编纂，和中国民商合一的理念不同，采取民商分立的学说。因此，在西班牙民商法体系中分别存在民法典和商法典。西班牙商法典首次颁布于 1885 年 11 月 9 日，其后经过数次修改，现行适用的是 2016 年 1 月 1 日修改颁布后的法典。包含了商法主体、客体、合同等一系列商事关系的内容。除了商法典外，西班牙还颁布了一系列关于商法的法律，包括商事合同、公司、消费、劳动、金融、银行、破产、知识产权等法律，其与商法典一起构建了西班牙商事法律的基础。西班牙商法体系不仅在西班牙有重要影响，作为宗主国，拉美部分国家也依据西班牙商法典制定本国商法典。

其次，请允许我简单概述西班牙破产法。西班牙破产法（Ley 22/2003）是西班牙商法体系中规定破产相关规则的重要法律。该破产法颁布于 2003 年 7 月 9 日，并于 2004 年 9 月 1 日正式实施。

对于民商分立的西班牙，破产法的颁布对于商法典的完善是必不可少的。现行西班牙破产法一共 230 条，被分为 9 个章节，包含了破产法定情形、破产程序、涉外破产等相关规则，可以说西班牙破产法是一个典型的“混血儿”，其既包含程序法内容，也包含实体法内容；既包含国内法内容，也包含国际法内容。

然而，在法律正式实施初期，该破产法实施效果可谓混乱。其不仅在实体法部分存在与其他法律相互矛盾的地方，在破产程序的规定上也相当混乱。西班牙的破产法包含了国内企业破产和国际破产等多个方面，并对不同的破产主体规定了不同的破产程序。这种规定的初衷也是为了让破产程序更加清晰明朗，然而事与愿违，破产程序还未启动，当事人已经因为破产程序的选择适用而吵得不可开交。另外，在法院方面，由于不同程序并未有明显区别，法官在程序选择上也是一头雾水，导致其不仅懈怠于程序的选择工作，对于申请破产程序的参与者也不愿给好脸色。用一句话总结就是，在西班牙破产法下，企业苦，律师忙，法官烦。因此可以说，这一部破产法就是西班牙商法中的“鸡肋”。

不过在 2003 年，西班牙刚刚加入欧盟不久，正值经济发展快速时期，企业破产情况并不多见，因此该部破产法并没有对社会经济发展产生重大阻碍，人们对于其修改的迫切度也随之下降。可是好景不长，在 2008 年后西班牙经济因为房贷危机和支柱产业重挫而跌入谷底，成为“欧债四国”之一。加之西班牙主要以中小企业为主，更容易遭受经济为的打击，破产潮的出现迫使立法者推动破产法的改革。在经济危机出现后的第一年，西班牙立刻对破产法进行大刀阔斧的改革，并且对于该法律的修改一直持续到 2015 年年底。这一系列的法律改革在西班牙法制史上甚为少见，因为改动次数实在多得令人吃惊，在短短 2009 年到 2015 年之间，该法律就改动了 22 次，其中 2015 年甚至改动了 7 次！而目前西班牙适用的破产法，即 2015 年 10 月 2 日修改颁布后的版本。

值得注意的是，西班牙破产法的修改并不是重新起草，而是在原有法律基础上的修改。换言之，此时该部法律的编号并没有发生实质性变化。[①] 然而，西班牙破产法的改革，也给这个国家带来创痛，由于法律在编纂初期本身不完善，在后期的修改过程中，往往出现“理想很丰满，现实很骨感”的情况，甚至有些改革本身伤害了众多企业，毕竟破产法的目的并不是让企业破产，而是为了保护企业使之不破产，这是企业破产法的基本规则。可是西班牙破产法颁布后过于频繁的改动，不仅让破产程序参与者疲于奔命，更重要的是过于频繁的修改，也使得人们对该法律的实施失去了信心。

经济危机长期存在，使西班牙破产法的改革放错了重点，其并没有在自身内部找到破产法难以符合社会需求的原因，而是将注意力过多的放在了经济危机带来的破产潮上：首先，立法者过分强调经济危机带来的冲击，从而改变了破产法修改的重心；其次，2009 年破产法的修改仅仅是为了符合经济危机下西班牙企业破产现状，并没有从整体上宏观把握，因此当时的破产法更具有行政性和临时性。由于立法者的偏差，西班牙破产法的改革陷入经济危机的圈套，反而间接加深经济危机。在法学家们看来，法律应该具有相对稳定的特征，可是西班牙的破产法却是在经济危机下的临时修改，这并不会帮助西班牙走出经济危机的深渊。

一方面，西班牙经济危机期间的破产法改革的结果并不令社会满意，有的法学家们甚至认为，在立法技术上，这些修改后法条比 2003 年时颁布的原法条还要差，这主要展现在破产企业清偿债务的顺序问题上，该破产法对于不同种类的债务清偿顺序并未规定清楚，这直接导致了在破产程序中的诸多问题，如在提交文书的顺序、投票权等问题。可以说，该破产法破坏了破产法一项重要的基本原则，“债权人同等待遇原则”（per condicio creditorum）；另一方面，债权人之间的关系由于缺乏上述原则的保护，各债权人之间的利益分配只能通过协商解决。

① 西班牙法律编号，即为西班牙法律系统对每个法律授予的编号，法律一词“ley”后接入两个数字，第一个数字代表第几部法律，而第二个数字代表年份，比如 Ley 34/2002，即是 2002 年第 34 部法律。在数字编号之后则是该法律颁布的日期，并会附上相关法律内容的概括，例如西班牙破产法全名为：Ley 22/2003, de 9 de julio, Concursal。“Concursal”即为“破产”的意思。

2009 年之后，由于对经济危机的过度关注，西班牙破产法在内容方面的修改更为贴近危机，这使得企业的破产程序得到简化，而且对于破产后的并购程序也相应明确和简化，扩大了破产简易模式的适用范围，使得破产程序能够更加快速。而这种不负责任的简化，也使得很多企业在过于简单的程序中走向破产，从而导致西班牙失业率的进一步上升，当时西班牙失业率一度达到了 26%，部分地区年轻人的失业率更是达到了 50% 之多，因此这样一部纵容企业破产的破产法，让当时的企业界雪上加霜，遭受了不少批评。然而这样一部法律就这样渐渐被西班牙企业所接受，并且固定下来。

总的来说，西班牙的破产法呈现以下几个特征：第一，程序烦琐与简化并存。西班牙破产程序存在多个不同子程序，同时西班牙破产法有扩大简单程序的趋势。第二，修改频繁，且不稳定性、行政化特征明显。正如前文我所说的，西班牙的破产法在短短 7 年当中修改了 22 次，并且根据经济危机形势进行相应修改，这很大程度上更像是行政指令，而不像是一部法律应该规定的内容。

西班牙破产法和经济危机的关系大致就是如此。不过令人欣喜的是，随着企业界的接受和经济危机的结束，西班牙破产法最终稳定下来。可以预见，在未来几年中，随着西班牙经济的好转，破产法的修改和完善一定会做得更好。

再次感谢您的来信，希望我的回答能够解答您的疑惑。

韦龙杰*

2017 年 1 月 20 日

* 西班牙卡洛斯三世大学民商法博士在读，西班牙卡洛斯三世大学私法学、国际贸易双硕士，北京大学法学、哲学双学士。主要研究方向：中国西班牙民商比较法，电子商务法，国际私法。曾在马德里德勤会计师事务所、新东方教育科技集团工作。

我国台湾地区债务清理法制的立法框架

夏红先生：

来函敬悉。您请我以信札形式，向大陆读者分享一下我国台湾地区债务清理法制的新进展，感谢厚爱。下面我分几个部分略述：

一、台湾地区当前债务清理法制的立法体系

目前台湾地区债务清理法制可分为“破产法”“消费者债务清理条例”“公司法”的重整章节，以下分别就其立法历程及适用对象为简述。

（一）破产法的立法

台湾地区“破产法”自1935年10月1日施行迄今，仅有3次局部性修正（1937年5月1日、1980年12月5日及1993年7月30日），对于整体立法主义及体制均未变动。然而近数十年来，台湾地区工商业发展迅速，社会经济结构与往昔不同，为因应社会需求及国际潮流，“司法院”遂于1993年7月成立破产法研修委员会着手研拟修正“破产法”计划，总计召集313次委员会议，耗时十多年，始完成“破产法”修正草案，然而该“法案”因第5届“立法委员”任期届满未完成审议已失效。目前“破产法修正草案”总说明暨条文已于2016年4月29日由“司法院”与“行政院”送请“立法院”审议，并将破产法更名为“债务清理法”。

“债务清理法草案”所规定的适用对象，为债务人不能清偿债务或有不能清偿之虞，或因财务困难而暂停业务或有停业之虞者；债务人为法人或非法人团体者，其资产不足抵偿所负债务时，便得依本“法”所定程序，清理其债务（“债务清理法草案”第2条）。且为贯彻平等原则，非“中华民国”“国籍”之自然人（含无“国籍”人）、法人或非法人团体关于程序法上之地位，应与我“国”之自然人、法人或非法人团体相同（“债务清理法草案”第4条）。

（二）“消费者债务清理条例”的立法

台湾地区在2005年下半年开始发生相当严重的卡债风暴，现金卡与信用卡违约人数突然急遽上升，而无力清偿累积庞大债务的卡奴及多重债务人也引发种种社会问题，因而催生了“消费者债务清理条例”。“消费者债务清理条例”自2006年4月11日起施行，迄今已历数次修正(2007年5月13日、2011年1月26日、2012年1月4日、2012年12月26日)。

“消费者债务清理条例”的立法目的，系为使负债务之消费者得依该“条例”所定程序清理其债务，以调整其与债权人及其他利害关系人之权利义务关系，保障债权人之公平受偿，谋求消费者经济生活之更生及社会经济之健全发展（“消费者债务清理条例”第1条）。

“消费者债务清理条例”的适用对象及范围，系指5年内未从事营业活动或从事小规模营业活动之自然人。而小规模营业指营业额平均每月新台币20万元以下者，而“司法院”得因情势需要以命令增减该数额（“消费者债务清理条例”第2条）。

“消费者债务清理条例”规定用来处理消费者之债务清理事项，有两种程序可供消费者选用，分别为“更生程序”及“清算程序”（“消费者债务清理条例”第3条）。债务人如果对银行、信用合作社等金融机构积欠消费借贷债务，如欠卡债、信用借款、房贷等，在向法院申请更生或清算前，必须先和债权人进行协商（称为前置协商）。如果协商成立，就可以不必利用“消费者债务清理条例”的更生或清算程序；如果协商不成，才可以申请更生或清算（“消费者债务清理条例”第151条）。依该条文反面解释，如果债务人的债权人之中，没有任何一个是金融机构，便可不用经过协商程序，直接向法院申请更生或清算。

配合台湾地区“司法院”之统计资料，参考“地方法院消债申请事件新收件数统计表”，可观察出消费者债务清理申请案件数量逐年增加，故可得知“消费者债务清理条例”整体运作状况已越来越成熟。

台湾地区地方法院消债申请事件新收件数统计表[①]

单位：件；百分比

年度	更生申请件数（消债更（更））	清算申请件数（消债清（更））	协商申请核定件数（消债核）	合计
	比例	比例	比例	比例
2008~2011 年	25,267	4310	86,829	116,906
	22.04	3.69	74.27	100.00
2012 年	2094	342	14,282	16,718
	12.53	2.05	85.43	100.00
2013 年	2702	442	15,988	19,132
	14.12	2.31	83.57	100.00
2014 年	2957	630	12,955	16,542
	17.88	3.81	78.32	100.00
2015 年	3549	931	11,559	16,039
	22.13	5.80	72.07	100.00
2016 年	3822	1014	13,407	18,243
	20.95	5.56	73.49	100.00
合计	40,891	7669	155,020	203,580
	20.09	3.77	76.15	100.00

（三）“公司法”重整章节的适用对象

公司重整之目的，在使濒临困境之公司免于停业或暂停营业，使其有重

① 数据来源：台湾“司法院”，http://www.judicial.gov.tw/juds/dd/t7.pdf（最后访问日期：2017 年 2 月 15 日）。

建更生的机会。对于公司重整之相关规定，“公司法”第五章第十节“公司重整”（台湾地区“公司法”第282条至第314条）。依台湾地区“公司法”第282条第1项规定，公司重整法制仅适用于公开发行股票或公司债之公司。其立法目的系因公开发行股票或公司债之公司其股东人数众多，公司已具一定规模，若径任由破产进行清算，其影响层面并必扩及股东、债权人、上下游厂商、员工等层面，影响范围深远。是以，对于上开公司因财务困难，已濒临暂停营业或有停业的窘境，而有重整可能者，在法院监督下，调整其债权人、股东或其他利害关系人的利益，以利该公司的维持及更生。

得为公司重整之申请者可为公司，公司并应经董事会以董事2/3以上之出席，及出席董事过半数同意之决议方可为申请，或继续6个月以上持有已发行股份总数10%以上股份之股东，或相当于公司已发行股份总数金额10%以上之公司债权人，皆可向法院申请公司重整（“公司法”第282条）。

二、“债务清理法草案”的立法架构

“债务清理法草案”除和解、破产程序外，本次修“法”拟新增重整程序。其中破产属清算型的债务清理程序，和解、重整则属重建型的债务清理程序；此外并增设公法人的债务清理程序，以及外国债务清理程序的承认。由于已非“破产法”之名称足以涵盖，故修正破产法名称，更名为“债务清理法”。

“债务清理法草案”在规范密度上，将条文自“破产法”的159条，扩增为337条，明确区分一般程序适用的共同事项及个别程序的特别规定，依不同债务清理事件的特质而定其处理方式。透过规范密度的提高，有助于提升债务清理功能。债务清理法草案总共分八章规定，以下分别简述各章的重要修法内容：

第一章“总则”，本法之立法目的，在使陷入经济上困境之债务人，无论其系自然人、公、私法人、非法人团体，均得分别情形依本法所定重建型债务清理程序（和解、重整）或清算型债务清理程序（破产）清理债务，借以妥适调整债务人与债权人等利害关系人之权利义务关系，俾保障债权人获得公平受偿，而确保债务人事业或经济生活之重建、更生机会及健全社会经济发展（“债务清理法草案”第1条）。本次修“法”也放宽程序开始原因及扩大使用的主体（“债务清理法草案”第 2 条），申请债务清理之原因，不以债务人不能清偿债务为限，其有不能清偿债务之虞，或因财务困难而暂停业务或有停业之虞或资产不足抵偿所负债务者，均得分别依本法所定之和解、破产或重整程序，清理其债务。债务清理对象不以自然人及法人为限，非法人团体亦得依和解、破产程序为债务清理。又本次修“法”采取债务清理入口单一程序原则，由于债务清理事件具社会公益性，同一债务人有多数债务清理之申请者，法院裁定时应斟酌各利害关系人之利益，选择最合适之债务清理程序（“债务清理法草案”第 22 条）。

第二章“和解”，针对法院之和解部分，将原仅债务人始得申请和解之限制，扩及债权人亦得为和解之申请（“债务清理法草案”第 69 条）。商会之和解为台湾地区特有之裁判外债务清理方式，“商会”现行法规定于商业团体法，并更名为商业会，为鼓励裁判外的和解，爰予维持。另将依工业团体法成立之工业会所为之和解，亦纳入裁判外和解的体系。

第三章“破产”，增列“债务人有不能清偿之虞”之情形者，亦为申请破产之原因（“债务清理法草案”第 134 条）。且为避免债务人未能及时申请破产，导致财务继续恶化，于法院裁定开始债务清理程序前，故修正“破产法”，使债权人亦有破产之申请权（“债务清理法草案”第 135 条）。针对债务人为自然人者，就破产财团之构成如采膨胀主义，破产财团不易确定，影响破产财团财产之分配及破产程序之进行，并易降低债务人取得新财产之意愿。故本次修“法”兼采固定主义，明定债务人于破产程序开始后终止或终结前，有偿取得之财产，不列入破产财团，法院并得审酌债务人生活状况、可预见之收入等情事，由法院裁定扩张不属于破产财团财产之范围，以保障债务人的生存权，鼓励其自力更生，恢复经济活动（“债务清理法草案”第 157 条）。

第四章“重整”，本章为新增，为调和法人与债权人、股东、员工、主要交易对象及其他利害关系人之权利义务关系，并谋求法人事业继续价值之最大化，爰以重建型之债务清理程序架构订定本章。本次修法新增扩大公司法重整章节适用对象及范围。为赋予财务困难法人重建更生之机会，扩大重整程序之适用对象范围，明定不以“公司法”第三章第十节公司重整规定之公开发行股票或公司债之股份有限公司为限，亦包括无限公司、有限公司、两合公司及其他依民商法设立的法人。唯为符合程序经济及费用相当性原则，明定登记之财产总额或资本额达新台币一亿元以上者，始能进行重整，以避免程序浮滥（“债务清理法草案”第 220 条）。又为使重整程序进行有所依据，乃分别明定重整之申请、重整之开始及效力、重整债权、社员权及共益债权之行使、关系人会议、重整计划之可决及认可、执行及其程序之终了等相关事项。

第五章“公法人之债务清理”，本章为新增，公法人有其公共机能，于不能清偿债务时，其债务清理程序不宜同于一般自然人或私法人，爰新增本章，以资适用。为使公法人之债务得为集团性债务清理，明定公法人、公法上之非法人团体亦得依本法进行债务清理，唯公法人、公法上之非法人团体，均有其公共机能，其债务清理程序与自然人或私法人不宜完全相同，故增订公法人债务清理之和解程序，并明文规范除法律有特别规定外，无破产及重整程序之适用（“债务清理法草案”第 287 条）。

第六章“外国债务清理程序之承认”，本章为新增，为因应经济活动国际化之需求，平衡保障各国债权人公平受偿，促进社会经济之健全发展，增益跨境贸易及投资，强化及时司法互助与合作，外国之债务清理程序，有承认之必要，爰新增本章。为因应经济活动国际化之需求，本法就外国法院债务清理程序，宜采承认主义，爰修正现行“破产法”第 4 条，明定经承认之外国法院债务清理程序之效力及于债务人或利害关系人在台湾地区境内的财产（“债务清理法草案”第 304 条）。且为因应经济活动国际化及两岸经贸关系密切之需求，平衡保障各国债权人能公平受偿，增进跨境贸易及投资，强化及时司法互助与合作，明定对于外国、中国内地及中国香港地区、中国澳门地区的法院及行政机关所进行债务清理程序得申请承认，并增订相关程序、效力及准据法等事项，俾与国际经贸活动顺利接轨。

第七章“罚则”。

第八章“附则”，本章为新增，“本法”修正施行后，有关施行前后相关事项，应予明定，以资遵循，并为施行细则之授权规定，爰设本章。

三、债务清理法制的展望

在"债务清理法草案"立法通过施行前，法院裁定或商业会开始处理之事件及相关程序进行等事项，其法律适用及其效力，均宜明文规定。因此，于"债务清理法草案"第八章增订修正施行前，法院裁定开始处理之和解、破产及重整事件过程依原规定程序终止或终结。商业会已开始处理之和解事件，视其进行程度，依修正施行后之规定终止或终结，已进行之部分，仍不失其效力。另外，除有特别规定外，修正施行后之"新法"，于修正施行前发生之事项亦适用之，且修正施行前破产程序已终止或终结，均得依"新法"申请免责、复权，并明定修正施行后不再适用之"公司法"、"金融机构合并法"相关规定，授权订定施行细则及本"法"施行日期（"债务清理法草案"第330条至第337条）。应注意者，"债务清理法草案"通过后，并未将"消费者债务清理条例"废止，而是呈现两者同时施行之状态。[①]

针对"公司法"重整章节部分，为强化台湾地区公司治理绩效，达成一次程序解决公司财务问题的目的，故本次修法由"债务清理法草案"将"公司法"上的重整程序纳入整并，新增重整章节，以期促进破产与重整法典的现代化。故法人的债务清理程序，有关重整部分，既应适用本"法"新订之重整程序，则"公司法"第五章第十节，自应不再适用（"债务清理法草案"第335条）。

基本上，未来若债务清理法草案施行后，将充实台湾地区债务清理制度，使制度更加完整及健全，并可保障债权人及债务人的权益。

愚弟：王志诚[*]

① 吴明轩：《债务清理法修正草案之商榷》，载《月旦法学杂志》2014年6月第229期。

* 台湾政治大学法学士、政治大学法学硕士、政治大学法学博士。现为中正大学法学院教授、中正大学研究杰出特聘教授。曾主持起草多部"台湾地区有关规定"，著有多部学术专著。

08
艺
—
文

一个没有破产法的场景

未来的商业人：

“破产”一词，在中国传统文化中寓意消极，很多人也忌讳“破产”二字。法律也好，制度也好，文化也好，有一个前提需要追问，即法律（制度、文化）是进化的产物，还是设计的结果？无论你接受也好，不接受也好，破产法作为一种制度已经存在了很长时间，那么能否想象一个没有破产法的场景？

第一个故事，与买女奴券相关。

K 是一位粟特商人，沿着千百年来祖辈的游牧路线，行进在河西走廊的姑臧草原。他们这支队伍足足有 300 只上等骆驼，从伊吾来，在那里买了很多上好的玛瑙、玉石、硇砂、草药、麝香、香水和雕刻，这些都是来自撒马尔干、波斯甚至地中海的各类宝贝。骆驼的行进总是一脚深一脚浅，K 随着驼铃的摇曳，仔细端详着手中的昆仑神木手链，小心翼翼放入胸前的包裹之中。K 身后的骆驼上，一位女孩严严实实地包裹着自己，生怕烈日照晒到自己，她是 K 从伊吾带回姑臧的撒马尔干女子 Upach，是撒马尔干 Chuyakk 家族的女儿，今年 14 岁。

Chuyakk 家族原本是撒马尔干的望族，最多时拥有牛羊二十余万只，各类房屋建筑二千余幢，忙里忙外的家奴有上千人。

然而连续多年的干旱让草场的面积不断萎缩，Chuyakk 家族不得不不断降低自己的生活标准，不得不向周围的粟特商人借钱度日，希望来年风调雨顺……然而鼠疫的爆发，让 Chuyakk 家族最后的希望破灭。他们只有出售自己能出售的一切，才能还得起粟特人 Tudhakk 的本金和利息。Chuyakk 家族很想尽最大的努力挽回败局，然而一切似乎都无济于事，除非 Chuyakk 家族能够恢复鼎盛时期的草场、羊群和金银储备，否则随着时间和利息的叠加，Chuyakk 家族的房子、女人和男人等一切，都会被 Tudhakk 收走。因此，Chuyakk 家族必须尽快做出决定，在还有时间和机会的时候，出售女儿 Upach 给 K 的儿子做老婆，连同 Upach 身边的数十位女子到 K 家做奴婢。由 K 向 Tudhakk 支付八百文上等萨珊银币，只有这笔巨款，才能帮助 Chuyakk 偿清 Tudhakk 的借款。

K、Chuyakk 和 Tudhakk 之间的交易，需要得到伊吾国司法官员 Pator 的批准，Pator 首先询问了 Upach 的意见，如果 Upach 不同意嫁给 K 的儿子，那么整个交易都无法进行。Upach 同意嫁给 K 的儿子，身边的女奴也愿意一并去 K 家做奴婢。只有三方当事人和司法书吏在场是不够的，还需要有一些政商界名人在场见证才可以。这次交易的见证者有 Chuyakk 的儿子 Tishrat，粟特商人首领 Khwatawch 的儿子 Namdhar，敛赤建国名宦 Karzh 的儿子 Pesak，何国名宦 Nanaikuch 的儿子 Nizat。

在完成了上述这些程序准备之后，K 向司法官员 Pator 交付了八百文上等萨珊银币，司法官员 Pator 的儿子 Ukhwan 在买女奴券中写道，“K 买回的女奴无欠债，不再是原主的财产，不能追夺，不得非难，作为永久财产包括她的子孙后代都被买下了。因此 K 及其子孙后代，可以任意支配女奴，包括打她、虐待、捆绑、作人质、出卖或赠送。如同世传家生奴、旁生奴及用银钱买回之财产一样，卖主对此女奴不再有约束力，脱离一切旧有关系，不得再过问。”“拥有此券者，即可收领、带走此女奴。”同时，司法官员 Pator 将钱款交付 Tudhakk，Chuyakk 偿清了 Tudhakk 的本金和利息。

回到姑臧的家中，K 开始整理这次伊吾之行的全部收获，按照粟特礼仪为自己儿子 Yansyan 与 Upach 举行了婚礼。Yansyan 从姑臧出发，向东南方向再走两天就可以到达芦阳或沿寺，在那里渡过黄河之后，就正式进入了中土，长安才是粟特商人的下一站。粟特人承担的商业风险极大，整个部落既是商队的出资者，也是商队的风险承担者，部落首领不仅是最大的股东，更是整个部落的精神领袖。虽然商队的风险集中在部落首领的身上，但是整个部落都相信和支持首领，首领不必个人承担全部责任。部落首领往往宁愿家人卖身为奴，也要捍卫自己的信誉。

第二个故事，与中心签约人相关。

X 是一位成功的某企业家，他的企业专事印刷各类宣传品和书籍，生意还不错。X 的妻子 H 也是一个非常勤劳、朴实的女性，各类电脑操作排版校对，非常娴熟。X 所印很多书籍涉及宗教，无非是劝人向善的一些普通读物。

然而，这也许是一件很危险的事情，当然所有的商业都会有风险。天有不测风云，X 被警方拘留了，很快检察院也批准逮捕，接下来的就是旷日持久的侦查。

对于任何人而言，一旦失去人身自由，至少意味着与之前的社会关系暂时中止。但是对于企业家而言，就不仅仅意味着与之前社会关系的中止，更重要和更麻烦的是与企业家相关的未来商业关系的不确定状态，而这种不确定的状态，会蔓延至整个社会的利益相关者，甚至是整个社会的商业运转。

印刷行业并不是可以一本万利的行当，为了扩展业务，需要购买更加先进的印刷设备，X 只好向很多人融资。X 是一个有理想的人，然而并不是所有的理想都可以勉强他人接受，利息往往在所难免。X 被逮捕的同时，X 印刷厂也随之停产，每停产一天，不仅意味着地租和利息的继续叠加，还意味着“中心签约人”的缺位，职工的工资，债权债务关系处理，忧心忡忡的家人……一夜之间，风险从理论到现实。X 的母亲 Y 是一个执着和坚强的女性，始终无法接受命运的劫难与考验，面对生活的压力，Y 选择坚持，Y 不愿意放弃厂房、不愿意放弃设备，Y 请求、哀求公司的债权人，希望他们能够宽限时间，等她儿子从看守所里面出来，他们一定会加倍奉还……无论如何，Y 以如此年纪坚守着理想，足以让每一个人为之敬仰。

法律的现实总是让人无奈的，特别是那些冗长的程序，大洋彼岸早有福山曰“法律程序是那些法律精英所最擅长的”。X 的母亲 Y 在不停的奔走呼告之中，消耗着一个老人最后的风烛残年……然而，X 公司的债权债务关系，并不因此而结束。清算也好，破产也好，并不是简单的让企业家们逃避债务，更重要的是保护企业家那些不确定的风险，给企业家一个再生的机会。如同一个人难免会生病，生病了就要去看医生，讳疾忌医是没有意义的。

在故事之后，我还想说。也许，在亚洲内陆贸易中，没有一种可以被称为“破产法”的制度，我们只能根据有限的历史片段，想象亚洲内陆的贸易和商业。那时的法律规则，应当会考虑到破产情况下，对长途贸易风险（火灾、没收或遭劫）进行赔偿的办法，有理由推测，那时的商业法律需要把商品的集体收益和收益分配联系起来，并为之确定商业利率，应该会有一个商业机制，能够提供信用担保和销售补偿。如果不能有相应的货币作为债权补偿，那么就要有人沦为奴隶以补偿债务。这里也许会看到一个似曾相仿的破产制度演化路径。

有时候，理想会给人以力量，然而很多时候，理想也会让人受到禁锢。蒙古国有 5.8 亿的债券到期，政府面临破产，蒙古国经济学家奥索加拉夫·布乌克捐钱捐物，而且还呼吁蒙古国人民踊跃捐款……

破产，债务可以逃避；不破产，短期债务扛不住。破产不破产，债权债务能否结束，不仅是法律的事，更是正义和道德的事，因为如果失去正义和道德，就失去了信誉，也就失去了重生的机会。而破产制度更重要的价值就在于“破茧重生”。

祝好！

赵忠龙*

2017 年 2 月 18 日

* 云南大学法学院副教授，中国人民大学法学院经济法学博士，中国政法大学民商经济法学院—云南大学发展研究院理论经济学博士后，主要从事经济法、商法、法律经济学等的研究与教学。

破产法：春、夏、秋、冬四时杂兴

X：

你好！

倏然间，已是 2016 岁末，这几年一直忙于救治或处置债务危机企业。

与菰城友人一起看车窗外的落日晚霞，高低错落的城市在天光云影间徘徊。于是，又想起你，和你一起工作的日子。

离开宁海已经七年了，偶尔我们也在朋友圈惊叹，2016 年国庆，在异国的咫尺天涯，我们在飞机的起落间，共同探访了欧洲大陆。

“2012 年浙江法院企业破产审判报告”“2012 年企业破产案件十大典型案例”“宁波强蛟区域 11 家企业破产系列案”……岁月留给我们的 2012 年，定格在浙江法院企业破产审判报告的年度关键词。从字面上看，那些隐藏在文字后面的 11 家企业的 6 个实际控制人，薛其辉、梅志荣、尤德贤、金昌登、金昌龙、尤六君，似乎已随着企业破产，经岁月沉浮静默……但是，我知道，在你我刨根问底的追问意识里，我们从来没有放弃对他们的探究。

也许透着浓浓的宁海乡音，在场景中真实重现属于他们的四时故事，在四时里杂兴思绪，有助于贯通我们的探究精神和问题意识，共同洞察和体悟光阴的记忆。

春

——熠熠其辉，灼灼其华

一

我其实一直没有记住去薛岙的路——薛其辉初始创业的浙江春雷电器有限公司所在地。

乡间的路，阡陌纵横交错，一块块的菜圃散落在道路两侧，村民的院子和篱墙一家家的绕转。外地人，记不住路是正常的。

但是建标主任每次总是可以轻车熟路的从公路岔口准确无误地转进岙里，车子在阳光里轧着路边不知名的小草落叶，在我们的欢呼声里，建标主任总是稳稳地驾着车子，把车窗外山岙里的气息灌进车里来。

“薛岙大多数人姓薛……宁海是模具之乡……薛其辉在村里办厂，带出很多徒弟的，徒弟们也很尊敬他……他的徒弟在宁波、江苏办厂，很有名的……只要薛其辉愿意去，是不用谈钱的……薛其辉是开模能手……在强蛟开发区也拿了地，想发展的……担保问题出现后破产，也是没有办法的……”

建标主任的笑容从浓眉里漾开，和开着门的村民一一打着招呼。

薛岙村背山面海、风景秀丽。在这里，薛其辉组建的春雷电器曾是国内著名洗衣机品牌小天鹅的模具供应商。薛其辉说，他们生产的小鸭圣吉奥洗衣机质量很棒，容声电冰箱也可以生产出来……

二

在春雷电器空荡荡的厂区里，我们和评估机构一起盘点了注塑机、干燥机、生产线等生产设备，团队小伙伴章菁居然还带了一个油漆桶，用油漆给机器设备标注了编号，以便制作清单。尽管后来查明 90% 的机器设备属于融资租赁设备或已抵押给债权人，而最终的拍卖价值不足 200 万元。春雷电器在薛岙的有证土地只有 1.5 亩，其余 25 亩向薛岙村民租赁，涉及农户 11 家……但在这些土地上有完整房产和构筑物 19 处，已初步形成了完整的家用电器大型塑料模生产作业区……

小天鹅洗衣机、小鸭圣吉奥洗衣机、容声冰箱，这些国内著名家用电器的大型塑料模的供应商，体现了薛其辉的行业地位。章菁后来还代表管理人向小天鹅交付了一套已完工成型的模具，使我们项目组成员，间接感受到了春雷曾经的技术地位。

破产管理人接管的春雷电器，因担保和民间借贷，资金链断裂，已停业两年，早已失去了往日的强大生产气场。“熠熠其辉，灼灼其华”，春雷电器这个让薛其辉刻骨铭心的工厂，往日光辉不再。我们无法体味那个薛岙的男人离开时的窘迫与无奈。

整个破产过程中，管理人依程序推进了春雷系所有资产的拍卖变现和清算分配，四家企业因破产清算而消亡。薛其辉没有表示过任何反对意见，唯自始至终地全程配合整个资产处置过程。

三

宁海有深厚的历史文化底蕴，又是潘天寿故里，还是徐霞客游记开篇之地。宁海的大型塑料模在国内已有较大影响力。宁波作为模具产业集聚带，中国模协所列的十大类模具——塑料模具、铸造模具、压铸模具、粉末冶金模具、橡胶模具、陶瓷模具等，宁波均能生产，其中塑料模具、铸造模具、压铸模具、粉末冶金模具在国内有一定的知名度。

薛其辉实际控制的春雷系四家破产企业，由浙江春雷电器有限公司、宁波旭峰电器有限公司、宁海县春雷模具制造有限公司、宁海县机动车交易市场有限公司四家公司组成，其中春雷电器主营生产洗衣机，春雷模具主营模具制造，旭峰电器主营生产电冰箱，机动车交易市场因债务危机影响未实际开展生产经营。

四家公司的产业布局以传统家电模具为基础，以汽车配件模具为发展方向，显示了薛其辉在专注模具产业时的壮志雄心。近县城的隔水洋的春雷模具厂，与其他模具企业，一起烘托形成了宁海模具交易市场，在培育、促进中，一定程度上实现了生产要素的有效组合。薛其辉与宁海的乡村企业家们，利用由生产商、供应商、销售商自发组织的产业集群，创造了宁海“模具之乡”的竞争优势。这也是为什么会形成震动宁波地区的担保链债务危机的原因。

浙江民营制造业的兴起，使农村农业劳动力从单位面积的农田投入缩减中转移到工业经济中，形成了浙江特色的民营经济，这种自下而上的因果互动，戏剧性地改变了工业的整体面貌。这些草根企业家，创造了乡镇经济最早期的产业利润，承担了乡镇农村劳动就业，却过重地分担了金融机构融资风险的担保责任，又承担了民间资本的高额利息投入，最终却导致自身积重难返的消亡……

四

春色岁岁老去。离开宁海后，再也没有人和我谈起薛其辉。但中国裁判信息网上，陆陆续续地还有起诉薛其辉个人担保责任诉讼的裁判文书及失信人名单。

……

春日在天涯，天涯日又斜。莺啼如有泪，为湿最高花。

春的故事写完了。不知你是否有不同的回想？细雨无声润物，和风有意迎春。京衡 2017 丁酉鸡年春联如是。也许在很多年以后，我们会在宁海阿三麦饼店里，和薛其辉相遇，和着宁海豆汁和各式麦饼的香味，这头和那头的喊声……我们相视一笑，那时岁月已白头。

祝好！

夏

——寅年春锦绣，卯序夏昌隆

一

金昌龙说起春雷危机和薛其辉时，总是有些气恼。

他会恨恨地说，他是不和薛其辉玩在一起的，都是他弟弟金昌登——登煌五金和登煌锻造两家公司的法定代表人——惹来的祸事。

他觉得自己不能和薛其辉比，他认为自己更专注于企业管理和技术，远远胜过薛其辉。虽然，他也是从强蛟上浦小村庄里白手起家办厂的。

宁海企业破产非议最多之人，也许就是金昌龙了吧。

因为弟弟金昌登办的企业因担保涉入春雷危机，他最先警觉并认识担保链危机，也曾积极参与春雷危机的企业家互助，虽然最后此举亦如杯水车薪，春雷担保危机之火势还是蔓延震动了整个宁海乃至宁波企业圈。

他最早开始自救。起初，他请了律师一起谋划。他和最大的抵押债权人一起极力抵制破产程序，企图以新设九隆五金，将抵押资产暗度陈仓，空壳化公司，以消化担保债务危机。他把业务订单逐渐地转移到新公司，以九隆，寓意新公司生意昌隆。

但是除抵押债权人外的金融机构，对其自有债务的恐慌性连锁抽贷、压贷，求助政府协调无效后，导致他视为企业生命线的生产设备更新计划被一再地中断、延后。

于是，他开始向我们了解企业破产的债务人自救重整模式，了解重整债务削减协商制度。

已记不清在杭州他来访的办公室里，我们和他谈了多久。最终，他和我们似乎真正理解了破产宽容失败，鼓励创业的诸多内涵，也理解了企业家的责任。

债，是一生绕不开去的责任。选择履行怎样的债，才真正塑造人格。

为了表示他最终对我们的信任和诚意，他与我击掌约定，他服从监管，抓好生产，在合理的债务负担下，最大限度地清偿债务。

二

破产重整裁定受理后，金昌龙有很多的不喜欢。

管理人接管九龙、金龙公司的全部印章，向全体职工宣示了破产裁定受理后公司实行全面的生产经营监管，资金审批。在全体职工面前，在债的窘境中，金昌龙不得不接受破产重整后身份的转换与重塑——在“人心之围”

中突破。

金昌龙常常努气冲冲地到我办公室发火。他身材瘦长，精神气却极足，意气风发，丝毫不现或承认失败。他每次出现时，总引起不小的注目，他常穿着名牌，扎着爱玛仕皮带。

但是金昌龙是我见过的企业家中，少有的没有建造大厦式办公楼的企业家。他的办公楼和车间厂区相连，框架结构，办公室极简易。这和台湾地区或者日式企业的强成本控制理念一脉相承。

也许，对于金昌龙来说，只要去挑战，就会拥有相应难度的勇气。他自信，无论时代的潮流和社会的风俗怎样变化，人总是可以凭借自己的能力超越时代和潮流，走在正确的道路上。他会不厌其烦地反复向我陈述他年轻时在上海打工时的经历，睡通铺时的上海滩。

他认为，因担保链、银行抽贷、减贷、供应商缩减偿债期导致的债务风险，涌现的债权人四处奔走相告，为的就是还钱。钱对于他这样的企业家来说，一定会在稳定的技术和订单中赚来，到那时银行又因为大量的结汇业务，求好于他。他们没有权利要求他在当下，去找一件破旧的衣服披在身上，弯下腰跪求宽恕。那些人追求的无非是物质。他坚信他是有理想的，在他确信自己的理想可以实现时，内心是自由和宁静的，他可以无视所有人对他的不满。

他坚决不同意我们在科技大道的厂区张贴法院破产裁定受理公告，他咬牙切齿地讨厌海报，要求领导小组协调法院不刊登破产公告，并要求互联网上查不到破产信息。他发完火后，公告依旧可以在互联网上查到，他对我宽慰他的话半信半疑：

“你的客户多是世界500强的美国企业，美国是破产重整债务人自救模式的发源地，不用担心啦。”

如美国小戴维·A. 斯基尔在《债务的世界——美国破产法史》中所述：“美国破产法在世界上别具特色。与其他国家相比，它最大的特色可能在于：美国的个人与公司似乎并不将破产视为最后一搏，因此他们并没有不惜一切代价避免破产的发生。没有人想落得一个破产的下场，但美国的债务人只是把破产视为通向欣欣向荣彼岸的一个途径，而非剧终。”

不知道，他如果知道，现在的美国川普总统是通过破产发迹的企业家，是不是更自信呢？

三

破产裁定受理后，停息止付、封闭经营等破产保护措施全面启动后，他感受到破产对恢复生产的强保护性后，到我办公室来时，常常在预判未来良好行情时，发出他标志性的引颈大笑。

对于破产裁定受理后，限制其出境，又使他无比困惑，他觉得他也不会跑，如果限制出境，他的外贸订单又如何稳定呢？

于是，他开始不厌其烦地请我到他办公室，看他的生产线，看财务数据。他不停地喝咖啡提神，开展与我的激辩。这也是金昌龙区别于很多浙江民营企业家的另一个显著特点。更多的浙商像我一样，喜欢喝茶。但金昌龙以喝咖啡的方式，显示他的业务思维与美式思维接轨。他滔滔不绝地阐说他的业务规划，企业的管理。他常常在大段大段的述说中，把我当作宁海人，用宁海普通话跟我说话，以至于，在 2011 年至 2012 年，我真像那么回事似的能掐着宁海腔调说几句话，以加深与他的交流与谈话。

我很喜欢和金昌龙说话，听他说他的产业更新计划。金昌龙的管理能力很强。金昌龙实际控制的宁波九龙五金有限公司、浙江金龙机械索具有限公司，工人班组绩效考核已类似稻盛和夫的“阿米巴经营”。

他很善于讲话，企业使命和价值观灌输始终贯穿于企业管理全程。他曾经邀请我到金龙索具创办时老厂房所在地的上蒲村大会议室，听他做员工动员讲话，极富有感染力和亲和力。

他说职工每周都要进行企业价值观讲话，不讲话，他们就没有干劲。他带领的职工团队对企业认同感很强，基本形成了一套成熟稳定的管理体系，很多优秀的班组长、车间主任，表现了蓝领技术工人精湛的技艺和强组织纪律性。

九龙五金、金龙索具因受对外担保单位波及而陷入财务危机后，核心的管理人员、销售人员、技术人员均未流失，在破产导致的采购成本上升、付款条件趋严条件下艰苦奋斗，稳步实现盈利。作为订单型外贸生产型企业，金昌龙锁定的目标客户主要是世界500强企业。

四

2016年夏，接到金昌龙从宁海打来的电话。

他说，2012年确定的重整计划已基本执行完毕，四年实现产值11.75亿元，发放工资1.2亿元，纳税6045万元，偿债1.9亿元……

我用笔在草稿纸上速记了他说的数据，这些数据背后，是他这几年勇敢拼搏的成果，当然，他也实践了他对被他尊为创业大哥的华东机电的尤孝文的责任——担保链从金昌龙的企业这里开始筑起防火墙，债务危机从九龙、金龙、九隆的昌隆中化解。

浙江的民营经济，就是一群能互相通气的朋友的共同打拼。大量社会行为的控制不是来自外部环境，而是来自社会关系本身。如果一方对待另一方的行为发生改变，双方都将变得更差。弟弟金昌登使金昌龙有了更强的忧患意识，也使金昌登在哥哥的护佑中，在企业资产被全部处置后，至少没有辗转流落他乡。尤孝文在外围担保链中注视了金昌龙浴火重生的全过程，也学习借鉴了金昌龙破产保护债务协商、资产削减、轻装上阵的各种治疗措施。尤孝文的企业病后新生，金昌龙日久弥坚的防火墙功不可没。

X，是不是很多人依然不喜欢金昌龙呢？

人嘛，都有优点也有缺点。对一个人的评价，首先得站在他本位的角度理解他，然后用自己的价值观去评判他，这样可能好一些。金昌龙首先是一位企业老总，也就是个商人，对他而言第一位的，就是利益。利益中有公家的，有企业间的，有与他朋友间的利益。相对而言，对公家的利益他会尽可能地争取，谋求最大化，对与企业与朋友之间他还是以道义为上的……

清程钟龄曰："医道精生，思贵专一，不容浅尝者问津；学贵沉潜，不容浮躁者涉猎。"

夏日炽热燃烧阳光，充沛得像金昌龙厂区的火光四射的冶炼，流光溢彩反射在金昌龙曾带着我行走的厂区路上。

于是，很想，再去看一看，金昌龙热爱眼光里的九龙和金龙，看一看那些穿着制服的蓝领工人们。

寅年春锦绣，卯序夏昌隆。破产也可以使企业创始人继续管理心爱的工厂！

祝好！

秋

——东临碣石，以观沧海

一

昨晚我又梦见海了。仿佛又回到了强蛟海边，蓝天碧海下，有人声嘈杂，也有硖石竦峙，更有水波潺潺，一望无际。集沙孟海章法气势于一体的“宁海县精工机械有限公司”倏然浮现。

我从来没有见过精工机械的法定代表人尤德贤。

他的徒弟跟我说，他希望百年以后，把沙孟海题的厂名带走。

我和金昌龙聊天时，说起尤德贤身患绝症，在上海不知所踪时，可以从金昌龙变得异常严峻的脸颊中认知一些尤德贤。金昌龙有时也会问我，管理人接管后的精工机械状况。金昌龙是骄傲的，但他对尤德贤却是尊敬的。金昌龙评价尤德贤是懂技术的，但是管理不行——心太软。

尤德贤的精工机械的厂区布局甚有江南园林营造的意味。有铺陈的鹅卵石子路，有蜿延伸展的照壁式围墙，有中式古典拱形门，厂区被围墙奇妙地分为东西区，东边是专家楼，用于科研，西边是车间，有数控车间，铸模车间，一溜一溜地分开，圆拱门、照壁、围墙的四处，又点染着各式花草，有花坛，也有草地。

我曾看过精工精械的玉兰花、海棠花开，花姿潇洒，花繁似锦。这样精心营造的花园厂区，配上沙孟海亲笔题写的厂名，不得不感叹很有中国玉棠富贵意境。

我记得，当年接管精工机械时，尤德贤的徒弟兼财务总监尤祖杰给管理人提的第一个建议就是，必须马上聘请两个清洁工，一个打扫车间，另一个维护厂区卫生。当时的我，极为诧异，虽然我曾读过类似的管理经典案例，称客户验厂时，从一家企业的清洁程度和职工对清洁的态度，决定客户是否给订单。

后来在经营监管中，我才体悟到，精工机械主要承接科研院、上市公司、高新技术企业的机械制造订单，厂区整洁，是客户下订单的前提。

二

精工的成长，依托于轻工业杭州机电设计研究院，双方从 1990 年即开始合作，至 2012 年已有 20 余年。经过双方不懈的努力，在国内涂布机市场占有一席之地。掌握组合刮刀涂布系统、SCAF 干燥器、气翼干燥器、连续退纸装置、单刀切纸系统、光泽压光机、气刀涂布技术、气料分离器技术、翻转器技术、夹套冷却技术、成型机制造技术等造纸机械的核心技术，主要产品有铜版纸涂布机、无碳复写纸涂布机、热敏纸涂布机、白板纸涂布机、造纸用压光机、切纸机、成型机等。

依托科研设计院、机器设备优势以及熟练的技术工人优势，精工的来料加工业务，包括了许多著名企业，包括杭州汽轮股份有限公司和杭州中能动力有限公司的汽轮配套加工业务，江苏安泰动力机械有限公司的柴油机配套加工。

作为一家乡镇企业，精工机械已独立具备造纸设备如涂布机、切割机等成品制造能力，又具备汽轮机、柴油机的配套部件加工能力，显属不易。

在破产资产处置过程中，我接待了来自浙江、广东、江苏的投资者近十家，其中不乏浙江知名国企浙江省机械设备进出口有限责任公司、广东中山市上市公司松德包装机械股份有限公司、广东冠豪高新技术股份有限公司等。

三

精工公司最早起源于 1967 年的乡镇集体企业——宁海县精工机械厂。1999 年精工厂改制，尤德贤成立了现在的精工公司。碍于情面，尤德贤在改制后全面承接了精工厂所有遗留人员。这也导致我接管精工机械后，首先面临的工作是遣返这些退休人员。和这些退休人员谈话中，他们对尤德贤都有极深的感情，对于离去，也表现了较大的理解。

盘点精工的资产，主要就是改制乡镇企业精工机械厂的土地资产。精工机械是重固定资产企业，虽然用土地抵押融得了部分资金，但作为精密铸造企业，精工需要购置更多的机床和设备。通过融资租赁，精工进一步装备了较为前沿的生产线。

超负荷负债经营，带来沉重的财务成本。传统管理，富余冗员，带来沉重的人力成本。民营企业融资难题，使尤德贤开启了向村民、亲戚、朋友、职工的广泛民间融资的模式。这也最终导致尤德贤深受非议，身患绝症后，出走他乡。

在重整投资者引进屡次失败后，我们不得不宣告精工破产。那一天，为了应对突然停产后二百多名职工的过激反响，我们共同布置了全方位的安保预案，在法警、边防警察的队列中，职工们放下手中的工具，陆续走出了厂房，从职工宿舍里打点行装，不得不转身离去。在湛蓝的天空下，我与站在宿舍楼上穿着精工蓝色劳动服的工人们默默相望，无言以对……你却说，他们是宁海劳动力市场新的流动和迁徙，他们将遵循市场劳动价值去完成自我的选择和被选择！

四

去年，特意向建标主任询问精工的现状。我在 QQ 上给他留言，建标却直接在微信上给我回了两段 30 秒的留言，说尤德贤还在上海，精工资产收购方将精工租赁经营给三家企业了。

寥寥数语，感知精工已不复存在了。不由地想起你，在那些精工处置的日子，你说的央企、省企，这些企业的研发能力、融资能力，远非像精工这样的乡镇企业可比，终极一日，精工一定会消亡（那时，我的内心是多么不赞同你的看法啊！）。

国企考虑的是战略布局，宁海强蛟交通实在不便，尤德贤机缘巧合地结识科研院的设计工程师们，也开创了一定的局面，但最终研究院选择了距杭州较近的余杭建立科研基地，毕竟路途带来的时间和运输成本，是必须核算的商业成本。

海棠花又称断肠花，思乡草。有象征游子思乡，表达离愁别绪的意思。

强蛟沙丘上的海涛会永远反复无穷地聚集……仿佛那些前仆后继的企业，那些企业家的影像，像文化的根与魂，永远在涛声里回荡。忽然明白，那天你唱“把根留住”的意义了！

X，哪一天，请再带我去强蛟看看海吧……看看风掀起海浪，又把它们粉碎于孤寂的海滩。

看见你在朋友圈发的奇精机械股份有限公司首次A股发行上市的图文信息，和你一样欣喜！

祝好！

冬

——朔风如解意，容易莫摧残

一

建标在另一段30秒的微信留言上说，薛其辉在江苏的昆山那边，梅志荣很少有人说起，也不知道在哪里。

宁海破产工作启动后，一直听说老梅在北京跑项目。传说，老梅只要把北京项目拿到了，就可以救活全部春雷危机的企业。也有人跟我说，老梅其实是个挺仗义的人，很有大哥情怀，老梅以前在宁海还是很有号召力的，说话算数，有魄力。春雷危机前期，是他奔走相告、发动联络，发起企业家自救，报告政府参与化解。

但是，老梅是在春雷系破产已全面展开后，才来见我的。在他寒冷若明若暗的办公室里。老梅已无心和我们谈论他建立的宁波三木露营有限公司了，他觉得他在宁海办的企业，已随着春雷危机，分崩离析。他也没有心思管宁海的事情。他说，完全配合破产工作，并详细说明了资产和负债情况。

二

我至今没有明白老梅在北京在弄一个怎样的项目。老梅在北京，在宁海，更多像是一个笑话，谁也不相信他会拿到一个项目。

或者，老梅在北京拿项目，是老梅逃避企业破产的借口吧。

老梅在唯一见我的那次，总是忍不住流泪，眼泪落在来不及打理的胡子拉碴的脸上，他像孩子般的呜咽。面对企业的死亡，流泪，也是一种悲和痛吧。

爱因斯坦在相对论里说，在我们人类的外面，有一个独立存在的巨大世界，它就像是一个难以破解的谜团，我们通过仔细观察和认真思考只能部分地接近它。如企业生死之谜。

不管老梅在北京是追求企业的新生，还是思考企业的死亡。我想他一直在关注宁海春雷危机的破产处置工作和成效的。

据 2012 年年底统计，宁海强蛟区域性担保债务危机化解，取得了卓越的工作成效：

11 家核心企业通过破产司法平台，借助不同破产处置方案，圆满完成资产处置、债务清偿；

34 家外围担保债务危机有效化解，化解了宁波地区区域性债务危机蔓延，在宁波地区企业界、金融界、人才市场中深入普及了破产文化；

1268 名职工合法权益被依法维护，保障了约 800 名职工在岗就业；

1700 名债权人利益被依法维护，平稳有序，清偿债务逾 15 亿元，公开、公平、公正统一受偿，没有发生一起哄抢、聚众事件；

9.84 亿银行不良债权被依法化解，抵押债权银行基本全额受偿；

3.39 亿元资产被依法处置；

20 次拍卖组织，依法变现资产 1.3 亿元；

7 宗 269 亩土地被盘活；

1 宗资产被整体接盘，价值 8210 万元；

通过生产自救，拯救企业两家；

通过投资者引进，拯救企业一家……

三

破产，是“向死而生”。万物始终都以向死而生的方式存在着。不是活着的企业一步步走向还在远处尚未到场的死亡，而是在“走向”中，“死亡”已经在场。

X，说来这些年来，所幸的事是，我一直和我的同事们工作在浙江破产一线，在探究思想智慧的过程中，和像你一样的基层政府领导们一起，用集体思想的光辉和思辨的力量，追问我们一直在思考、共同感兴趣的话题。

如浙江省高级人民法院民二庭长章恒筑总结，2007 年至 2011 年，2012 年至 2014 年、2015 年至今，浙江破产经历了初步探索、转型升级、经济新常态僵尸企业处置三个阶段。

回溯浙江法院企业破产审判的历程，2011 年至 2012 年我们在宁海展开的破产系列案，是浙江企业破产实践的初步探索阶段，我们在企业债务纠纷集中管辖的探索中，创新了“中小企业资金链担保链区域性风险处置”“重整、清算等司法手段的综合运用”“政府帮扶”手段。

这几年，在市场化、法治化的基础上，我们以司法平台、府院联动、专业管理和金融创新工作格局，一直实践和总结着浙江破产经验。

如芝加哥大学法学院教授道德拉斯·G. 贝尔德所述：“破产法庭已经变成债权交易市场。在现代公司重整中，那些贷款人早已经被谈判者取代坐在谈判桌前参与谈判。股票在交易所交易，而债权在法庭交易。在破产之外，投资者通过收购债权达到相同的目的。这两种场合都是交易者、套利者和公司收购者的世界。”

从 2012 年至今，我参与主办的湖州地区破产案件，已普遍出现金融债权、民间借贷债权转让和收购，破产法庭已日益作为不良资产交易的另一个主战场。

那些年，我们共同力争取得金融机构、担保、职工、供应商债权人理解支持破产审判，日夜召开座谈会，广泛开展的走访、沟通、交流、座谈会……如今，已不再是管理人的主要工作了，管理人工作重心，转向更致力于高效而快速的清产核资、债权审查、重组方案设计。2016 年 12 月 7 日，我们被指定担任三家公司破产管理人，2017 年 1 月 22 日已同步完成三家公司第一次债权人会议的债权审查、财产状况报告、投资者引进方案、变价分配方案，圆满完成会议预定任务。

浙江破产经验“府院联动”的人文精神，在于政府与公众之间利益状态上的一致、在行为上的服务与合作、在观念上的信任与沟通。

四

“数萼初含雪，孤标画本难。香中别有韵，清极不知寒。横笛和愁听，斜枝倚病看。朔风如解意，容易莫摧残。”

愿我们共同怜惜不知所踪的老梅。

愿破产文化，如春夏秋冬，四时运转，深入人心。

谨以此四季破产信札，纪念我们共同工作的日子。

愿我们工作的日子，有所思，有所悟！祝好！

W*

字于丁酉鸡年正月，杭州断桥边小家

* 王德兰，浙江京衡律师事务所合伙人，历任浙江省律师协会刑委会副秘书长，现任浙江省社区研究会副秘书长，在公司、民商、知识产权、人力资源、建设工程、行政业务等方面有丰富的诉讼和非诉讼法律服务实践经验。

司马相如就破产更生论给岳父卓王孙

临邛冶铁公司董事长卓公王孙足下敬启：[①]

《周书》曰："农不出则乏其食，工不出则乏其事，商不出则三宝绝，虞不出则财匮少。"昔者子贡学于仲尼，周游列国，说齐存鲁；范蠡士于勾践，智囊倾授，霸越灭吴。其后由政而商，废举转货，殖益饶多，财聚巨万，而有令名。此二子者，一则儒商鼻祖，二则商圣陶朱：忠以事君能至卿相，商以保身可致千金。盖古之成大事者，不唯有盖世之才，亦须有察事之明，知所进退，方得始终。

尧、舜之民，日出而作、日落而息，凿井而饮、耕田而食，阡陌交通而往来寥寥，舟车便利而舆马寂寂。及至始皇，长策振宇内，铁骑扫六合，"书同文、车同轨"，生民然峻法严刑，豪杰并起，秦经二世而失其鹿，天下共逐之，高皇帝既安天下，乃立本朝。

尊长邯郸世家，初居燕赵，爰至巴蜀，采铁铸造，重兴旧业。

① 故事背景：汉武帝年间，为了打击匈奴，采取了由桑弘羊等提出的"盐铁官营"等政策，对民间经济的发展产生了极大的影响，不少人因此陷入巨额债务，司马相如写信给自己的岳父即蜀郡临邛冶铁公司董事长卓王孙，指出卓王孙所面临的困境，并提出解决之道。

以山泽之利，济黎民于饥寒；用专长之术，拯百姓于危困。墨子曰：“爱人利人者，天必福之”，是故，卓氏铁器非独行销军旅，左闾之家亦常备焉，既而，远畅西南、夷人知之，声名广布、誉满天下，以致尊长仆僮八百，资财千乘，良田美宅，不可胜计，使仆得从游好友临邛令王吉公，一睹尊长风采。

世事更迭，福祸转瞬，子曰“人无远虑，必有近忧”。高祖皇帝入于关中，而为冒顿困于白登，虽和亲之议累世不绝，然北境烽火、气指甘泉，此非天子寝食难安，亦为我华夏日思报之耻辱。方今海内晏服，文景所遗充盈府库，虎贲将士列于四方，今上锐意进取，志图王庭，复行秦蒙恬故事，北逐匈奴，上以告慰黄天及高皇帝，下以顺应百僚与万民。世谓：“体强不辞扁鹊，盛世当有危言”，听闻尊长经营所疾，面临巨变，当此之际，仆不揣冒昧，略述愚见，以为尊长所困有三：

一曰，经济转型、盐铁官营。圣朝初立，榷铁从宽、税负简宽，“弛山泽之禁”，尊长乃得坐取厚利、复立成业。而今匈奴侵扰北境，兵连而不解，天下苦劳，天子志安内外，必广聚财货，兴利之臣桑弘羊等皆言，盐铁利厚，当归官营，以助边费，以图大事。上深以为然，诏令天下行之。准此而言，尊长的产业生计疲困不远。况且，朝廷新政，供给侧改革，令务去产能，纵使免于收为官营，宜适应需求，若经营不善，难免倒闭退出。

二曰，廷尉新令、限制消费。躬逢治世则济民，遭遇乱时则安身。按汉家之制度，贾人不得衣丝乘车。及今有债在身，人人皆望债务到期，诉诸府衙而先为执行。廷尉掌管天下司法，律令数出，皆以惩治“老赖”、限制债务人高消费为务。由此观之，不特居住之豪宅、出行之舆马、宴饮之酒肆和挚爱之器皿难保，将及于超过常人生计维持和发展的费用亦不可为，先前所视之寻常，今将成过眼烟云矣。

三曰，债台高筑、信誉扫地。荀子曰“流丸止于瓯臾，流言止于智者”。坊间流言固不足为凭，然其来亦有自乎？观天象人文，可以明己之所处；察世风民情，可以知事之将变。仆闻尊长致资千万，近有不畅，债务总额已非清偿能力所逮，此非为癣疥之疾，而乃腹心之患。夫生产经营，犹如治国，“事在四方，要在中央”。经营之道，贵乎流转，盈亏有度，成败有数。职是之故，止亏损、善变通，开新除旧，方立于不败之地；任亏损、高举债，摒新拾旧，难获得取胜之道。孟子曰：“诚者，天之道也；思诚者，人之道也”，欲以厚借故旧，以舒困苦，然旧债不偿，新债又至，债之无穷，尊长困苦无穷矣！祸为甚者，从今而后，苟欲东山再起，亦无人可助，另业再图而等不可得！

仆蜀郡故人，求凰新婿。身既无冠军之勇，难追项籍；谋不及帷帐之中，远输萧、陈。唯以文辞自饰，尝为梁王文学侍从，从游而作《子虚》；进圣天子得为郎官，赋《上林》。仆虽不才，辞赋之余，稍通律令，愿以所学，为尊长分忧。今朝廷有律，名为破产，实为更生，其利亦有三：

一曰，公平清偿、庶几无怨。欠累债积，所欠资财不唯一家；日亏月损，所负信用牵连广大。唯债务人之责任财产，不足以全部清偿，乃有破产。伏唯我朝，商贾往来、不绝于缕，侠客横行、仗剑执义。倘若债权人争先执行、不敢落后，抑或与债务人虚伪串通、偏颇清偿，将有悖诚信而致生损害于他人，既而蜂起效法，则秩序荡然、公义不存。子曰：“不患寡而患不均，不患贫而患不安”，是故，破产精义首重债权人保护，平等清偿为要。以此观之，尊长择破产而待，则债主皆受律法保护，既无夙夜忧心之苦，又无构怨生怒之忧，人我两便，胡不为哉?

二曰，破产宣告、追索停止。天灾人祸、政令更改，此皆影响经营生存之因素，纵使兢兢业业，亦不免沦落悲惨境地：债主紧逼，“欠债还钱，天经地义”，而终生负重，不得摆脱，抑或债务相继，“父债子偿”，延及子孙。《易》传：“天之大德曰生”，晓民以生养之道，不以法杀人、以债亡家。破产律法对债务人的保护，具体分作：其一，自由财产，旨在维生，不得分配；其二，经由破产，余债免除，追索停止。准此而言，基本生计可保，债主追讨可免，不失为明智之举。

三曰，整顿秩序、无过有功。经世济民，不独庙堂之高，不辞江湖之远；安邦定国，不唯金戈铁马，不避柴米油盐。按市场经营，有入有出；察发展规律，能进能退。荀子曰：“天行有常，不为尧存，不为桀亡”。苟能顺应市场规律及资源分配之大势，不作企业之“僵尸”，为活力发展避路，使其出一头地，抑或戮力和解、重整，以东山再起之姿态，勤勉经营，收拾河山，于市场秩序有大功焉，于经济振兴亦有大功焉！

惟尊长图之。

司马长卿 *

顿首以闻

* 邓辉，北京大学法学院 2016 级民商法博士生，中国人民大学出版社兼职编辑。

发展与科学的故事以及它们和破产的那些事儿

夏红老哥：

自打当“破法官”以来，我是日日想、夜夜思，包括像我这样的“破法官”在内的“破人”们，究竟是在干什么、这事有什么意义。这几天从历史的角度去思考了一下，在中西发展对比中，还真的好像开了窍。欧洲的发展速度为什么会在16世纪后超过中国？这背后的真正关键因素是什么？破产和这原因又有什么样的关系？我就把思路和想法给你唠唠。你知道我看书杂、想法怪，我就历史、科学、经济、技术乱炖了。

一

都说没有比较就没有伤害，但是没有比较就不会产生有意义的认识和进步。人类的每一点进步，都是比较出来的，和别人比、和自己比，跟昨天比、跟过去比，然后改善，接着每天都好一点。这大概就是汤之铭盘所谓的“苟日新、又日新、日日新”。

回首历史中的中国和欧洲，在16世纪以前，中国比欧洲强大，各种各样的优势，文明大国、四大发明、社会财富，远远超过欧洲。但忽然之间，中国就不行了。这种不行不是说不发展了，而是对比，欧洲的发展速度一下就超过中国，而且把中国越拉越远。为什么？这不单是要回答为什么欧洲超过了中国，还要回答为什么以前的中国比欧洲厉害。这两个为什么背后的共同原因是什么？

徐徐给出的答案是：经验。也就是说，一个社会的经验产生越快，经验积累得越多，那么这个社会的经济发展就会越快。那么，什么样的地方容易出经验呢？

第一，人口数量大。人总会多多少少做点事，而经验就来自于他们的实践。在一个人口基数超大的地方，哪怕每个人都很懒，它也能产生大量的经验。因此，一般而言，人越多的地方，往往会越发达。

第二，信息传播方便。对经验的传播可以带来两大好处：一是这个经验可以得到更广泛的使用，整体提升效率；二是在使用过程中，这个经验可以得到进一步的修正。这种修正就像是做比萨，有了一层，然后又在上面加一层，层层地铺起来，最后就形成了无数经验的累积，一个巨大的知识财富。

从人口来看，中国一直远远超过西方，同时从信息传播的角度讲，中国是一片统一的大疆域，早就车同轨、书同文，关键还有造纸术、印刷术，这个经验的产生、传播和积累的速度，是不得了的。而欧洲呢？教会控制着知识，而且只有羊皮卷，没有纸张，让知识变得贵；同时，罗马时期修建的联通彼此的大道已经烂掉，而且一言不合就动手打架，地域分裂，加之彼此对立，知识经验限于一地一隅，很难共享。

因此，中国在 16 世纪之前一直超过西方世界很多。但为什么在 16 世纪以后中国就被超越了呢？

二

咱们的教科书里，往往把西方的成功归结于中世纪黑暗的结束以及造纸术和印刷术的传入，没有知识的壁垒，而且文艺复兴带来的到处串门搞跨国演说和开 party 的文化氛围又为知识的传播打下了基础。

对，这都不假。但在经验生成机制上的对比中，这和中国顶多打一个平手，我们是统一的大国，各地的书院、文人的串场子，我们的文人也开

party 的。而且，我们的中央集权的层级结构，在当时是有利于知识经验的总结和传播的。层层的驿站，地方的关联，皇权的意志和底层的信息能够很快地联系起来，而且地方官的政绩还考察这种好技术的推广。更为关键的是，中国的人口数量还是比西方大，哪怕你有造纸术，知识传播了起来，但你经验产生的人口不如我。

那么西方世界是通过什么方式获得了经验取得上的巨大成功呢？是什么让他们这么快？带着这样的认识，我们走进 16 世纪的欧洲。

当时，文艺复兴正如火如荼地盛行。告别了中世纪黑暗和蒙蔽之后，人们脑子里是一片空白，对自己、对世界，充满了各种各样的好奇，并希望能够解释。所以，盐野七生在《罗马人物语》里会把文艺复兴总结为“想知道、想了解”。

想知道但没有现成的东西怎么办？大家向前追溯，找到了古希腊、古罗马，觉得古希腊、古罗马的东西太好了，于是开始学。这就是最开始的古典主义，也因此，当时搞法律的都是用的拉丁文，因为搞了罗马法的复兴。

而古希腊的传统中，最厉害的两点就是大胆假设和小心求证，比如世界是由四种元素构成的，又比如给我一个支点我可以撑起地球，而求证呢，就是像苏格拉底那样的打破砂锅问到底，把一个巨大的问题分解掉，接着一层层地去剥洋葱。

有了这样的方法论，有些人的脑子里开始想，如果创造同样的自然条件，然后让结果加速出现。这个想法的出现不得了。第一，它不是拍脑壳去猜，而是模仿自然的方式去求，方法以及结果的可靠性加大了。第二，它大大加速了结果出现的速度，它不是跟着时间的流变去认识世界，而是加速认知世界上的物。

关键是，不少人都相信这一套方法，并开始真抓实干地去实践。这一铺开变不得了，自然科学的进步，什么物理、化学、人类学。我提出理论，大家来验证，都说好，于是推广。新知新识产生很快，过去要几年得出的结果，现在几个月、几个星期就可以，而且知识传播很快，在老百姓中落地、生根很快。

后来，我们把这种让知识生产出来的方法叫作试错，把加速试错的方法叫作科学实验，而科学实验产生的一系列经验结果的总和叫作科学结论。这就是科学的本质，说白了就是经验的累积。说句题外话，科学结论的产生真靠运气。有的科学家运气不好，试错试了一辈子没有结果，默默无闻；有的科学家运气好，他试错一下就对了，得出了结论。

三

要知道，在16世纪以前，中国的科学技术总量占到全世界的50%以上，而这也恰恰和徐徐所持的经验科学的试错观点相一致，人口、信息传播。然而当欧洲自然科学兴起、自然领域的加速试错开启之后，当欧洲以科学的名义加速推进经验的产生和总结之后，其发展的速度奇快无比。

而这个时候，中国又干了一件事情，把与世界连接的信息通道关了。于是，后面的结果也就知道了：18世纪中叶的时候英国的生产总值超过中国；再接着，西方世界一百年的生产总值超过之前人类世界的生产总值。

而在社会经验方面，在苏格兰兴起了经验主义传统，也是对过去的事情加以分析、提炼，接着提出假说，然后去工厂、社会实地观察，检验假说。这是模仿自然科学的方法。而这套方法流传出去后，欧洲大陆也开始纷纷地去总结过去的人类社会经验，提出假说。社会经验也得到非常厉害的总结，各种制度的总结和理想制度模型层出不穷。

社会科学如何检验呢？比如说理论总结，又比如说提出的新的制度模型，该怎么去检验？一种方式就是回到不同的历史场景中去检验这种假说，试试用理论总结能不能去验证。比如说以前经济学的前提是“理性人”，那大家把这个概念就套进不同的社会和现象，然后一个接一个地去检查，接着发现有些地方解释不了，于是现在普遍用“稀缺性”作为前提。

当然，对新制度模型也有实验，典型的就是社会实验。我们知道的就有在18世纪的欧洲有很多人搞了空想社会主义实验，欧文、傅立叶、圣西门，他们知道如果开放这个社会进行实验，万一失败了，结果是非常恐怖的。这就是小心求证和加速试错的方法。

由于社会实验的成本很高，大家都在想办法降低这个成本，提高试错的准确性。于是呢，不少国家引入了脑部反应探测的方式，就是给很多人做实验，通过发信号的方式来得到他大脑的反应，然后从中找出共性。毕竟社会是由人组成的。这有点像“三体”里的三体星人，想什么说什么。但由于很多原因，比如道德，很多已经形成的阶段性结论没有公开。

四

前面说了科学是什么，对比分析了中西方的历史，讲了什么是科学的方法，最后还是要回到题眼上，这试错跟破产有什么关系？跟“破人”（搞破产工作的人）有什么关系？

问题来了，对于市场经济，我们怎么去试错？我们有没有一套科学的办法？典型的问题是，我们如何快速确定一个行业的体量或测算一个行业的饱和度，并引导市场行为，减少不必要进入所造成的浪费。

有人建议过，先找一个点，然后引导大家去干，然后进行观察，进而得出一个比例。不仅一下就满足了试错需要的参与人数众多的基本需求，而且很快，成本可控，结果可借鉴。但问题是，这套方法的成本实际是不可控的，因为你不知道最终有多少人会进去，其结果也是不可复制的，因为一开始就设定了一个可观察的利益。而历史也证明了这套方法是有问题的。

比如补贴，那会消耗巨大的社会成本，其本质是用别人的钱干别人的事情，完全没有效率。又如确定一个方向、一个行业，但问题是，凭什么政府就能预见增长点？说白了，这是干涉经济。而实际上，我们谁都不知道下一个风口在哪里，我们谁都不知道下一个比尔·盖茨、乔布斯会出现在哪个行业。

因此，对于市场，谁来试错？谁是试错的主体？不是政府，而是市场主体，我们的自然人和法律拟制的法人。那怎么去试错呢？前面说了，没有一套标准的方法，你不知道风口在哪里，你也不知道你的产品能不能对上大家的胃口。弗里德曼曾说，世界上最有效率的事是用自己的钱干自己的事。这里的效率，既是对试错的个体而言，也是对市场、对社会而言。

从破产法规定的法人破产的条件来看，当一个企业没有现金流，还不了钱，资不抵债，而且还没人愿意掏钱去救它，它就结束了市场的旅程——挂掉了。而这就是这个企业进入市场后的其中一个结果，一个试错的结果，市场的试错机制自然运行的结果。而这样的企业多存活一天，就意味着这世界多一天的损失：它会导致社会资源的错配，社会资源还会进入这个企业，得不到效率，只能浪费，人力资源、原料资源、企业资产等，都被浪费掉。

那么，“破人”干的破产这一“破事”，就是让这个市场主体试错的结果加速，加快破产企业的市场出清，让它退出市场，让它占有的社会资源得到快速的释放，还给这些资源重新配置的机会，还给这个社会经济应有的效率。而企业的创始人也得到释放，重新组织力量投入新的一轮市场试错中去。

都说成功难以复制，而失败或可避免。当这些企业的退出市场，自然会留下它们的经验与教训，也就自然会引导其他市场主体的行为，而进一步，基于这种市场主体自发试错经验的累积，就能形成参与市场经济活动的自发秩序，市场成功的可能因此被大幅提升。

好了，这就是徐徐要讲的科学、经验以及它们与破事之间关系的故事。故事里的观点总结起来，其实就一段话：

社会发展的核心是人类活动提供的经验，科学就是为这个社会提供大量试验经验的方法。市场也是如此，它是经济的载体，也是经济的实验室。在经济的实验室里，企业家是经济试错的科学家，他们行为的本质是在为这个市场的经济提供经验，而破产人是这场试错最终结果的催化者与强制宣告人，他们行为的本质是恢复市场经济试错的效率。

早点休息，注意身体。

祝好！

徐尔双*

2017 年 2 月 13 日

* 西南政法大学毕业后参加工作，先后在彭州市人民法院、成都市中级人民法院任职，现任成都市中级人民法院破产审判庭审判员。

在这里，看懂中国破产法

亲爱的读者：

见信如晤。

当你的目光落在这里的时候，我们依旧沉浸在读信的欢愉中。细细想来，真是很久没有这样的感觉了。尽管电子邮箱取代了邮筒，但从每一封邮件中，我们还是能够感觉到信札的温度。

2016 年 12 月 29 日，我们通过“破产法快讯”微信公众号发布了征稿启事。很多读者看到之后，第一反应是好奇，“你们为什么要写这么一本书？”不止一个读者问道。该是和盘托出的时候了。

这个想法的出现，始于灵机一动的思想火花；而这灵感的集聚，则经历了漫长的过程。国内现有的破产法图书，不外乎这么两类：一类是中外学者编著的教科书或学术专著；另一类是法官、律师等实务界人士编著的实务参考书。在以往三十多年的破产法实践中，这两类图书极大地推动了中国破产法制度的革新和实践的发展，但这其并不适合公众阅读，甚至对从事破产业务的同行帮助亦有限。显然，阅读本来是极美好的事情，但那些对破产法感兴趣的读者们，尤其是不具有破产法专业背景的读者们，常常乘兴而来，但却败兴而去。2016 年 5 月，清华大学国家金融研究院和中国政法大学破产法与企业重组研究中心联合发布《加强破

产法实施 依法促进市场出清》的重磅报告。根据该报告，我国《企业破产法》实施面临的问题之一，就是各方缺乏适用破产法的意愿；而导致各方缺乏适用意愿的原因，则包括公众对破产法缺乏正确认识，破产常被视为“失败的标签”。尽管破产的污名化并非中国所独有，但我们中国的破产学界、实务界，并没有为破产法免于被污名化做太多工作。即便在出版产业化的今天，我们也找不到一本针对公众的破产法普及读物；相比之下，打开美国亚马逊检索破产法文献，绝大部分图书却是教普通人如何合理地使用破产程序。这就怪不得公众对破产法的“诽谤”了。在《企业破产法》实施十周年之际，我们希望能够为破产法文化的普及有所贡献，这本《破产法信札》便是我们献给《企业破产法》实施十周年的礼物。

“千里送鹅毛，礼轻情意重”，我们希望各位寄信人的生花妙笔，能够向读者展示一个破产法的美丽新世界，让高高在上的破产法从此“飞入寻常百姓家”；我们希望能够用别开生面的信札体，展示破产法的美丽洞天。而之所以想到信札体，孟德斯鸠的《波斯人的信札》、梁治平等的《新波斯人的信札》等脍炙人口的著作，给了我们莫大的启迪。

如您所熟悉，书信是一种极其特殊的文体。既可以存在于私人之间，亦可以存在于公务往来。私下交流时，既有私密性，又避免了日记、笔记等文体的自言自语，强调互动与交流；而公务往来时，书信常常会将最重要的信息，严肃而理性地传达给每一个收信人。

书信本身并不可贵，可贵的是附着在书信背后的消息，尤其是那些有温度、有力量的消息。遥想往昔，书信是唯一的传达信息的渠道。“烽火连三月，家书抵万金”表达了战时家书的珍贵；而“云中谁寄锦书来，雁字回时，月满西楼”则是另一种对意中人信息的苦苦期盼；哪怕是邮递员的车铃声，也常常击打着天下白发双亲思念天涯游子的心弦。即便在20世纪90年代，歌手李春波一曲平淡如水的《一封家书》，毫无理由就火遍大江南北，究其原因，还是因为“家书”本身在那一瞬间，击穿了很多人的泪点。书信的特殊性，除了内容引人入胜外，其载体本身亦彰显着人类技术的进化史。更进一步说，书信也是深入人物内心世界的重要媒介，书信往往成为历史研究最宝贵的原始文献之一，君不见古往今来的名人的标配，就是日记、书信和回忆录？

在我们看来，这本《破产法信札》便是一部当代中国史，便是中国转型进程的缩影。如果用唐德刚先生的“历史三峡论”来测量，中国漫漫转型进程还远未到“晴川历历汉阳树，芳草萋萋鹦鹉洲”的境地，我们依然在历史的三峡中“中流击水、浪遏飞舟”；中国破产法作为中国转型史的重要组成部分，当然也不可能逃出这一历史周期的窠臼。书中部分作者对于中国早期破产法实施的回忆，更是让这本书蒙上了一层历史的光辉。显而易见，破产法的发展既是中国转型的一部分，反过来可能也会极大地促进中国早日完成转型大业。《南方周末》尝言“在这里，读懂中国”；我们亦可东施效颦，“在这里，读懂中国破产法”。

在我们看来，这本《破产法信札》是一部中国破产法同行的口述史，更是一部中国破产界同行的心灵史。在这本书中，不同的作者站在各自的角度，通过信札这一载体，既分享了中国破产法从无到有的发展史，也为我们带来域外破产法领域的最新动态。在这本书中，既有破产法学者纵论应然层面的破产法理论与原则，也有破产实务界法官和律师畅谈破产法实施中策略与技术；甚至有几封给银行、债权人等特定主体公函，惟妙惟肖地体现了信札在破产行业中的妙用。在这本书中，既有学者、律师的“满纸荒唐言”，亦有部分执业者面对债权人、债务人时的“一把辛酸泪”，只是“都云作者痴”，“解此中味”的重任只有交给聪颖的读者诸君了。

王小波在《红拂夜奔》自序中写道，“这本书里将要谈到的是有趣。其实每一本书都应该有趣，对于一些书来说，有趣是它存在的理由；对于另一些书来说，有趣是它应达到的标准。”承先贤雅言，我希望这本《破产法信札》因为有趣找到其存在的理由；或者退一万步，我们希望有趣成为这本《破产法信札》应该达到的标准。

在本书即将付梓之际，特别向各位作者致以诚挚的谢意。我们深深了解破产执业者的忙碌程度，但征稿启事发布之后，我们依旧收到近百篇来稿。看得出来，说“字字看来皆是血”可能有点夸张，但每一封信都饱含着作者的某种情怀与心血。坦率地说，大家的这种热情和支持，既在预料之中，又时时让我们喜出望外。

另外，我们在这里也特别诚挚地感谢中国政法大学江平教授、李曙光教授为分别为本书赐序。江平先生是我国法学界的泰斗，早在改革开放初期，他即在北京政法学院的讲台上，通过罗马法和西方国家民商法等课程，为学生传授破产法的精神与理念，视他为我国破产理念最早的传播者，当无疑义。而李曙光教授则极早地参与了我国改革开放以来几乎所有的破产立法与政策制定，时至今日依旧活跃在破产理论探索的第一线，可以说他是破产法领域以学术与思想推动中国进步、推动制度进化的典型代表。两位前辈的提携厚谊，感铭于心。

当然，这里需要特别向部分作者表达歉意。巧妇难为的是无米之炊，而平庸如吾侪者，难为的是如何优中选优、精中选精。如果将全部来稿码在一起，绝对是本书篇幅的两倍多。面对如山的稿件，我们费了九牛二虎之力扩充篇幅；但即便如此，依然有数十篇信札被我们割爱。我们尤其要感谢这些作者的支持，我们也期待市场给我们做第二辑的机会！

感谢法律出版社及法商分社薛晗、牛润青等朋友玉成本书出版事宜。《孙子兵法》云，“上下同欲者胜”，中国破产事业前路漫漫，无论是学界还是实务界都大有可为；前行的路上还望大家“上下同欲”，勠力同心，为中国破产法的进化共同努力。

此致！

陈夏红　许胜锋

2017年7月13日

图书在版编目(CIP)数据

破产法信札／陈夏红，许胜锋主编．—北京：法律出版社，2017

ISBN 978－7－5197－1100－9

Ⅰ．①破…　Ⅱ．①陈…②许…　Ⅲ．①破产法—中国—文集　Ⅳ．①D922.291.924－53

中国版本图书馆 CIP 数据核字(2017)第 173340 号

破产法信札
POCHANFA XINZHA

陈夏红　许胜锋　主编

责任编辑　牛润青
装帧设计　鲍龙卉

编辑统筹 法商出版分社

出版 法律出版社
总发行 中国法律图书有限公司
经销 新华书店
印刷 固安华明印业有限公司
责任印制 胡晓雅

开本 710 毫米×1000 毫米　1/16
印张 23.25
字数 327千
版本 2017 年 8 月第 1 版
印次 2017 年 8 月第 1 次印刷

法律出版社／北京市丰台区莲花池西里 7 号(100073)
网址／www.lawpress.com.cn
投稿邮箱／info@lawpress.com.cn
举报维权邮箱／jbwq@lawpress.com.cn
销售热线／010－63939792/9779
咨询电话／010－63939796

中国法律图书有限公司／北京市丰台区莲花池西里 7 号(100073)
全国各地中法图分、子公司销售电话：
统一销售客服／400－660－6393
第一法律书店／010－63939781/9782　西安分公司／029－85330678　重庆分公司／023－67453036
上海分公司／021－62071010/1636　深圳分公司／0755－83072995

书号：ISBN 978－7－5197－1100－9　**定价**：68.00 元